人无疵不可与交,以其无真气也。

人天难不可良交,以其无真气也。

作家榜®经典名著

读经典名著，认准作家榜

[明]张岱 著 ✦ 何三坡 译 ✦ 贾平凹 题

夜航船

平凹题

下

无弦琴　陶渊明不会弹琴,却收藏了一张素琴,弦徽皆无,他常抚琴说:"但识琴中趣,何劳弦上声。"

周郎顾　周瑜妙解音律,即便酒过三巡,若演奏有一点小失误,周瑜必然会回头去看。当时人说:"曲有误,周郎顾。"

大树将军 东汉的冯异性格谦逊寡言,别的将领至休息处,就坐在一起论功,冯异常常独自隐身树下,人称大树将军。

反覆没饮 郑泉曾经说:"希望能有一艘装满五百斛美酒的大船,摆上一年四季所需要的鲜美的菜肴,然后反复痛饮,不是很快活吗!"

不起无相　般若尊者问达摩:"各种事物中什么是无相的?"回答说:"在各种事物中不起无相。"

好笑　陆士龙喜欢笑。曾经穿着丧服上船,在水中看到自己的倒影,大笑不止,差点落水。

梨花春　在杭州酿酒,要趁梨花开时酿成,号称为梨花春。

口有悬河 晋朝的郭象擅清谈。王衍说:"每次听到郭子玄讲话,就像悬着的大河倾泻一样,多久都不会枯竭。"

再转法轮　世尊快要涅槃时,文殊菩萨请求佛再转法轮。世尊训斥说:"我住在世间四十九年,不曾说过一个字的佛法。你请我再转法轮,是说我已经转过一次法轮了吗?"

吃在肚里 有老和尚吃饭,有人问他:"和尚吃饭与常人有什么不一样吗?"和尚说:"老僧我吃饭,口口都吃在肚里。"

蒲柳先槁 顾悦之和简文帝同岁,头发却早已经白了。简文帝问他,他回答说:"松柏经霜之后依然茂盛;而蒲柳还没到秋天就已经凋零了。"

筝弦化龙 唐代的刺史韦宥,在永嘉江边的沙洲里得到了一根筝上的弦,扔到江里,忽然看见它变成一条白龙腾空而去。

目录（下）

卷九　礼乐部

礼制·婚姻一／002　礼制·丧事二／008
礼制·祭祀三／020　律吕／028　乐律／034

卷十　兵刑部

军旅／048　刑法／061

卷十一　日用部

宫室／076　衣冠／082　衣裳／088　饮食／094

卷十二　宝玩部

金玉／112　珍宝／116　玩器／121

卷十七　四灵部

飞禽〉260　走兽〉273　鳞介〉291　虫豸〉302

卷十八　荒唐部

鬼神〉316　怪异〉328

卷十九　物理部

物类相感〉342　身体〉352　衣服〉355　饮食〉358　器用〉362　文房〉366　金珠〉369　果品〉370　菜蔬〉374　花木〉374　鸟兽〉377　虫鱼〉381

卷二十　方术部

符咒〉386　方法〉389

卷十三　容貌部

形体～128　妇女～146

卷十四　九流部

道教～160　佛教～177　医～193　历代名医图赞～198　相～200　葬～204　卜算～206　拆字　杂技～210

卷十五　外国部

夷语～218　外译～221

卷十六　植物部

草木～232　花卉～251

卷九

礼乐部

礼制·婚姻一。礼制·丧事二。礼制·祭祀三。律吕。乐律

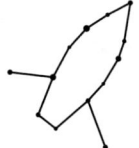

礼制·婚姻一

冠礼 古代举行冠礼,需要为冠礼的日子和嘉宾占卜,以示对冠礼的敬重。在东边台阶加冠,以示辈分。在客位行冠礼,加冠三次以显尊贵(先加淄布冠,再加皮冠,再加爵弁),加了冠并为他取了字表示已经成人了。拜见母亲,母亲也向他回礼;拜见兄弟,兄弟也向他回礼。因为已经是成人了所以要对他回礼。戴黑色的冠冕,带着礼物见君王、卿大夫、乡贤,都以成人之礼拜见。

鲁两生 汉代的叔孙通制定礼仪,朝廷征召了鲁地三十多位儒生,有两位不肯去,说:"礼仪必须积累百年德行才会兴盛,现在天下初定,哪有闲暇来制定这个礼仪呢?"叔孙通笑着说:"乡野的儒生,不知道时移事异的道理。"

应时而变 《庄子》中说:三皇、五帝时的礼仪与法度,并不在乎是否相同,而在乎是否能治理天下,就好像山楂、梨子、橘子、柚子,它们味道不同,但都很可口。所以礼仪与法度要应时而变。

晋侯受玉 《左传》中说:周天子派召武公和内史过到晋国给晋侯传达指令。晋侯接受玉符时满不在乎。内史过回来,对周天子说:"晋侯可能没有未来了！对待王使之命和玉符他竟然满不在乎，这是自己先抛弃自己啊，怎么能有未来呢？礼节，是国家根本；恭敬，是行礼的根本。不恭敬，礼就无法实行；礼无法实行，那么上下尊卑就会混乱，怎么能长久呢？"

绵蕞　叔孙通与他的一百多名弟子在野外制订朝仪典章，练习了一个多月，礼成形了。汉高祖让群臣在长乐宫学习，学成后，群臣都来按礼朝贺，没人不振恐肃敬的。汉高祖说："我今天才知道做皇帝的尊贵啊。"

婚礼　人皇氏开始有了夫妇之道，伏羲开始制定嫁娶之规。女娲氏与伏羲同母而生，辅佐伏羲正婚姻之道，所以成了婚姻的神媒。夏后氏开始制定迎亲的礼仪。秦始皇开始规定在娶妻时要交纳丝麻鞋（取和谐之意）。后汉开始用墨作聘礼。汉代重视墨，现在答聘都用它。开始在婚礼上用羊（取其吉祥之意）。巫咸创制了撒帐压制邪气的巫术。京房将女儿嫁给翼奉之子，翼奉以撒豆谷的方式来避邪。唐代宰相张嘉贞嫁女，制定了绣幕牵红的方式。唐代新娘的轿子到了大门，不可身子坐地。晚唐的制度是：新娘上轿，要用蔽膝盖脸。五代时开始，新媳妇进门要跨马鞍。北朝迎亲，十几个人大喊，催着新娘上轿，新娘家的亲戚与宾客中的女子都来追打新郎，拳脚相加。

昏礼　昏礼是将两家合为一家的喜事，上得以祭祀宗庙，下得以后继有人，所以君子非常重视它。因此有纳采、问名、纳吉、纳征、请期等礼数，都是主人在宗庙中办筵席，并拜迎于门外。

进门，揖让升堂，在宗庙中行礼，以表示恭敬、慎重，从而使婚礼名正言顺（纳采，是以一只大雁作为求婚的礼物。问名，是问女子的姓名和生辰八字。纳吉，就是男方卜得吉兆而告诉女方。纳征，是给女方钱币作为婚姻的证明。请期，是男方把婚姻的日期告诉女方以请示获准。这五种礼再加上最后的迎亲，叫作六礼）。

迎亲礼 父亲亲手给儿子酌酒，让儿子去迎接，男方先去女方家。儿子奉命迎接，新娘的父亲在宗庙中设筵，并在门外拜迎。新郎拿着大雁进来，揖让着上堂，拜两次然后献上大雁，表明对父母的亲情。下堂后，驾驭女方的车，将登车的引绳交给新郎，驾车让车轮行驶三圈，然后先回家在门外等候。新娘到了，新郎作揖请新娘进屋，共同吃肉，并各拿着一瓢一起饮酒，是要让结合以后的夫妻能尊卑与共，亲密无间。

见舅姑 早早起来，新娘洗漱完毕等待公婆的接见。等到天亮了，赞礼者引导新娘前去拜见公婆，新娘拿着笲（fán）装的枣子、栗子、干果和特制的干肉参见，赞礼的人代表公婆给新娘赐酒。新娘上祭肉干和酒，行食前祭礼，就完成了新娘的拜见之礼。这时公婆进入室内，新娘要献上一头小猪，表明新娘的孝顺（这里说的天亮，指的是婚礼的次日。赞，指的是主持礼仪的人。笲，是竹筐之类的器物，以盛枣、栗、肉干之类。脩，就是肉干，加了姜、桂等调味料而制作的叫作段脩）。

飨（xiǎng）以一献 天明时，公婆要共同款待新娘，以一献之礼来奠酬（即主人敬酒而客人并不举杯之礼）。公婆先从西阶下堂，新娘则从阼阶下堂，用来表明世代辈分的不同。（厥明，指婚礼第二天早上。公婆各斟一次酒，共同完成一献之礼。阼是大堂主要的台阶，表明新娘将要代替婆婆成为家庭的主妇了。）

结缡三命　女儿出嫁时，父亲告诫说："要谨慎，听从公公之言！"母亲告诫说："要谨慎，听从婆婆之言！"伯母、叔母等人为她结佩盛手巾细物的小囊，并告诫说："要谨慎，听从父母之言！"

四德三从　古代的女子出嫁前三个月，如果祖庙还在，就在祖庙中教育她；祖庙已经毁了，就在宗室中教育她，教给她妇德、妇言、妇容、妇功四种德行。教完后进行祭祀，用鱼作为牲礼，用蘋藻为苤菜，表示可以成就妻子顺从丈夫的意思。三从，指的是女子在家里要服从父亲，出嫁要服从丈夫，丈夫死后要服从儿子。

伉俪　《左传》中说：齐侯向晋国请求娶一个女子为继室，晋国卿大夫韩宣子让叔向回答对方说："我们国君还没有伉俪呢，不能完成您的使命，但这也给了我们很大的恩惠啊。"

朱陈　白居易的诗："徐州古丰县，有村曰朱陈。去县百余里，桑麻青氛氲。一村惟两姓，世世为婚姻。"

撒帐果　汉武帝时，李夫人初入皇宫，乘坐七宝流苏辇，手握凤羽长生扇，武帝迎她入帐，一起坐着喝合卺（jǐn）酒。预先让宫女们远远地撒五色同心花果，武帝与李夫人用衣襟接住，叫"得多"，即多多得子的意思。所以后世也有了撒帐的遗风。

月老检书　唐代的韦固在旅途中暂宿于宋城,遇见有老人在月下翻书,并对韦固说:"这是天下人的婚姻册。"韦固就问他自己的妻子是谁,老人回答:"你妻子就是旅店后边卖菜的那个陈婆婆的女儿。"韦固第二天就去看究竟,见到一个老太婆抱着一个三岁的女孩,形象丑陋。于是就让人去刺杀她,但只刺中了眉心。十四年后,相州刺史王泰把自己的女儿嫁给韦固,容貌极美,但眉心常贴花钿。韦固仔细问她,她才说:"我是刺史大人的侄女。我父亲在宋城去世。我在襁褓时遭贼人刺杀,伤痕还在眉心。"宋城的长官知道后,把当年韦固住过的旅店命名为定婚店。

金屋贮之　汉武帝年幼时,汉景帝问他:"儿子,你愿意娶个妻子吗?"长公主指着自己的女儿说:"把阿娇嫁给你好不好?"武帝说:"如果能得到阿娇,那我要用金子建屋子,给她住。"

丹桂近嫦娥　袁筠要娶萧安的女儿,订了婚,没多久,袁筠中了进士。罗隐给他赠诗说:"细看月轮还有意,定知丹桂近嫦娥。"

女萝附松柏　李靖拜见杨素,一个侍妾手执红拂侍立一旁,看了李靖很久。李靖回到旅馆,半夜忽然有紫衣人敲门,请进来,那人脱下衣帽,竟然是个美女。李靖非常惊讶,问她来此原因。她告诉李靖说:"我就是杨素家那个手执红拂的侍妾。女萝愿意依附松柏。"于是就与他一起回了太原。

续断弦　《十洲记》中说:凤麟州用凤凰的嘴和麒麟的角来制作胶,可以把断了的弦重新续上。

门楣　唐玄宗对杨贵妃一家宠爱优待,杨贵妃的堂兄杨国忠加封御史大夫,杨铦封为鸿胪卿,姐妹们也分别封为韩国夫人、虢国夫人、秦国夫人。当时的民谣说:"男不封侯女作妃,君看女却为门楣。"

冰人　令狐策梦见自己站在冰上,与冰下的人说话。占卜的说:"在冰上面与冰下面的人说话,是阳向阴说话,应当是要为人做媒,时间在冰将消融时。"太守田豹为自己的儿子求娶张徵的女儿,让令狐策为媒,仲春成婚。所以现在称"媒人"为"冰人"。

卖犬嫁女　晋代的吴隐之要嫁女,谢石知道他家穷,给女儿的陪嫁肯定很简单,就让自己的厨房和账房人员去帮他筹划操办。那些人到了他家,只看到有一个婢女牵着一只狗在卖,除此之外就没有任何准备了。

练裳遣嫁　汉代的隐士戴良有五个女儿,他用白布衣服、竹筐和木鞋子就把她们嫁了。苏轼有诗说:"竹笥(sì)与练裳,愿得毕婚嫁。"

葭莩　汉代中山靖王赏封手下群臣,没有一点葭莩私情。(葭莩,指竹子内壁上的薄膜。)

潘杨　晋代的杨经,潘岳为他写的诔(lěi)文是:"藉三叶世亲之恩,而子之姑,予之伉俪焉。潘杨之睦,有自来矣。"

凤占　《左传》中说:陈国的公子完到齐国,齐侯想让他做卿。

齐国的大夫懿氏想把女儿嫁给他为妻，占卜得到的卦辞是："凤凰于飞，和鸣锵锵。有妫之后，将育于姜。五世其昌。"

结缡 《诗经·东山》说："之子于归，皇驳其马，亲结其缡，九十其仪。"（缡，指古代妇女出嫁时所系的佩巾。）

示之以礼 马超投奔到蜀国，却轻视刘备，经常直呼刘备的大名。关羽大怒，请求允许杀了马超。刘备说："人家境况不好来投奔，因为叫了个名字就杀了他，这要怎么面对天下人呢？"张飞说："那也应该让他知道什么是礼。"第二天，刘备大摆宴席宴请各位将领，也请了马超，关羽、张飞却都拿着刀站立侍卫。马超环顾座席，没看见关羽和张飞，却看见他们站立着做侍卫，才大吃一惊。于是尊敬地事奉刘备，不敢再直呼其名字了。

议礼聚讼 汉章帝要制定礼乐，班固说："贤人能说礼的很多，应该广泛召集他们。"汉章帝说："俗话说得好：'筑舍道旁，三年不成。'如果把大家都召来商讨礼乐，那就是让大家来争论不绝了。"

礼制·丧事二

丧礼 黄帝开始制作棺椁（guǒ）。周公制作了棺材的饰物。周

代制作了殉葬的陶俑。虞卿制作了殉葬的桐木偶。左伯桃制作了尸体穿的新衣。史佚制作了下葬的棺衣。夫差制作了冥帽，并最早开始制作覆盖在死者脸上的面帛。夏代规定了专门用于随葬的物品。五代规定了灵座前的以木、土、蜡等做成的供祭祀的果品。舜规定了吊祭之礼。晋代的制度，吊丧的客人到有丧事的人家要鸣鼓为号。巫咸制作纸钱来代替真正的钱，名叫寓钱。汉代向神祈祷要埋钱。王玙开始在丧事祭奠中烧纸钱。周代规定，在丧事中要驱除疫鬼和山川精怪的神灵方相来做丧事的前驱。汉代规定，改为戴面具的魌（qī）头，俗称为开路显道神。这开始于嫘（léi）祖于路边的死亡，嫫姆监护时所制定。商代开始制作铭旌来书写死者姓名。魏国时开始书写死者的字号。后汉开始制作墓碑，上面刻着文字易于辨识。黄帝开始建京观高冢，才开始造坟墓。周公开始有合葬。周桓王开始有改葬。秦武公开始用人殉葬。宋文公开始用贵重的器物殉葬。秦朝把天子墓称为山。汉代开始称为陵。汉文帝开始在生前预先建造寿陵。少康封给自己的儿子祭祀。大禹开始设立了守陵人。秦始皇建造了皇帝死后的寝宫，有石麟、辟邪、兕（sì）马，臣下的墓则有石人和羊、虎柱：因为水怪罔象喜欢吃死人的肝，所以制作这些东西来驱逐罔象。宋真宗开始给无主尸骨建造义冢，称为漏泽园。

服制 黄帝开始制定丧礼。禹开始制定五等以亲疏为差等的丧服。尧开始制定三年的守丧期，如果是父亲的丧事要穿粗麻布制成不缝边缘的丧服，为母亲服丧要穿粗麻布制成而下摆缝齐的丧服。唐代武则天规定，如果父亲还在而母亲去世，那就为母亲守丧三年，与为父亲守丧的仪式相同。宋太祖规定，为公公和婆婆也要守三年丧。周公规定，对于自己的生母要穿齐衰丧服三个月。鲁昭公制作了慈母服（为养母守丧穿）。唐玄宗又增加了母党服。魏徵规定，叔嫂的关系使用小功服。戴德规定，朋友的关系穿缌麻服。晋襄公制作了守丧期未满就应召出仕的起复之礼。始于伯禽征讨徐戎时兵卒虽在丧期仍应征而出，汉、唐都沿用了。这才开始对大臣的夺情之礼。汉元帝开始让博士回家为父母守丧。汉文帝开始用月数换年数来计算守丧时间。汉景帝用三十六天为期，期满可除去丧服。唐肃宗开始规定服丧期为二十七日。

丧礼五服　穿斩衰的丧服，需要三年，这是儿子为父母服丧的丧服。女儿如果在家，或订了婚但还没有出嫁，或嫁了却被休而仍在家的，与儿子的妻子相同。儿子为继母、慈母、养母守丧也用斩衰，儿子的妻子与此相同。庶子为自己的生母，为名分上的嫡母守丧也用斩衰，庶子的妻子相同。上门继承人家香火的女婿与妻子相同。嫡孙为自己的祖父母、高曾父母守丧用斩衰，若其人与父俱为嫡长，而父先亡，则承受宗庙与丧祭之重任的孙子为祖父母守丧也同样用斩衰。妻子为丈夫用斩衰，妾为丈夫也相同。

齐衰杖期　嫡子、众子为父亲的妾守丧要穿齐衰并手拿丧棒，他们的妻子也一样。以下情况相同：儿子为已改嫁了的母亲，为已被休了的母亲；丈夫为妻子；嫡孙，如果祖父还在世，而父亲已经不在世时，为祖母也得着齐衰拿丧棒。

齐衰不杖期　祖父为嫡孙，父母为嫡长子及嫡长子的妻子，还有其他儿子，包括没有出嫁的女儿，还有过继给别人的儿子，都要穿齐衰，但不拿丧棒。以下人与此相同：继母为长子，众子侄为伯叔父母，亲兄弟之间，亲兄弟没有出嫁的女儿或没有分家另过的儿子。孙子为祖父母，孙女出嫁和未出嫁的都相同。过继给别人的为他的亲生父母。出嫁的女儿，为她的亲生父母。小妾为丈夫的正妻，小妾为丈夫的父母，小妾为丈夫的儿子以及与自己所生的儿子。穿齐衰的丧服守丧五个月，适用于曾孙为曾祖父母，曾孙女相同。穿齐衰的丧服守丧三个月，适用于玄孙为高祖父母，玄孙女相同。

大功九月　穿用熟麻布做成的较粗的丧服守丧九个月，适用于如下对象：祖父母为嫡长孙之外的其他孙子们和还没有出嫁的孙女们；父母为长媳之外的其他儿媳和已经出嫁的女儿；伯叔父母为侄媳和出嫁的侄女；妻子为丈夫的祖父母，妻子为丈夫的伯叔父母；丈夫过继给别人的，他的妻子为丈夫的亲生父母。

小功五月　穿用熟麻布做成的，较细的丧服守丧五个月，适用于以下对象：为伯叔的祖父母，为堂伯叔的父母，为同曾祖的兄弟，为兄弟的妻子，祖父为嫡孙的妻子，为外祖父母，为母亲的兄弟姐妹。

缌麻三月　穿用细麻布制成的丧服守丧三个月，适用于以下对象：祖父为除嫡长孙媳之外的其他孙媳，曾祖父母为曾孙，祖母为嫡孙，众孙妇为乳母，为妻子的父母，为女婿，为外孙，为叔伯兄弟的妻子。

三父　是指有同居的继父，不同居的继父，以及同继母改嫁的继父。这些继父中，说的是父亲死后母亲再嫁儿子随母去的。如果住在一起，那么要服一年丧，没有住在一起就不用服丧。而随继母改嫁而去的，则应该穿齐衰丧服并持丧棒一年。

八母　嫡母、继母、养母（指的是从小过继给别人的）、慈母（指亲母死后，父亲让别的妾来抚养的）、嫁母（指亲生母亲因父亲去世而再嫁他人的）、出母（指亲生母亲被父亲所休的）、庶母（父亲的妾生了子女的）、乳母（即奶妈，也要穿细麻布制的丧服）。

七出　七种休妻的条款：没有儿子，淫荡逸乐，不孝，挑弄是非，盗窃，妒忌，身患恶疾。三种不可休妻的情况：曾与丈夫一起为他的父母亲守丧三年的；婚前贫贱而婚后富贵的；妻子娘家亲人都离世，休后无家可归的。

读礼　《礼记·曲礼》中说：家有丧事还未下葬就要读下葬的礼仪，已经下葬了就要读祭祀的礼仪。

弥留　快要死时，还有呼吸，眼睛没有闭上，这叫弥留。

属纩（kuàng）　属，使用。纩，新丝绵。因为棉新丝绵很轻容易动，因此把它放在临死者的嘴和鼻子上，以检验是否已经死亡。

易簀　曾子得了重病，他的儿子曾元、曾申坐在曾子脚下，童仆坐在角落里拿着蜡烛。童仆说："这个席子华丽而平滑，是大夫才能享用的竹席吗？"曾子说："是啊，这是大夫季孙赐给我的，我没有换它。曾元，扶我起来换席！"扶他起来换席子，还没能把曾子再放到席子上他就死了。

捐馆　《史记·苏秦传》中说：奉阳君死了，抛弃馆舍而去。

鬼录　魏文帝在《与吴质书》中说：以前常得病，亲人朋友也多遭灾难，看他们的姓名，都已经登上了鬼录。

就木　晋文公奔逃到狄国，娶了季隗为妻，他将要去齐国，就对季隗说："等我二十五年，如果我不回来你就改嫁吧。"季隗回答说："我要是像你说的那样再改嫁的话，都已经快要进棺材了。"

盖棺论定　晋代的刘毅说："大丈夫盖棺论方定。"

修文郎　春秋时，苏韶死了，后来他的堂弟苏节在白天见到苏韶，就问他阴间之事。苏韶说："颜回、卜商死了后，都在阴间任修文郎。"

白玉楼　李贺将要死时，有红衣人驾着红色虬（qiú）龙，捧着雷版来召李贺说："天帝建成白玉楼，召你去写文章。天上的差事快乐不苦。"

一鉴亡　魏徵死后，唐太宗在朝廷上叹息说："以铜为镜，可以照出美丑；以人为镜，可以明白得失。现在魏徵死了，一面镜子没了。"

月犯少微　谢敷在剡（shàn）中隐居。当时月亮侵犯少微星，占卜的结果是"处士当心"。谯国的戴逵名气比谢敷大，就很担忧。不久谢敷死了，当时人就说："吴中高士，求死不得。"

岁在龙蛇　郑玄梦见孔子对他说："起来，起来，今年是龙年，明年是蛇年。"郑玄醒来后，想起这与一个谶语相合，就知道自己命不久矣。那谶语是："岁在龙蛇贤人嗟。"

梦书白驹　杜牧梦到自己在写"白驹"两个字，有人说这是指"过隙"。于是杜牧立刻烧毁自己全部的文章诗词，果然就死了。

一朝千古　唐代的薛收死了，秦王说："吾与伯褒共军旅，岂期一朝成千古！"

脱骖　孔子遇到以前掌管馆舍之人的丧事，进去哀伤痛哭，出来，让子贡把马解下来帮助他办完丧事。

麦舟　范尧夫的船中有五百斛麦子，全给了老友石曼卿，来帮助他办丧事。

生刍一束　郭林宗在为母守丧，徐穉（zhì）前往吊唁，在门前放了一束鲜草就走了。众人都奇怪，不知什么缘故。郭林宗说："这一定是南州高士徐孺子。《诗经》不是有说吗，'生刍一束，其人如玉'，我有何德，能当得起这样的夸奖呢？"

素车白马　范巨卿、张元伯是朋友。元伯死了，范巨卿梦见张元伯喊他说:"巨卿兄,我已某日死,某日葬。"范巨卿连忙驾车赶去吊唁。还没到达,张元伯的葬礼已经开始了。棺材到墓穴前,就怎么也搬不动了。他母亲说:"元伯啊,难道你还有什么期盼么?"就停下棺材。过了一会,看到有人乘着素车白马,大哭而来。他母亲说:"这一定是范巨卿。"于是范巨卿拉着牵引棺材的绳索在前边引导,棺材这才可以移动。

归见父母 陈尧佐临终前,给自己写墓志铭,道:大宋颍川书生陈尧佐,字希元,享寿八十二,已不算早夭;官居一品,也不算低贱;卿相名册中也有名字,也不辱祖先,可以到灵魂栖息的地方去归见父母了。

翁仲 《水经注》中说:鄗(hào)南的千秋亭坛庙东边的枕道上,有两个石翁仲。黄山谷有诗句"往者不可言,古柏守翁仲"。

九京 晋献文子说:"这是希望保全性命,去九京追随亡祖亡父啊。"

佳城 汉代的滕公驾车到东都门,马悲鸣不走。滕公命人挖掘,挖出一副石棺,上面用蝌蚪文写着:"佳城郁郁,三千年见白日,吁嗟滕公居此室。"滕公长叹说:"天啊!我死后是要葬在这里吗?"后来果然埋葬在这里。

牛眠 东晋陶侃家举行葬礼时,忽然丢失了一头牛,哪儿都找不着。遇到一个老汉,对陶侃说:"前面山岗上躺着一头牛,如果把墓地选在那里,以后一定位极人臣。"陶侃在那找到了牛,又把先人葬在那里。

寿藏　唐代姚勖（xù）活着时就给自己在万安山曾祖父墓旁建了一个墓地，称为"安居穴"，以土为床，称为"化台"。

挽歌　汉高祖时，田横自杀，追随他的人都不敢哭，只是对着他的灵柩诉说哀情，后人就继承这种方式而成为挽歌。汉武帝时，李延年把挽歌分为两类：《薤（xiè）露》，以送王公贵客；《蒿里》，以送士大夫和庶人。

吊柳七　柳永死时，家里没有多余的钱财，一群妓女凑钱把他葬在郊外，每年春天都来上坟，称为吊柳七。

漆灯　唐代沈彬的家门外有一棵大树，他曾说："我死后可以葬在这里。"等他死后要埋葬时，才发现下面有一个古墓，里面还有一盏古灯，灯台上有漆书篆文："佳城今已开，虽开不葬埋。漆灯犹未灭，留待沈彬来。"

金粟冈　唐玄宗驾临桥陵，看到金粟冈有龙盘凤翥之地势，对侍臣说："我死后应该葬在这里。"等到去世时，大臣们依从他的旨意将他葬于此地。

马鬣（liè）封　《礼记》中记载，子夏说："从前孔夫子说：我见过把坟墓建得四方而高好像堂基地，见过又长又窄好像堤防的，见过旁广而卑好像夏代房屋的，也见过像斧头那样简单省事的。像斧头一样就是俗称的马鬣封。"

长夜室　苏轼《赠章默》诗说："章子亲未葬，余生抱羸疾。朝吟喧邻里，夜泪腐茵席。愿求不毛田，亲筑长夜室。"

土馒头　范成大在《重九日行营寿藏之地》诗中说："家山随处可行楸，荷锸携壶似醉刘。纵有千年铁门限，终须一个土馒头。三轮世界犹灰劫，四大形骸强首丘。蝼蚁乌鸢何厚薄，临风拊掌菊花秋。"

要离冢　梁鸿死后，皋伯通等人为他寻找葬地，于是葬在要离的墓边。说："梁鸿是高贤，要离是烈士，正可以引为同类。"后人就把那个地方叫梁溪，就是今天的无锡。

玉钩斜　在吴公台下，是隋炀帝埋葬宫女的地方。唐代窦巩《宫人斜》诗中说："离宫路远北原斜，生死恩深不到家。云雨今归何处去，黄鹂飞上野棠花。"

葬龙耳　晋元帝听说郭璞为别人看风水选墓地，就穿平民便服去看，对那家的主人说："这个葬地叫'龙角'，若葬于此必有灭族之祸。"主人说："郭璞说这叫'龙耳'，三年中会有天子到来。"元帝问："是会出一个天子吗？"回答说："不是，是能让天子来过问。"

方相　《周礼》中说：方相氏驱逐罔象，因为罔象喜欢吃死人的肝，但却害怕老虎和柏树，所以在墓上种柏树，路口设石虎，原因在于此。

不憖（yìn）遗一老　孔子死后，鲁哀公作诔说："上天不仁，不留下一位国老，来捍卫我居于君位，使我孤独无依忧愁成病。呜呼哀哉尼父！我失去了律己的榜样了。"子贡说："国君怕是不能在鲁国善终吧。"

五谷瓶　魏国王肃在《丧服要记》中记载，鲁哀公说："五谷囊始于伯夷、叔齐，他们不愿吃周粟而死，因此作了五谷囊。我父亲是有饭吃而死的，要这有什么用呢？"现在人就制作了五谷瓶。

青蝇为吊客　虞翻字仲翔，流放于海南，自恨节操孤高，骨体无媚，犯上获罪，要死在海角了。感慨活着时无人可交谈，死后只有青蝇为吊客，如果天下有一人能为知己，也可以死而无憾。

墓木拱　《左传》中秦穆公差人对蹇（jiǎn）叔说："你知道什么？你年寿已尽，等大军凯旋，你坟上的树都有两手合抱那么粗了。"

瓜奠　唐代莱国公杜如晦去世，唐太宗诏令虞世南写墓碑。后来唐太宗吃了个美味的香瓜，忆起杜如晦，怆然泪下，于是吃了一半不吃了，派人把香瓜放在杜如晦的灵前祭奠。

哀些　宋玉《招魂》里有句："光风转蕙，氾崇兰些。"些，是语气词。宋玉《招魂》的句末都有"些"，所以挽歌也称"哀些。"

长眠　《太平广记》中说：郑尤路遇一坟，上有两棵竹子，就作诗道："冢上两竿竹，风吹常袅袅。"墓里的人续诗道："下有百年人，长眠不知晓。"

赙赗（fù fèng） 赙，是助的意思。赗，是报的意思。以此来帮助生者、送别死者，并表达情意。货财叫赙，车马叫赗。赏玩之物叫赠，衣服叫襚。

铭旌 铭，是明的意思，因为死者无法区分自己，所以用他的旗帜作标识。杜牧的诗说："黄壤不沾新雨露，粉书空换旧铭旌。"

谥 姜太公与周公辅佐嗣王时，最早制定了谥的规矩。天子的谥始于黄帝。加谥号达到十几字的，始于唐玄宗。太子的谥号始于申生。卿大夫的谥号始于周朝。处士谥号始于陶弘景。公卿没有爵位而有谥号的始于王导。宦官有谥号，术士有谥号，始于北魏。公卿大夫的祖、父有谥号的始于元朝。妇人有谥号的始于穆天子给盛妃加谥"哀"。皇后的谥号始于汉高祖尊谥母亲为昭灵。公主的谥号始于唐高祖给女儿平阳公主取谥号为昭。活着就赐给谥号的，始于卫侯赐谥给北宫喜，谥为贞，析朱钽（chú）谥为成。私人有谥号的始于黔娄。妻子私下为丈夫取谥号的始于柳下惠。

窀穸（zhūn xī）《左传》中说：得以保全性命而善终，就有这些祭祀安葬之事。

襄事《左传》中说：安葬鲁定公时，因下雨而没把丧礼办完，这就是礼。

葛绋 《左传》中说：埋葬敬嬴时，天旱，没有麻，只好用葛绋。

祖载 《白虎通义》中说：祖载是将葬之际，祖祭于庭，乘出丧的车辞别祖先，所以叫祖载。

命终 天子死称崩，诸侯死称薨（hōng），大夫死称卒，士人死称不禄，庶人直接称死。死后在床上称尸，在棺材中称柩。飞鸟死了称降，四足兽死了称渍。死于敌手的称兵。

执绋 《礼记》中说：在出葬时去吊丧就要执绳索拉柩车，如果跟着柩车到墓穴旁，就要帮忙执绋下葬。

礼制·祭祀三

祭法 有虞氏用禘（tì）礼祭祀黄帝，用郊礼祭祀帝喾（kù），以颛顼（zhuān xū）为祖而以尧帝为宗。夏后氏也用禘礼祭祀黄帝，用郊礼祭祀鲧（gǔn），以颛顼为祖而以大禹为宗。殷人用禘礼祭祀帝喾，用郊礼祭祀冥，以契为祖而以汤为宗。周人用禘礼祭祀帝喾，用郊礼祭祀稷，则以文王为祖而以武王为宗。少昊最早制宗庙，周公最早设立七庙，舜最早制定庙号。舜在庙里接受帝位，最早有大事必在祖庙祭祀。伏羲最早制定祭祀祖先之礼，少昊最早制定四季的庙祭，舜最早制定帝王的禘祭，夏朝的帝槐最早制定不迁宗的祭礼。殷商规定五年举行一次祫祭。周朝每三年在文王庙中祭祀一次。北齐最早制定别室，加献烧烤祭品。殷商的太甲最早制定功臣可以在大庙中配享。大禹最早设立世室灵位，制定祭台。伊尹制定宗庙石室。宋真宗最早制定了百官从祭的位次牌。左彻最早用木头刻制了黄帝的像。秦始皇最早制定宿于墓侧的规矩，汉朝沿用了它，并布置了死者生前起居、衣冠等，并上饭。天子正月上陵，开始祭扫。王导拜祭元帝陵，最早有了大臣拜祭帝王陵墓。伏羲最早在冬、夏到郊外祭祀皇天后土。殷汤最早制定对感生帝的祭祀。周公最早制定祭祀神州地祇。舜最早制定了禘祭与郊祭的配食。秦始皇制定了三年一次的郊祭。汉平帝最早在南郊合祀天地，位置都是面向南，地位偏东。神农氏最早制定在明堂大祭五天。尧帝最早制定了五人帝、五人神，配五天帝。舜制定了五郊，祭祀五方天帝以迎五候。黄帝最早制定设坛祭祀。秦献公最早制定了祭祀白帝的畦畤（zhì）之祭。秦始皇最早制定四畤，来自襄公的西畤，文公的鄜畤，都是为了祭祀白帝。宣公密畤是祭祀青帝，灵公的上畤是祭祀黄帝，下畤是祭祀炎帝。汉高祖最早增加制定五畤。汉武帝最早祭祀太乙（五帝之主），从晚上进行到白天，最早制定了泰畤。汉文帝最早规定五帝庙同在一个大殿。晋武帝最早下诏让五帝同被尊为昊天，又听从王肃的建议废除了五帝座。秦始皇最早规定郊祀爟火。帝喾开始制定六宗，祭日月、星辰、寒暑、四时、风雨、雷云。无怀氏最早制定封禅之礼。黄帝最早制定了四坎以祭祀川、谷、水、泉，设四坛以祭祀山、林、丘、陵。舜最早制定秩祭，以祭祀四岳和四水。黄帝最早制定社祭五土，把稷放在五土之中，以表彰原野能生长谷物。秦朝规定郡县建庙祭祀社稷。宋真宗最早制定了郡县祭社稷的礼仪。神农最早制定了年终的蜡祭。少昊制定祭祀先农与蚕。舜规定祭祀四方的百物。大禹祭祀司寒的冰神。秦德公祭祀伏天。商汤时因为大旱，最早将稷神的庙宇迁移并弃祀。商汤最早制定五种祭祀：户祭、灶祭、门祭、路祭、中霤（liù）祭。周公制定了七祀，加上了泰厉祭和司命祭。汉高祖废除了户祭又加了井祭。汉高祖最早祭祀蚩尤。唐玄宗最早祭九宫神（在皇帝生日的千秋节设坛祭祀）。颛顼制定在军队驻地进行祃（mà）祭。舜制定了祭天与五帝的类祭。大禹制定了祭天的大旅。神农最早制定祝文。汉武帝最早举行郊祀，并建立乐府。黄帝最早在祭祀前沐浴、斋戒。后魏最早在拜祭时行香。太康被后羿篡位失国，最早发现日食，也最早有了救日之祭。神农最早制定拜祭求子。商汤制定了求雨的雩（yú）祭。周公制定了在雩祭祈祷丰年。神农氏最早制定求雨之法。商汤最早制作土龙以求雨。隋文帝最早规定求雨时禁止屠宰牲口，也禁止用扇子。

宗伯职责：大凡祭祀大神、大鬼、大祇时，带着执事者用龟占卜日期，第二个任务是到祭祀场所煮香草、审察祭祀用的牲畜、向主祭报告牲畜洁净、报告准备就绪、把祭祀余下的肉送归皇帝并赐福。

九祭六器　《周礼》中说：太祝掌管九祭六器。六器是：苍璧、黄琮、青珪、赤璋、白琥、玄璜。九祭是：一叫命，二叫衍，三叫炮，四叫庙，五叫振，六叫擩，七叫绝，八叫燎，九叫共。

郊祀 将玉帛、牺牲焚于南郊泰坛，是祭天；将玉帛、牺牲埋于北郊泰圻，是祭地。牲畜要用红牛犊。

六宗 埋猪羊祭品在泰昭，是祭祀节气；在坎坛迎祖，是祭寒暑；在日坛设王宫之祭是祭日；在月坛设夜明之祭是祭月；设星坛作幽宗之祭是祭星；设云坛作云宗之祭是祭水旱。

五畤祠 祭祀青帝叫密畤祠，祭祀黄帝叫上畤祠，祭祀炎帝叫下畤祠，祭祀白帝叫畦畤祠，祭祀黑帝叫北畤。

五祀 春季祀户，夏季祀灶，秋季祀门，冬季祀行，季夏祀中霤。

七祀 天子有七祀，即：宫中的司命、中霤、国门、国行、古帝王无后之鬼、户、灶。诸侯有五祀，即：宫中的司命、中霤、国门、国行、古诸侯无后之鬼。大夫有三祀，即：古大家族无后之鬼、国门、国行。士人二祀，即国门、国行。庶人一祀，或者立户，或者立灶。

八蜡 天子较大的蜡祭有八种：一祭先啬（神农），二祭司啬（后稷），三祭农（即掌管农事之神），四祭邮表畷（田畔之屋），五祭猫虎，六祭堵（蓄水），七祭水庸（水沟），八祭昆虫。

祀典 圣王制定祭祀的规则是：有法令普施于民的祭祀他，为民众而死的祭祀他，以自己的力量安邦定国的祭祀他，为民众防止自然灾害的祭祀他，捍卫国家免于战乱的祭祀他。这就是厉山氏（炎帝）统治天下的原因。他的儿子叫农，能指导民众种植百谷；后来夏衰亡了，周弃又继承了，所以他们被后人当作稷祭祀。共工氏称霸九州，他的儿子叫后土，能安定九州，所以后人把他当作社来祭祀。帝喾以星辰安排时间，让民众知晓；尧帝能公平赏善惩恶，且终让位于贤人；舜帝勤于国事而死于郊野，鲧为堵截洪水未成而被流放至死，大禹修改鲧的治水方式而建功；黄帝制定百物之工以使人分工合作，颛顼能增益它；契做舜的司徒而教化民众；冥身为水利之官而殉职；商汤以宽治民众而革除夏桀暴政；文王用文治、武王用武功去除民众的灾祸：这些都是有丰功伟绩的。此外，日月星辰为民众所瞻仰，山林、川谷与丘陵是民众财物及日用的来源，也应祭祀。未在此中提及的，不在祭祀之中。

祭主 天子要祭祀天地、祭祀四方、祭祀山川、祭祀五祀，每年一次。诸侯则各祭一方的神祇，祭祀山川、祭祀五祀即可，每年一次。大夫祭祀五祀，每年一次。士人只祭祖先。

祭孔庙 唐玄宗最早给孔子封王。宋太祖开始下诏在孔庙中立戟，宋仁宗开始下诏使用祭歌，宋徽宗开始听从蒋靖奏请用有十二条垂饰的礼冠、九种花纹的礼服。汉武帝开始封孔子的后人为侯以祭祀孔子。汉成帝开始为孔子后人封谥。北周开始下诏让孔子后人做曲阜令。宋仁宗开始下诏封孔子后人为衍圣公。

丁祭用鹿 汉高祖经过曲阜，用太牢祭祀孔子。现在的制度是，郡县用鹿祭祀孔子。

淫祀 大凡祭祀之礼，有该废除的，就没人敢兴起。有该举行的，就没有人敢废除。不该祭而祭的，就叫淫祀，淫祀是不被福佑的。

牺牲 天子祭祀用纯色的牛，诸侯用肥牛，大夫用挑选出来的牛，士人用羊或者猪。

凡是宗庙祭礼，牛叫一元大武，大猪叫刚鬣，小猪叫腯（tú）肥，羊叫柔毛，鸡叫翰音，犬叫羹献，雉叫疏趾，兔叫明视。脯叫尹祭，槁鱼叫商祭，鲜鱼叫脡祭。水叫清涤，酒叫清酌，黍叫芗合，粱叫芗萁，稷叫明粢（zī），稻叫嘉蔬，韭叫丰本，盐叫咸鹾（cuó），玉叫嘉玉，币叫量币。

方诸明水 方诸，就是大蛤，摩擦变热后令其向着月亮，就会生出水来，古人取此水用于庙祭，称为明水。

祭号 祭祖父叫皇祖考，祖母叫皇祖妣。父亲叫皇考，母亲叫皇妣，丈夫叫皇辟。

庙制 天子有七庙，三昭三穆，加上太祖之庙共七庙。诸侯有五庙，二昭二穆，加上太祖之庙共五庙。大夫有三庙，一昭一穆，加上太祖之庙共三庙。士人有一庙。普通人就在寝室祭祀。

祭时 天子诸侯宗庙的祀祭，在春天举行叫礿（yuè），在夏天举行叫禘，在秋天举行叫尝，在冬天举行叫蒸。天子可以进行礿祭、禘祭、尝祭、蒸祭。诸侯则是举行礿祭就不再禘祭，举行禘祭就不再尝祭，举行尝祭就不再蒸祭，举行蒸祭就不再礿祭。诸侯的礿祭也是特祭；诸侯的禘祭，一年为特祭、一年为合祭；尝祭与蒸祭都算合祭。

牲制　天子祭祀社稷都用太牢（牛、羊、猪），诸侯祭祀社稷都用少牢（猪和羊）。大夫和士人的宗庙之祭，有田地的举行祭礼，没有田地的举行荐礼。平民春天以韭菜献荐，夏天以小麦献荐，秋天以黍米献荐，冬天以稻米献荐，韭菜要配蛋，小麦要配鱼，黍米要配豚，稻米要配大雁。

牛制　祭祀天地用的牛，牛角要像蚕茧或栗子那么小；宗庙祭祀用的牛，牛角应有一握之长；宴请宾客用的牛，牛角应有一尺长。

六礼　分别是冠礼、婚礼、丧礼、祭礼、乡礼、相见礼。

七教　包括父子、兄弟、夫妇、君臣、长幼、朋友、宾客。

八政　包括饮食、衣服、百工技艺、五方用器不同、长度、体积、数字、布帛的规则。

乡饮酒礼　主人在乡学门外拜迎宾客，客人入门后作揖三次到台阶前，相互推让三次然后登上台阶，这是为表达尊重和礼让。洗手然后举杯饮酒，这是为了表示洁净。主人拜迎宾客的到来、宾客拜谢主人洗杯和献酒、主人拜送宾客取酒和干杯，这是为了表达尊敬。尊重、礼让、洁净、敬重,是君子交往的礼仪。

五象　宾和主,象征天地。介和僎,象征阴阳。主宾、介宾和众宾,象征日月星三光。谦让三次,象征月朔之后三天复明。四面而坐,象征春夏秋冬四季。

贵礼贱财　宾客所献的祭酒和祭肉,是表示尊敬主人待客之礼。尝一口肺,表示接受主人的礼;吃一口酒,表示成全主人的礼。喝酒时移到席的西头末位,是为了表明此席的真正用意:不是专门为了饮食,而是为了行礼,这就是重礼轻财的意思。

别贵贱　乡饮之前,主人亲临主宾及辅佐宾客的家中去敦请,其他宾客则到主宾家中,跟随着一起前往。到主人门外,主人拜迎主宾和介,其他宾客则自己入内。这样是为了判别贵贱之义。

辨隆杀　主宾三揖走到台阶,彼此再谦让三次,之后主人引导主宾上台阶,拜谢主宾的到来,又斟酒献宾,宾再回敬主人,这样辞让的礼节很多;至于主人与介之间,礼节就简省了。至于普通宾客,登台升受,坐着祭祀,站着饮酒,不回敬主人就可以下台。这是为了区分礼的隆重与减省。

和乐不流　乐工进入屋子之后,升堂唱《鹿鸣》《四牡》《皇皇者华》三篇后,主人献酒给他;吹笙的人进入屋子后,在堂下演奏出《南陔(gāi)》《白华》《华黍》三曲后,主人献酒给他;乐工与吹笙的又轮流相间地一唱一吹,各自表演完三篇后,然后再合起来同时表演,表演三首后,乐工向主宾报告,乐歌已表演完毕，然后就可以出去了。这时主人的属下有一人举杯敬宾客，于是让一个人做司正，就知道在乡饮中能够和谐欢乐却不放肆了。

弟长无遗 主宾先饮再劝主人饮，主人又劝介宾饮，介宾再劝众宾客饮，以长幼为次序，一直到那些洗涮、干活的人，就知道乡饮酒礼按年龄而不会遗漏。

安燕不乱 撤下酒之后，下堂把鞋子脱掉，再登堂入座，彼此劝酒，不计杯数。饮酒的礼节是，早上饮酒不误早朝，晚上饮酒不误晚朝。宾客离去，主人拜送，仪式于是完成，就知道乡饮安然饮酒而不致错乱。

律吕

伏羲最早纪录阳气初生，制定了音律之法。建日冬至这天吹出的声音，以黄钟为宫（黄钟从冬至开始，依次运行，每一天就分为宫、商、徵，以此类推）。黄帝听到凤凰的鸣声，节候与声音相应，就用黄钟宫比附，就可以相应和了，就这样定音律的基础。神瞽协调中声，开始定律度。武王伐纣，吹律听声，就制定了七律（分别用年月日星辰五位和三所来使用，一同其数，从而用律来和声）。汉武帝时，让张苍制定音律，他向京房学习了律吕相生的变化，制定了六十律（在十二律之外，中宫上生执始，执始上生去灭，上下相生，结束于南事）。五代的钱乐之、沈重又按京房的六十律再扩展六倍，制成了三百六十律（每天对应一管，宫、徵等音旋转对位，分别以此类推）。黄帝取用嶰谷的竹子，从两节之间截断吹奏。京房认为竹管声音太小无法定调，就用作音准来确定音位（音准形状像瑟，长一丈，十三弦，分寸较粗，容易定音）。

后魏的陈仲儒请求用准来代替律。魏杜夔（kuí）命令柴玉铸钟。荀勖（xù）校订了杜夔的钟律，制造了十二支笛子。笛子都有五音，以此来对应京房的律法（各自依凭律法，用宫音为基调上行，宫就是高音，在宫音处钻孔作为本宫。而用徵音为基调上行，徵就是高音）。梁朝的君主萧衍制定成四通（设立四种乐器，命名为通，每种都安装两根弦，用来通声调，还转通月气）。又用笛子模仿通的声音。沈重开始制定了半音，以正常的音来统摄半音，无论多少都可以合为一律（一部中正常的律为母音，一中气所有的日为半音。还可以为变宫、变徵之音。在羽宫之间，靠近宫音的地方设一声，稍高于宫音，角音与徵音之间，靠近徵音的地方设一声，稍低于徵音，这就是变徵）。还有四个清声。隋朝的郑译最早创立七调，用七调校对七声。七声之外，再立一声为应。姜宝常最早创立八十四调，一百四十律，而变化则终于十声。它的音比郑译所创的调低二律。何妥奏请用黄钟一个宫调，只击打七钟，而以其余五钟为哑钟。唐朝的张文收与祖孝孙二人吹调五钟，才使得十二钟都能响应。唐末（黄巢之乱），工匠与乐器都散失了。博士殷盈孙铸造了十二面镈（bó）钟。处士萧承训校订了石磬的音准（只能在金石的记载上找到方法）。王朴开始寻找古法，得到十二律管，依此律管校准了十三弦，以此定准声。宋太祖命令和岘把王朴的乐声调低了两个音符。宋仁宗又下诏让李炤校定。宋代礼官杨杰请求依照人声来制定乐音，以歌声为本。四川的方士魏汉津依据夏禹以自己的身体为刻度的记载，取了大禹中指三寸作为刻度。

伏羲最早作音乐。黄帝的大臣伶伦最早制定六律和六吕。荣瑗铸造十二钟，以协调时间与乐律的关系，并以五音相和。周朝最早在礼仪中奏鼓吹（大乐是用钟鼓演奏，钟师是掌管金属节奏的），并制定了古乐九夏。梁武帝依据九夏制定十二雅（按十二律开始制定大乐，此后世代沿袭）。祖孝孙根据十二雅创制了十二和。秦朝焚烧《乐经》。汉朝立国后，汉高祖开始制定《武德》之乐，文帝时扩充为四时乐。叔孙通最早制定庙乐。汉武帝最早制定郊祀乐十九章。汉明帝最早制定四种大乐（郊庙祭祀奏上陵大予乐，辟雍奏燕射雅颂乐，燕飨奏黄门鼓吹乐，军中奏短箫铙[náo]歌乐）。汉末京都战乱，正统音乐都遗失了，魏武帝曹操开始命令杜夔创作雅乐四个部类，正统音乐初步具备。到了晋朝永嘉之乱，雅乐又散失了，梁武帝改变了乐制，到了周太祖、隋文帝再详细校定雅乐，就很合适了。到了唐高宗，命令祖孝孙考据古代的音律，再斟酌南北的方音，开始制作唐乐。汉武帝设立乐府，各种乐调和杂舞都用乐器伴奏。陈后主最早制作新乐《玉树后庭花》，隋炀帝有《金钗两臂垂》（传说都是陈后主制作的）。

唐玄宗有立部伎、坐部伎，还有三十六曲。隋文帝开始分雅、俗二部。唐玄宗最早将法曲与胡部音乐合奏。汉朝开始设立鼓吹官府，把北狄之乐分为二部。朝会时用鼓吹曲，也有用箫笳的。军中马上用横吹曲，也有用鼓角的。隋朝以后，开始把横吹曲用于皇帝的卤簿大驾中，与鼓吹曲同列为四部（掆鼓部、铙鼓部、大横吹部、小横吹部），总称鼓吹，以供皇帝大驾及皇太子和王公欣赏。张骞入西域，得胡音，开始用胡角应和。胡笳本来是黄帝的吹角，在涿鹿之战时用过，魏时减成半鸣的声音才衰落。汉朝唐山夫人创作了房中祠乐，来源于周朝的房中乐讽，是用丝竹遗声奏出的清乐。隋高祖制作房内乐。隋炀帝开始增加了歌钟、歌磬，并用丝竹配合应和。元魏孝文帝篡汉，获得南音，最早作清商乐，来源于汉朝的三调。隋文帝最喜欢清乐，设置了清商署，分清乐为七部。隋炀帝最早规定清乐为九部。唐高祖仍然设九部，唐太宗设十部，主要都是清商乐。唐玄宗最早设置教坊，属于散乐，周朝有缦乐。秦、汉沿袭，变为杂伎。汉武帝最早用于俳优百戏，总称为散乐。

舜调理八音，用乐器八百种。到了周朝，改为宫、商、角、徵、羽五音，使用的乐器减到五百种。唐朝又减到了三百种。周朝制作音乐，编悬钟磬各有八种，二八一十六，全都悬挂在专用的木架上，半叫堵，全叫肆。黄帝杀死夔龙，用它的皮制作冒鼓，帝喾作了小摇鼓，禹作鞀（táo）鼓，倕作鼙（pí）鼓，周有瓦鼓，汉有杖鼓，唐有羯鼓。毋句最早作磬。南齐作云板，梁朝作方响。黄帝与蚩尤作战，制作钲角，帝喾平定共工，制作了埙篪

（xūn chí）、柷敔（zhù yǔ，就是柷楬）。神农最早制作钟，大禹制作铎，汤制作镦（chún，像钟，用以应和鼓声）。女娲氏制作笙簧，随制作竽，神农制作籥（yuè），伏羲制作箫，师延制作箜篌，蒙恬制作筝。沈怀远作绕梁（像箜篌）。伶伦砍伐昆溪之竹制作笛子，汉朝的丘仲开始完善笛子的制法。女娲氏开始制作管。唐朝刘系制作七星管。伏羲最早制作瑟。黄帝最早让素女将瑟破为二十五弦（伏羲制作的瑟为五十弦）。梁朝的柳恽（yùn）制作了可以打击的瑟和琴。唐朝的道源制作了击瓯。李琬制作了水盏（两者都可以用筷子击打）。师旷制作了月琴。秦朝一个苦役把鞉（táo）鼓加上弦弹奏，制作了琵琶。李伯阳进入西戎，制作了胡笳。黄幡绰侍奉唐明皇，制作了拍板琴。伏羲氏最早用桐木制琴，初有十弦。神农最早制作了五弦琴，有五种音色。文王始增少宫、少商二弦，成为七弦。伏羲最早制作《琴操》。师延最早创作新曲。赵定最早创作散操，有九引十二操，都用声音互相应和，没有歌辞（也有人认为琴曲都是魏晋时人所作）。到了梁朝琴曲才开始有了歌辞。

古琴名 伏羲的琴名离徵，黄帝的琴名清角，帝俊的琴名电母，伊陟的琴名国阿，周宣王的琴名响风，秦惠文王的琴名宣和、闲邪，楚庄王的琴名绕梁，齐桓公的琴名鸣廉、号钟，庄子的琴名槁梧，闵损的琴名掩容，卫国师曹的琴名凤嗉，鲁国谢涓的琴名龙腰，魏国师坚的琴名履杯，鲁国贺云的琴名龙颔，魏国杨英的琴名凤势，秦国陈章的琴名神晖，赵国胡言的琴名亚额（琴额如同"亚"字），李斯的琴名龙腮，秦始皇的琴就名秦琴（弦、轸、徽、尾都是黑色），司马相如的琴名绿绮，荣启期的琴名双月，张道的琴名响泉，赵飞燕的琴名凤凰，梁鸿的琴名灵机，马明的琴名四峰，宋蒙的琴名蝉翼，扬雄的琴名清英，晋朝刘安的琴名云泉，王钦的琴名古瓶，谢庄的琴名怡神，仙人庄女的琴名落霞，李勉的琴名百纳，徐勉的琴名玉床，荀季和的琴名龙唇、枳敧，祝牧的琴名太古，赵孟𬱖的琴名震余（是采许旌阳手植梧桐所制），吴越王钱俶的琴名洗凡（是砍瀑布泉的亭柱所制）。

琴操 高雅的标准有五等，分别是伏羲、舜、仲尼、灵关、云和。有十二操，分别是：孔子的《将归操》《猗（yī）兰操》《电山操》，周公的《越裳操》，周文王的《拘幽操》，周太王的《岐山操》，尹伯奇的《履霜操》，牧渎的《雉朝飞操》，商陵牧子的《别鹤操》，曾子的《残形操》，伯牙的《水仙操》《怀陵操》。九引，分别是：楚国樊姬的《烈女引》，鲁国伯妃的《伯妃引》，晋国漆室女的《贞女引》，卫女的《思归引》，楚国漆商梁的《霹雳引》，樗（chū）里牧恭的《走马引》，樗里子的《箜篌引》，秦国的漆屠高门的《琴引》，楚国的漆龙丘高的《楚引》。蔡邕（yōng）有五弄：《游春弄》《渌水弄》《幽居弄》《坐愁弄》《秋思弄》。师涓有四时操：春操是《离鸿》《去雁》《应苹》；夏操是《明晨》《焦泉》《流金》；秋操是《商风》《落叶》《吹蓬》；冬操是《凝和》《流阴》《沉云》。

乐律

历代乐名　黄帝创作《咸池》，颛顼创作《六英》，帝喾创作《五茎》，尧创作《大章》，舜创作《大韶》，禹创作《大夏》，汤创作《大濩（huò）》，武王创作《大武》。

嶰谷　黄帝让伶伦制作音律。伶伦在嶰谷选取竹子，选那些中空与外壁的厚薄均匀的，在两节之间截断，制成六寸九分的长度吹奏，成为黄钟管。再制十二管以仿效凤凰的鸣声，雄凤鸣声有六，雌凰鸣声有六，成为律吕。

律吕　是五声的根本，是从黄钟律中生发出来的。黄钟律有十二音，其中六阳叫律，六阴叫吕。律用来统领气息模仿事物，一叫黄钟，二叫太簇，三叫姑洗（xiǎn），四叫蕤（ruí）宾，五叫夷则，六叫无射。吕用来集中天阳以发抒气息，一叫林钟，二叫南吕，三叫应钟，四叫大吕，五叫夹钟，六叫中吕。律吕象征朝代正朔。其职责在太常，太常掌管它。

葭灰气候　隋文帝取律吕，向里面装入葭草之灰以等待节候，向牛弘询问，牛弘回答说："如果草灰飞出一半就是和气，草灰全部飞出就是猛气，一点都飞不出就是衰气。"

五音 宫象征君王，商象征臣子，角象征民众，徵象征政事，羽象征万物，五音不乱，就没有不和之音。宫音乱就会流于荒蛮，这是由于君主骄慢；商音乱就会流于邪僻，这是由于臣子败坏；角音乱就会流于忧伤，这是由于民众有怨；徵音乱就会流于悲哀，这是由于劳役繁多；羽音乱就会流于危险，这是由于财物匮乏。如果五音都乱，互相侵犯，这就是轻慢，这样离亡国就不远了。

乱世之音 郑、卫两国的音乐，是乱世之音，都争相表现轻慢。桑间、濮上之音，尽是亡国之音，国家的政治离散，民众流亡，诬上行私而无法制止。

溺音 魏文侯问："什么是溺音？"子夏回答说："郑国的音乐滥情而没有节制，宋国的音乐多是宴会与女子所以会让人心志沉溺，卫国的音乐急促得让人厌烦，齐国的音乐倨傲邪僻使人心骄横。这四种音乐都过于沉溺表象而有害于德行，所以祭祀时是不能使用的。"

六声 钟的声音铿锵，铿锵的声音可以使人意气纵横，意气可以激起勇武之心。君子听到钟声，就会想起武将。石磬的声音刚劲，刚劲的声音可以让人节义分明，节义分明可以使人舍生忘死。君子听到石磬之声，就会想起保卫疆土献身的臣子。丝弦的声音悲哀，悲哀的声音可以使人正直，正直可以使人充满志气。君子听琴瑟之声，会想起有志气和大义的臣子。竹管可以发出广泛的声音，广泛的声音会合就能使众人集聚，所以君子听到竽、笙、箫、管的声音，就会想起能集聚民众的臣子。鼓鼙的声音欢腾，欢腾的声音可以使人激动，激动可以让人奋进。君子听到鼓鼙的声音，就会想起统率大军的臣子。君子听音乐，不是听音乐的铿锵之声，而要从中生发共鸣。

学琴师襄　孔子向师襄学琴。孔子说："我学会了这支曲子，再熟习弹奏的技法，现在又领悟到了它的情志，于是很恭敬地深思着什么，这曲子欣然喜悦，志存高远。这样我就知道作曲的是怎么样一个人了，黑皮肤，高个子，眼睛像汪洋大海，胸襟好像要包容天下、统治四方诸侯，如果不是周文王，谁又能这样呢？"师襄起身离席，对孔子拜了两拜说："我的老师就说这是《文王操》啊。"

四面　王宫悬，就是四面都悬挂乐器；诸侯轩悬，就是把南面悬挂的去掉，以回避君王；大夫判悬，就是在诸侯的基础上再去掉北面的，仅存一半；士特悬，就是再去掉西南的，来表示特立的意思。

铜山崩　汉武帝时，未央宫殿前的钟没有来由地响起。汉武帝下诏问东方朔，东方朔回答说："我听说铜是山的儿子，山是铜的母亲。母子之间可以互相感应，钟自鸣，山肯定有呼应。"过了三天，南郡太守上书说有山崩塌了，崩塌长达二十余里。魏国皇帝殿前的大钟，也不敲自响，人们都觉得奇怪，问张华，张华回答："这是因为蜀地的铜山崩塌了，所以钟自鸣呼应。"不久蜀地上书说到这件事，与张华所说一样。

錞于 北魏孝武帝被迫西迁长安，庙堂雅乐多有缺乏，有一种乐器叫錞于，已经很久没出现了。有人在蜀地得到，没人能认识。斛斯徵说："这是錞于啊。"于是依照干宝《周礼注》所说，用芒筒来敲击它，声音非常宏大。

金錞 《周礼》中说：少师用金錞应和鼓声。金錞的外形如钟，头大腹合，用蹲伏的兽类做鼻子，里面挂着铃，铃上有铜舌。奏乐时摇响，可与鼓声相应和。（类似佛子铃）

蕤宾铁 乐工廉郊在池塘上弹秦蕤宾调，忽然听到荷叶间有东西在跳跃，细看是一片方响。明白的人知道是蕤宾铁，音乐的感应能达到这种程度。

驷马仰秣（mò） 伯牙弹琴，连驷马都为此而仰头吐料，就是说马为此而笑了。

万壑松 郭伯山得到了唐代的名琴万壑松，是宋徽宗时皇宫的东西。李白在一首诗中说："蜀僧抱绿绮，西下峨眉峰。为我一挥手，如听万壑松。客心洗流水，余响入霜钟。"

琴有杀心 蔡邕应邻居之约去赴宴。到了门口，听到有人弹琴，蔡邕暗中听了一会，说："用音乐召我来，但乐声听着有杀伐之意，这是怎么回事呢？"于是就转身回去了。主人发现后亲自去追他。蔡邕详细地说明了原因。客人说："我刚才弹琴，看到有螳螂正在捕蝉，惟恐它失败，难道杀心出现在手指下了吗？"蔡邕笑着说："这就足够影响到琴声了呀。"

高山流水 伯牙弹琴，钟子期听。伯牙想志在高山，子期说："真美啊，高耸如嵩山！"伯牙志在流水，子期说："真美啊，奔腾如江河！"后来钟子期死了，伯牙破琴绝弦，终身不再弹琴。

濮水琴瑟 晋人师延给商纣王创作了靡靡之乐，周武王讨伐纣王，师延自己跳濮水而死。后来卫灵公夜里途经濮水，听到琴声，召来师涓并记录下来。师旷说："这是亡国之音！"

焦尾 蔡邕流亡吴地时，吴地人用桐木当柴烧，蔡邕听到着火的声音说："这是好木头啊。"请求让他截一段做琴，做完后果然琴声绝美。琴尾还是烧焦了的，所以这把琴叫焦尾琴。

相如琴台 司马相如有琴台，在浣花溪正路的金花寺北边，魏国讨伐蜀国时，曾在这里安营挖筑战壕，挖出了二十余口大缸，是用来扩大琴声的。

松雪 雷威制琴，不一定都用桐木。遇到大雪天，就独自一人前往峨眉山，穿着蓑笠到松林深处，听到有声音连绵清越的松树，就砍来做琴，品质之妙竟超过桐木。世人称之为雷公琴。有一把是他最爱惜的，名叫松雪。

斫（zhuó）琴名手 晋代的雷威、雷珏、雷文、雷迅、郭亮都是四川人，沈镣、张钺都是江南人，这些人都是制琴名手。

震余 鲜于枢把一把震余琴送给了赵孟頫，这是许逊（旌阳）亲手种植的桐树，被雷击断砍来做的琴。琴背面还能清楚地看到许旌阳的印剑痕迹，真是人间至宝。

绿绮 司马相如有把琴叫绿绮，说是峄阳的一棵孤桐砍伐做成的，一时名重天下。

无弦琴 陶渊明不会弹琴，却收藏了一张素琴，弦徽皆无，他常抚琴说："但识琴中趣，何劳弦上声。"

将移我情 伯牙向成连学琴，三年没学成。成连说："我的老师方子春住在东海中，他能让人变易情志。"于是将伯牙领到东海蓬莱山的旁边，他自己说要撑船去迎接方子春，但走了十天半个月都不回来。伯牙引颈四望，也见不着人，只听到海水汹涌之声，山林绵远而昏暗，群鸟在天际悲鸣，伯牙怆然叹息说："先生是想这样来变易我的情志啊！"于是就弹唱出了《水仙之操》。

绕殿雷 冯道的儿子善弹琵琶，用皮当弦，周世宗让他弹奏，非常喜欢。所以称之为"绕殿雷"。

游鱼出听 荀子说："瓠（hù）巴弹起瑟来，连游鱼也会钻出水倾听。"

箜篌 箜篌的形状像瑟但小一些，要用拨片来弹。汉灵帝非常喜欢弹。它外形弯而长，有二十三弦，竖着抱在怀里，两只手一齐弹奏，俗语称为擘箜篌。

见狸逐鼠 孔子正在弹琴，曾子、子贡在门边听。一曲终了，曾子说:"哎!夫子的琴声,竟然有贪狼之志,邪僻之行,这多么不仁啊!"子贡把这话告诉了孔子,孔子说:"刚才弹琴时,有一只老鼠出来,狸猫看到后,就沿着屋梁跟踪,想要去抓又躲开,压着身子弯着脊背,却没有抓到。我用琴来表达,曾参认为琴声贪狼、邪僻,说得不对吗?"

筑 筑的形状如琴但头部稍大,有十三弦,它的项部很细,肩部很圆,弹奏的方法是用左手抱着筑,右手用竹尺来击打,随着调子来呼应节拍。

寇先生 嵇康曾到离洛阳数十里的华阳亭投宿。一更时弹琴,听到空中有人称善,嵇康招呼他下来相见,于是就现形了,用手托着他的头颅,与嵇康一起讨论音乐,后来就传授嵇康《广陵散》。这个鬼名叫寇先生,生前很善于弹琴,被宋景公所杀。嵇康得到《广陵散》后,秘不授人。后来临刑时长叹说:"《广陵散》今后就绝迹了!"

楚明光 王彦伯曾途经吴地,把小舟靠在河边,登上小亭望月,弹琴唱《泫露》之诗。一会儿有一个女子掀帷而进,抚琴挥弦,音调哀切雅正。王彦伯问这是什么曲子,女子说:"这是古人所说的《楚明光》,嵇叔夜会弹这个曲子。从那以后,得到这个曲子的只有寥寥几个人罢了。"王彦伯请求传授给他,女子说:"这曲子并不适宜华艳的俗世,只有隐居于山谷的隐士才可以用此曲自娱。"说着弹琴而歌,唱完,天已经亮了,就告辞而去。

天际真人想　大司马桓温说:"谢仁祖在北窗下跷着脚弹琵琶,有天际真人想(天上神仙的样子)。"

拨阮　武则天时,有人从古墓得到一个铜器,像琵琶,形体端正而圆,人们都不能辨识。元行冲说:"这是阮咸作的。"命匠人用木头仿造,于是乐师就给它取名为"阮咸"。又因为它的形状像月亮,而声音像琴,所以又叫月琴。现在人只称呼为"阮",或叫"拨阮""摘阮",都可以。

柯亭竹椽　蔡邕避难江南,在柯亭住宿,听到庭院中第十六条竹椽迎风有美妙之音,蔡邕说:"这是上佳的竹子。"取来做笛子,声音特绝,代代相传,后来被孙绰侍妓折断了。

秦声楚声　李龟年到岐王宅第,听到琴声,说:"这是秦地的音乐。"过一会儿,又说:"这是楚地的音乐。"后来问主人,果然前面弹琴的是陇西的沈妍,后面的是扬州的薛满。两个歌妓对他大为佩服。

好竽　齐王好听竽,有个到齐国去求官的人,操着一张瑟前去,在齐王家门口待了三年,也不得其门而入。有人说:"齐王喜欢竽,而你却弹瑟,瑟弹得再好,奈何齐王不喜欢啊!"

羯鼓　唐明皇不喜欢琴,弹奏者一曲还没弹完,就喝斥弹奏者出去。并对内侍说:"快让花奴拿羯鼓来,给我除去秽气。"

渔阳掺挝(zhuā)　祢衡被魏武帝曹操贬为鼓吏。正月十五,要试鼓，祢衡扬桴奏出了《渔阳掺挝》，鼓声有金石之声，四座宾客听后都为之动容。掺，是击鼓之法。挝，是击鼓用的槌。

回帆挝　王敦大将军坐在武昌的钓台上，听行船打鼓，叹赏其鼓声之妙。忽然有一槌稍有不同，王敦用扇柄敲打桌子说："可恨！"当时王应在旁边陪侍，说："这是回帆挝。"让人去看，回报说："船正入夹口。"

十八拍　蔡琰字文姬，先嫁给河东人卫仲道，丈夫去世了。兴平年间遭遇战乱，被虏获到南匈奴。左贤王十二年春天，登上匈奴人的宫殿，有感于胡笳的声音，创作了《胡笳十八拍》。后来曹操用钱财赎回了她，把她嫁给董祀。

簨簴（音损巨。横的叫簨，直的叫簴）《周礼》中说，木工制作了簨和簴。天下大的兽类有五种：牛羊类、猪类、虎豹类、飞禽类、鱼类。将这些动物的图案刻画在悬挂的乐器上，那些声音洪亮有力的动物画在钟簴上，声音清弱无力的动物就画在磬簴上。

周郎顾　周瑜妙解音律，即便酒过三巡，若演奏有一点小失误，周瑜必然会回头去看。当时人说："曲有误，周郎顾。"

击壤　击壤是一种石戏。壤用木头做成，前宽后尖，长四尺三寸，宽三寸，它的形状如鞋子。开始游戏时，先把一个壤侧放在三四十步外，用手中的另一个壤去击打它，击中的就得胜。

禁鼓响一千一百三十声叫一通，三千六百九十声叫三通；更鼓响三百六十挝叫一通，一千槌叫三通。其余的鼓三百三十三声叫一通。画角十二声叫一叠。

钟声　早晚各撞钟一百零八下，是一年的含义。因为一年有十二个月，有二十四个节气，又有七十二个节候，加起来正好得到这个数字。《越州歌》说："紧十八，慢十八，六遍共成一百八。"

埙篪　埙是用土做的，尖头平底，如秤锤，有六个孔，有人说有八个孔。大如鸭蛋，叫雅埙。小如鸡卵，叫颂篪，用竹子制成，大的长一尺四寸、有八个孔，小的长一尺二寸、有七个孔，横着吹，与埙的声音相应和。埙、篪两种乐器，是周昭王时的暴辛公制作的。

柷敔　柷，形状如漆桶，用木头做的，直径二尺四寸，深一尺八寸，中间有椎柄，连接底部，用它撞击旁边的壁，就可以奏乐了。方圆二尺四寸，是阴数。敔，形状如伏虎，背上有二十七个栉齿形的东西，是木头刻成，长有一尺多，用木头敲击它，表示要音乐停止的意思。二十七个栉齿，是阳数。柷、敔两种乐器，是舜帝时制作的。

洗凡清绝　吴越忠懿王钱俶得到天台寺中正对着瀑布的泉亭的柱子，制成两张琴。一张叫洗凡，一张叫清绝，是稀世之宝。后来钱俶把它们献给宋太宗，收藏在皇家御府。

舞剑器　《剑器》是武术类舞蹈的曲名。这种舞要让舞者女扮男装,事实上是空手舞。

梨园子弟 唐明皇酷爱清雅的法乐,挑选了坐部伎子弟三百人,在梨园教授他们,称之为梨园子弟,让他们住在宜春北苑。当时马仙期、李龟年、贺怀智都通晓音律。安禄山从范阳入朝觐见,也进献了白玉箫管之类的几百种乐器,都陈列在梨园。音乐之声不像人间所有。

李天下 唐庄宗说一天不听音乐,饮食无味。即使他正在暴打左右的侍从,一听到音乐,就怡然自适,什么事都忘了。他还善于唱歌,有时自己粉墨登场,与优伶们一起演戏。自己取了个艺名叫李天下。

雍门鼓 雍门周携琴面见孟尝君,孟尝君说:"先生弹琴,能让我田文悲伤吗?"雍门周说:"千秋万岁后,楼台已坏,坟墓已塌,小孩、年轻人和打柴的人都在上面徘徊唱歌,说,凭孟尝君那样的尊贵,竟到如此境地吗?"孟尝君泪流满面,说:"先生您让我田文好像国破家亡一般!"

桓伊弄笛 晋朝的桓伊有一支柯亭笛,常常吹奏。王徽之泊舟清溪,听到笛声赞叹不已。有人告诉他说:"这是桓伊。"王徽之让侍从请他为自己吹笛。桓伊下车,坐在胡床上,吹笛三弄,上车而去,主客两人没说一句话。

皋亭石鼓 吴郡临平堤岸崩塌,得到一面石鼓,却敲不响。问黄门侍郎张华,张华说:"用蜀中的桐木刻成鱼的形状,敲它就响了。"按照他说的去做，声音能闻几十里。

响遏行云 《列子》中说：薛谭向秦青学唱歌，还没有学完秦青的技艺，自以为学尽了，要告辞回家。秦青也不阻止，就在郊外举行道别宴，秦青打着节拍唱出悲壮的歌，声振林木，响遏行云。薛谭立刻谢罪，请求回来学习，从此终身不敢再提回家了。

余音绕梁 秦青说：从前韩娥东去齐国，没有粮食，路过雍门时，用唱歌换粮食。在她去后，这里还余音绕梁，三日不绝。李白写过一句诗"醉舞纷绮席，清歌绕飞梁"。

声入云霄 戚夫人擅长跳翘折腰的舞，唱《出塞》《入塞》的歌，几百名侍女跟着她学。后宫常齐声高唱，声入云霄。

水调歌头 唐明皇喜爱《水调歌》的曲调，安禄山进犯京城，明皇想要迁居他处，他登上花萼楼，让楼下少年中有善唱《水调歌》的人唱这个曲子，唱词是："山川满目泪沾衣，富贵荣华不几时。不见只今汾水上，惟有年年秋雁飞。"明皇听了潸然泪下，问："谁作的词？"左右回答说："是宰相李峤。"明皇称赞说："这才叫真才子啊。"

卷十
兵刑部

军旅。刑法

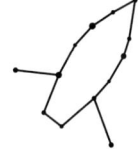

军旅

黄帝征讨蚩尤是战争之始，颛顼诛杀共工才有了阵势，风后最早有奇异的阵图，力牧最早创建营垒。黄帝在涿鹿之战才最早开始征兵，大禹征讨苗疆才开始有了传令，商纣王抵御周朝的军队才最早有了戍守。

黄帝设置了记录路程的里鼓，还最早设置侦察兵，汉武帝建瞭望台，黄帝设置演武场，周公设置了辕门。黄帝制造了战车辅助军队，还设置骑兵作侦探。

吕望最早制战舰。周武王于孟津会诸侯，命仓兕制舟楫。公输班制作船战的钩拒。伍子胥（xū）演练水战，制造了楼船、滩船。智伯决开汾水，开始将水用于战争。

蚩尤最早用火攻。孙子最早总结出火人、火积、火辎、火库、火队等五种火攻法。魏国的马均最早制作爆仗引火。隋炀帝用火药来制作杂戏，开始用有火药的枪炮。

黄帝最早制造火炮，吕望制造火铳，范蠡（lǐ）制造机械射出飞石。

黄帝制作战旗、五彩牙幢。大禹制作战旗上的飘带，挂在战车上作为区别。周公制作了九色旗。

伏羲制作了盾与戈。挥制作了弓。牟（mù）夷制作了箭。舜制作了弓袋、箭筒。黄帝制作了弩。

黄帝最早用首山的铜铸造刀、斧；蚩尤最早选取昆吾山的铁制作剑、铠甲、矛、戟、长刀。

蚩尤最早以皮革制作铠甲。大禹最早制作函甲。

黄帝最早制作长枪，孔明增加了它的长度。舜还制造了匕首。

黄帝制作云梯，古时名叫钩援。牟夷制作挨牌，古时名叫傍排。

孙武制作了铁蒺藜，刘馥制作了悬苫，现在叫悬帘。岳飞制作了藤牌。

殷商的盘庚规定烽火示警。赵武灵王规定以刁斗传警。魏国规定用鸡翘旗报警，并用露布与漆竿传捷报。

五兵　矛、戟、戈、剑、弓被称为五兵。

专主旗鼓　吴起临战前，左右给他献上宝剑，吴起说："将帅必须专注于旗鼓，临难时要能决断，指挥兵士的进退，才是将帅的职责。持一剑杀敌，非将帅之任。"

授斧钺　国有危难，君王占卜一个吉日，传授旗鼓。将军进入太庙，小步急行到堂下，面朝北方站立，君王手执斧钺，拿着钺头，把钺柄递给将军，说："从这里一直到天上，都请将军管制。"再拿着斧头，把斧柄递给将军，说："从这里一直到大海，都请将军管制。"

投醪 秦穆公讨伐晋国，到了黄河，想慰劳三军，只有一杯酒。蹇叔说："一杯酒也可以倒到河里，把河水酿成酒。"秦穆公就把酒倒入黄河，三军都取水喝下。

吮疽（jū） 吴起为魏国去攻打中山国。士兵中有长疮的，吴起用嘴为他吸脓。士兵的母亲听到后大哭。别人问说："你儿子不过是个士兵罢了，而吴起将军亲自为他吸脓，为什么要哭啊？"回答说："往年吴将军为这孩子的父亲吸脓，孩子的父亲作战没多久，就战死了。今天又来为我儿子吸脓，我不知道他会死在哪里。"后来吴起去了楚国，那个士兵果然战死了。

纶巾羽扇 诸葛亮与司马懿在渭河对峙，约定日期要夜战。司马懿着戎装视察军务，派人去看诸葛亮，见他独乘素车，戴青丝巾挥鹅毛扇，指挥三军，三军随其一道进退。司马懿赞叹说："诸葛先生可谓名士了！"

金钩 吴王阖闾以莫邪剑为珍宝，又下令全国人作金钩，说："能做出好金钩的人赏千金。"有个人贪图赏赐，就杀了他的两个儿子，以血涂于金上，于是做成两只钩，献给吴王。吴王说："这钩有何特殊之处啊？"回答说："我为了做这个钩，求得赏赐而杀了两个儿子，以血铸成，所以它与众不同。"于是对着钩叫自己两儿名字："吴鸿、扈稽，我在这里！"话音未落，两只钩一道飞了起来，停在父亲胸膛之上。吴王大惊，就赏赐了他。于是随身佩带这两把钩。

七制 兵法有七种，一叫征服、二叫攻打、三叫侵略、四叫讨伐、五叫列阵、六叫大战、七叫争斗。

挟纩 楚国军队围攻萧国，申公巫臣说："兵士们都感到很冷。"楚王巡视三军，拍着士兵们的肩膀勉励他们，三军兵士都如同穿上棉衣一般。

呼庚癸 吴国申叔仪到鲁国求粮，公孙有山氏对他说："细粮没有了，粗粮还有些。若你登上首山，大声喊'庚癸乎'，就能得到允诺（庚，指西方之神，主掌谷物。癸，指北方之神，主掌水。这是用巫术教他隐语）。"

盗马 秦穆公丢了他马车的右边一匹马，发现一山野人正在吃马，秦穆公笑说："吃马肉而不喝酒，恐怕会伤身体。"于是与他喝了个痛快才走。过了一年，秦晋发生韩原之战，晋军包围了秦穆公的马车。那山野人率三百多人迅速到车下参战，于是大败晋军。

剑名 剑口叫镡，剑鼻叫璏，剑把叫铗，剑鞘叫室，剑衣叫韬，也叫裧，剑把上的绳叫蒯缑（kuǎi gōu）。

五名剑　越王勾践有五把宝剑：一叫纯钩、二叫湛卢、三叫豪曹、四叫鱼肠、五叫巨阙。

斩蛇剑　汉高祖在南山得到一把铁剑，长三尺，铭文为"赤霄"，大篆书写，就是那把斩蛇剑。等到显贵后，经常佩带它。晋朝太康三年，武库失火，中书监张华派兵防卫，看见汉高祖的斩蛇剑穿破屋顶飞走，不知去向。

佽飞　荆地有个叫佽飞的人，在长江边上得了一把宝剑。过江时，行至中途，有两条蛟龙夹着小舟。佽飞脱下衣服，拔剑刺向蛟龙，杀死了它们。荆王任他为官，并赐给他爵位。

干将莫邪　干将是吴国人，妻子莫邪，两人为吴王阖闾铸剑，未铸成。干将说："神物之造化，须得人的气息方可铸成。"妻子就铰下头发剪下指甲，投入火炉中，金铁都熔化了，于是铸成两把宝剑，阳剑叫干将，阴剑叫莫邪。

龙泉太阿　司空张华看见牛、斗两星宿之间有紫气，星象对应之地在丰城，就让雷焕做丰城县令。到县里上任后，挖掘监狱至二丈深的土里，挖到一石匣子并打开，得到两把宝剑，一把叫龙泉，一把叫太阿。雷焕留下其中一把，另一把献给张华，说："灵异之物，终究会变化而去。"张华死后，剑就飞入襄城河水中。后来，雷焕之子任建安从事，经过延津，宝剑忽然从腰间跃入河水中，让人入水寻剑，只见双龙盘旋蜿蜒，不敢靠近。

华阴土　雷焕从丰城狱中得到宝剑，取用南昌西山的黄白土擦拭它，剑光闪亮耀眼；张华又用华阴的红土擦拭，剑光更加鲜亮。

金仆姑　箭的名字。《左传》中记载，鲁庄公用金仆姑射南宫长万。

石马流汗　安禄山叛乱，哥舒翰与叛将崔乾祐激战，看见几百名黄旗军赶来助战，忽然又消失了。这天，唐太宗昭陵的石马身上都流了汗。

露布　军中开始有露布，是因为后魏每次征伐得胜后，想让天下闻知，便上书布帛挂在漆竿上，名为露布，用来宣扬战功。

蒋庙泥兵　南京钟山，有汉代秣陵尉蒋子文庙，大约是因蒋子文追捕盗贼死在此处，孙权为他立了庙，封蒋侯。孙权为避讳祖父的"钟"字，改名为蒋山。后来孙权与敌人大战，夜里大雨，蒋侯就来相助。第二天，见庙里的泥兵身上都湿了。

箭塞水注　刘锜善于射箭。装满的水桶，用箭去射，把箭拔出，水就如注而出，接着射一箭能把孔堵上。人们都佩服他箭法精妙。

檿（yǎn）弧箕服　檿，就是山桑。木制的弓叫弧。服，用来装箭。箕草像荻，细细织出，用来做衣服。

娘子军　唐朝平阳公主，嫁给柴绍。当初，唐高祖起兵，与柴绍一起将家产都拿出来招募亡命之徒。渡过黄河后，平阳公主率领精兵万人与秦王会师于渭北。柴绍与公主分别开设幕府，分定首都，号称娘子军。

夫人城　晋朝朱序镇守襄阳,当时苻坚派遣军队攻打。朱序母亲看到城西北角首当其冲会被攻破,亲自率领百来名婢女和女家丁,斜着修筑了一道二十多丈的新城。敌人猛攻西北角,守军果然溃败,众人退守新城,敌人于是退去,因此号为夫人城。

紫电青霜　王勃在《滕王阁序》中说:"紫电、青霜(宝剑名),王将军之武库。"

榻侧鼾睡　宋太祖要讨伐江南,徐铉入朝上奏请求罢兵。宋太祖说:"江南国主能有什么罪呢?但卧榻之侧,岂容他人鼾睡!"

廉颇善饭　廉颇一顿吃掉一斗米,十斤肉,披甲上马,以示自己还有用。郭开对赵王说:"廉将军虽然老了,饭量还很好。然而与我坐在一起,才一会儿,就上了三次厕所。"于是赵王认为廉颇老了,不再召用。

杜彪　梁朝荆州刺史杜巘(yí),膂力过人,骑着奔驰的马射箭,箭无虚发。他所佩带的霞明朱弓,拉力有四石多,每次出来挑战,北魏军队都很忌惮他,称他为杜彪。

飞将　唐朝单雄信极其英勇,尽心事奉李密,人们称他叫飞将。后周韩果打败稽胡,稽胡忌惮韩果英勇,也称其为飞将。

铁猛兽　后周蔡祐与齐军打仗,身着明光铠甲,所向无敌。齐人害怕他,称之铁猛兽。

熊虎将　周瑜曾对孙权说:"刘备有关羽、张飞这样熊虎般勇猛的大将，有在长江饮马的志向。"又说关羽、张飞，可挡万人之敌。

细柳营　汉文帝时，匈奴大举入侵边境。文帝让周亚夫在细柳驻军，以防匈奴。文帝亲自犒劳军队，先驱人员到军门，说："天子到！"守门都尉说："军中只听从将军命令，不听从天子命令。"文帝派使者持着节符下诏给将军周亚夫说："我要犒劳军队。"周亚夫才打开营门。文帝扣紧马缰缓缓前行，周亚夫以军礼参见文帝。文帝说："唉，这才是真正的将军呀！"

飞将军　汉朝李广为北平太守，匈奴人畏惧他，称他为汉飞将军，避与之战多年。

贯虱　《列子》中说，纪昌向飞卫学射箭，飞卫说："要视小如大，视微如著，若能达到再告诉我。"纪昌用牛尾的毛绑一只虱子在南窗上，面向南方而望它。十来天之后，虱子逐渐增大；三年后，大如车轮。于是用弓箭去射它，射穿虱子心脏。

来嚼铁　唐朝来瑱（tiàn）任颍川太守。贼人攻城，来瑱射箭，敌人纷纷应声而倒。贼人向城跪拜求降，称他为来嚼铁。

半段枪　唐代哥舒翰为河西卫前将军，吐蕃大举侵略边境，哥舒翰手持半段枪迎战敌兵锋锐，所向披靡。

黄骢（cōng）少年　北周裴果勇冠三军，与敌兵战斗时，骑一匹黄骢马冲在前面，军中人称黄骢少年。

白袍先锋　唐朝薛仁贵曾跟随唐太宗出征。每次出战，总是身披白袍，所向无敌。唐太宗远远看见，问那个白袍先锋是谁。于是特别召见，赐给他战马、绢布，欢喜于得到一员虎将。

大树将军　东汉的冯异性格谦逊寡言，别的将领至休息处，就坐在一起论功，冯异常常独自隐身树下，人称大树将军。

霹雳闪电　唐朝长孙无忌的父亲长孙晟讨伐突厥，敌人害怕长孙晟，听到他的弓声，称之为"霹雳"；看见他骑马奔跑，称之为"闪电"。晋王杨广笑着说："将军震怒，威行域外。"

辕门二龙　唐朝乌承玼，在开元年间，与族兄乌承恩都是平虏先锋，号称辕门二龙。

一韩一范　文正公范仲淹和魏国公韩琦都当过西北边疆的将帅，边疆士兵有歌谣说："军中有一韩，西贼闻之心胆寒；军中有一范，西贼闻之惊破胆。"西夏皇帝元昊害怕他们，于是向宋朝称臣。

八遇八克　唐朝娄师德，武则天时期招募勇士讨伐吐蕃，就自告奋勇，戴红色抹额前来应诏。后来与敌人作战，八次遇敌八次克敌。

七纵七擒　诸葛亮与孟获作战，总共七纵七擒。后来孟获终于叹服说："您有如此天威，我们南边的人不敢再反叛了。"

钲止兵进　狄青与西戎之敌交战，密令军中，钲响一声就停止，响两声严阵以待并假装退却，钲声一旦停止就大声呼喊向前冲锋。敌人大为惊愕，因此取得了胜利。

以少击众 唐朝的马璘武艺绝伦，以一百骑兵打败了五千敌人。李光弼说："我没见过以少击众能像马将军这样的！"人们称他为中兴锐将。

朕之关张 宋朝的狄青，京师都称呼他叫狄天使，皇上赞赏他的勇武，任命他为泾原路兵马总管。皇上想见他，诏令入朝。正碰上有敌军进逼平凉，就又下令让他去前线阻击，只好让人画像进宫见皇上。皇上看了这幅画像后说："这是我的关羽和张飞啊。"

立汉赤帜 韩信攻打赵国，命令兵士说："赵军若见我们败走，必然会倾巢而出追击我军，你们就赶快进入他们的营盘，拔掉赵国的白旗，树上我们大汉的红旗。"于是韩信假装败走，赵军果然追赶，等回营时看到红旗，军心大乱。汉兵内外夹击，大败赵军。

下马作露布 《南史》中记载，傅永官拜安远将军，皇帝赞叹说："上马能杀贼，下马能作露布，惟有傅修期（傅永）可以做到啊！"

三箭定天山 薛仁贵为行军副总管。九姓部落敌军多达十余万人，他们让精锐的骑兵前来挑战，薛仁贵射了三箭，就杀死了三个骑兵，敌人的气势被威慑，都投降了。

三鼓夺昆仑　狄青带兵平定广西，侬智高镇守昆仑关。狄青兵到宾州，正值上元节，四处大张灯火，第一天晚上摆宴奏乐通宵，第二天晚上又摆宴。二更时，狄青忽然说身体难受，进入内室，让孙元规主持宴席，说他稍吃点药就出来，还多次让人给在座的宾客劝酒，到天亮酒席都未散。忽然有快马来报："当晚三更时分，狄青将军已经夺取了昆仑关。"

顺昌旗帜　宋朝的刘锜与金兀术在柘皋交战，敌人远远望见，大惊，说："这是顺昌府的旗帜啊。"立刻引兵撤退。

每饭不忘巨鹿　汉文帝对冯唐说："从前有人对我说起李齐的贤能，他指挥将士在巨鹿作战。现在我每次吃饭，心思没有一次不在巨鹿。"

铸错　唐朝的罗绍威因为魏博镇的卫兵太过骄横，就把他们全杀了，于是被梁国的朱温压制，就对亲近的属吏说："聚集六州四十三县的铁，也铸造不出这么大一个'错'字！"

得陇望蜀　司马懿对曹操说："今天攻克汉中，益州就会震动，进兵攻打，势必瓦解。"曹操说："人都苦于不知足，得陇还要望蜀。"

塞创复战　隋朝的张定和，敌人刺中了他的脖颈，张定和以草塞住伤口继续作战，神气自若，敌人于是大败。

杜伏威　唐朝的杜伏威与陈稜的军队作战，敌人射中了杜伏威的额头，杜伏威大怒说："不杀你我誓不拔箭！"骑马冲进陈稜的军阵，抓获那个射箭的将领，让他拔了箭，然后杀了他。

首级 秦朝的法令是斩下敌人一个头就拜爵一级，所以叫首级。后人说，割一个头，必割他的生殖器，凭此拜爵一级是不对的。

梓树化牛 秦文公讨伐雍国，雍国南山的梓树变成了牛，派骑兵去攻击，却无法取胜。有士兵从马上坠落在地，头发披散，牛非常害怕，躲入水中。秦国因此设置了披发武士，让他们在骑兵前充当先锋。

勒石燕然 燕然，是山的名字，在塞外三千里。汉朝窦宪大败单于，登上燕然山，刻石纪功，称颂汉朝的功德。

九章 《管子》中记载："举着有太阳图案的旗子则为白天行军，举着月亮图案的旗子则为夜间行军，举着龙图案的旗子则为水中行军，举着老虎图案的旗子则为树林中行军，举着飞鸟图案的旗子则为山坡上行军，举着蛇图案的旗子则为沼泽中行军，举着鹊图案的旗子则为陆地上行军，举着狼图案的旗子则为山中行军，举着牲畜图案的旗子则为带着食物行军。"

啼哭郎君 都统制曲端异常勇猛强悍，每次与敌人作战，就叫来偏将头目，对他说徽、钦二帝蒙难，现正在金人的五国城中当奴仆倒酒，凡是臣子都听之痛心，想之切骨，于是放声大哭。全军将士都大哭，奋身上马，勇气百倍，敌人远远望见就躲开，称他为啼哭郎君。

鸽笼分部　曲端的军队分为五部,一笼养五只信鸽,要召唤一部军队,就开笼放一只信鸽前往,于是一部兵马立刻到达,异常神速,见者皆被镇服。

玉帐术　杜子美有诗:"空留玉帐术,愁杀锦城人。"玉帐是领兵之人施巫术的方位,主将若在这个方位设置军帐,就坚不可摧。方法是:黄帝遁甲以月建,后三位取之,如正月建寅,则巳为玉帐。

寇来没处畔　陈后主建造齐云观,有歌谣说:"齐云观,寇来没处畔。"所以现在人把躲避别人叫"畔"。

府兵　西魏最早设立府兵。隋唐最早有了番号,入为兵,出为民。周太祖开始在士兵脸上刺字。唐末刘仁恭抓住民众刺字为兵,供给食物,以补充兵源。

渠答　就是蒺藜,用铁制作,立下营寨后就撒到营帐周围。

绕指柔　平望湖中掘出一把宝剑,弯屈后剑头可以与剑尾相接,放手后又恢复原状,剑锋犀利,可以切断金属铁器。有识的人说:"这就是古代所说的'绕指柔'啊。"

刑法

郑国制订《刑书》，晋国制订《执秩》，赵国制订《国律》，楚国制订《仆区》（"区"读音"欧"），这些都是法令律条的名字。仆，就是隐的意思；区，就是藏匿的意思；是为隐匿逃亡者所作的刑法。

历代狱名 夏朝监狱叫夏台，商朝监狱叫羑（yǒu）里，周朝监狱叫囹圄（yǔ），汉朝监狱叫请室。

五听 《周礼》中记载：少司寇用五种方法来审判案情，一是观察言辞，二是观察气色，三是观察呼吸，四是观察听觉，五是观察眼神。

三刺 判案者应该咨询三方意见：一是咨询群臣，二是咨询群吏，三是咨询万民。

古刑 墨（刺面）、劓（割鼻）、剕（断足）、宫（阉割生殖器）、大辟（死刑），后来又增加了流（流放）、赎（赎罪）、鞭（鞭打）、朴（朴打），合称九刑。

古刑名 城旦、舂：城旦，就是早起修筑城墙；舂，就是舂米。

此为四年的刑罚。鬼薪、白粲：鬼薪，就是给宗庙打柴；白粲就是把白米都挑选出来。此为三年的刑罚。

五毒　给脖子和脚带枷锁叫桁杨，只给脖子带枷锁叫荷校，给手足带枷锁叫桎梏，用锁链绑住叫锒铛，用鞭子抽打叫榜掠。拷打逼供叫五毒俱备，意思是说五种刑罚都用到了。

三木　三木是指用枷锁铐住脖子和手脚的刑法。

三宥　一种可以宽宥的是不知情，第二种可以宽宥的是有过失，第三种可以宽宥的是遗忘。

三赦　第一种可以赦免的是幼弱，第二种可以赦免的是老迈，第三种可以赦免的是愚蠢。

虞芮争田　周文王时，虞国和芮国君主互相争执土地而无果，一道请周文王裁决。进入周文王辖境，看到那里耕种之人都让出田塍（chéng），行路之人都让路。两君主互相说："我等小人，不可以踏足君子的庭院！"于是让出有争议的土地作了闲田。

除肉刑　汉朝太仓令淳于意没有儿子，有五个女儿。淳于意犯了罪应当判刑，就骂道："生女儿不生儿子，遇到急事用不上！"他的幼女缇萦就向朝廷上书，说人死了就不能再活过来，处刑后也不可能再赎罪。自己愿意卖身为奴，来赎父亲的罪。汉文帝很同情她，一并废除了残害身体的肉刑。

后五刑　残害身体的肉刑被废除后，又把笞（鞭打）、杖（以木板击打)、徒(关押并强制劳动)、流(流放)、死五种刑罚称为五刑。

髡(kūn)钳 髡,就是剃除头发的意思。钳,就是用铁制的东西罩住头的意思。钳釱,《汉书·陈咸传》中有"私解脱钳釱"。钳罩头,釱罩脚,都是用铁制成的。

胥靡 胥,是相互的意思;靡,是跟随的意思;二者关联,就是相互跟随服役。犹如现在的囚徒,以铁索把他们连起服劳役。

弃市 汉景帝把磔(zhé)刑改为弃市,不再使用磔刑了。磔刑,是分裂尸体。弃市,是在人众集聚的闹市执行死刑。

刑具 《汉书·刑法志》中记载:最重的刑罚要用甲兵,其次用斧钺;中刑用刀锯,其次用钻凿,最轻的刑罚用鞭子或木板。

锻炼 锻炼是说精熟捶打。苛严的官吏给人判罪,就好像锻炼铜铁,使它成熟。

钳网 李林甫做宰相,捏造大案来诬陷异己,宠信任用吉温、罗希奭(shì)二人为御史,给他人强加罪名。当时人称罗钳吉网。

罗织 武则天任用来俊臣、周兴二人,共同撰写《罗织经》,教其下属给别人罗织罪名,无人得以逃脱。

蚕室 受了阉割之刑的人必要入蚕室,因为蚕适宜生存在密室中,生火保持室温。新受刑的人最忌吹风,在密室里才得以保全性命，因此称这种密室为蚕室。

瘐死　汉宣帝下诏说："服刑的人受饥寒之苦而瘐死狱中，我很痛惜他们。"

枭首　百劳鸟的名字叫枭，因为它食母不孝。于是古人赐给臣下枭肉汤，将它的脑袋悬于树上。所以处决人后，将首级悬挂示众，就叫枭首。

缿（xiàng）筒　赵广汉任颍川太守，痛恨朋比为奸，就允许互相揭发或匿名相告，设置缿筒，让大家把状信投于其中。

铜匦　武则天自李敬业反叛后，恐有人图谋暗杀自己，大开告密之门。有个叫鱼保家的人，奏请用铜做成盒子，其式样是盒子有四面，上各有孔，可以向里面投信但无法取出，武则天很赞赏。不久，鱼保家的仇人就向告密箱中投信，状告他曾为李敬业造兵器，于是鱼保家就被处死。

请君入瓮　武则天时，左金吾大将军丘神勣因谋反被杀，有人状告右丞周兴与丘神勣通谋，武则天让来俊臣去审理。来俊臣与周兴在审案中对坐吃饭，就问周兴："囚犯若不招认，应用什么办法呢？"周兴说："这很容易啊！取一只大瓮，用炭火在四周烤它，让囚犯到里面去，有何事不肯招认的？"来俊臣立刻拿来一只大瓮，按周兴所说如法炮制，起身对周兴说："有人秘密告发你，请君入瓮吧。"周兴惶恐而服罪。依法当判死刑，从宽发落，被流放至岭南。

炮烙之刑　商纣王残暴酷虐，老百姓怨声载道。有诸侯反叛，妲己认为处罚太轻，无以立威信。纣王就建造铜柱，以油涂其上，架之于炭火之上，然后让有罪的人在上面行走，立刻掉到炭火中，以此博取妲己一笑，称为炮烙之刑。

苍鹰　郅都执行法令严酷，不避权贵。列侯及宗室看到郅都，都不敢正视，称他叫苍鹰。

乳虎　宁成好发脾气，当小吏时，必然欺凌他的上司；而做别人上司时，对待下属就如捆湿柴火一样，奸猾如贼任性逞威。升迁济南都尉，他的治理方式就好像狼牧羊，民众都不堪忍受。后来官拜关都尉，凡是郡国中有要出关入关的人，都说："宁愿碰到小老虎，也不愿遇到宁成发怒。"

鹰击毛挚　义纵做定襄太守时，用鹰捕猎时张开翅膀的气势治理百姓，他所诛杀的人非常多，郡中人都不寒而栗。

掘狱讯鼠　张汤小时候，父亲让他看家，老鼠偷了肉吃，父亲大怒，鞭打张汤。张汤掘了老鼠洞，找到了老鼠及没吃完的肉，为此写了狱辞，将老鼠分尸堂下。他的父亲看到这般情景，见他的文辞如老狱吏一般，大为吃惊，就让他审理案件，后来成为了酷吏。

十恶不赦　一恶叫谋反，二恶叫谋大逆，三恶叫谋叛，四恶叫谋恶逆，五恶叫不道，六恶叫大不敬，七恶叫不孝，八恶叫作不睦，九恶叫不义，十恶叫内乱。

八议　八种可减轻处罚者，一叫议亲（就是皇家五服以上的亲人，还有太皇、太后、皇太后的亲人），二叫议故（就是与皇家有故旧交情者，特别蒙受皇恩的人），三叫议功（就是那些开疆拓土功勋之人），四叫议贤（就是贤人君子），五叫议能（就是富有才干，为帝王辅佐、人间伦理表率的人），六叫议勤（就是日夜奉公，或出使远方，历经艰难的人），七叫议贵（就是官爵一品以及文武职的军官三品以上、散官二品以上的人），八叫议宾（就是前朝国君的后人）。

例分八字　以（即与主犯一样。若监守者买卖官家之物，就与主犯无异，所以要以枉法论罪，或以盗贼论处，并可除名、刺字，罪大的还可以处斩、绞刑等）。准（即与主犯有区别。按枉法论处，盗窃论处，但只按其罪论处，却不除名、刺字，只杖一百，流放三千里）。皆（即不分首犯还是从犯，都按相同的罪论处。监护、守卫等职以及与盗贼勾结者，他所监守的官物和赃物达到斩首范围者）。各（即彼此都一样定罪。如让各种匠人到官内工作，如果不亲自去，却雇人冒名顶替，那么与代替的人都各杖一百）。其（即如果讨论一个人的定罪而与此前奏请的不同就需要请求改变。犯有十恶不赦的，不用这一律条）。及（即定罪还要考虑此后的事。彼此都是犯罪的赃物及应禁的物品，可直接充公）。即（如果犯罪者事发在逃，众人证词却非常明白，那就可以定罪）。若（即犯罪时并不老无病，但被发现时却已老或有病。如果还在判刑年限，那么老了的和有病的也应与别人相同）。

顾山钱　女子犯罪被释放回家,只要求她每月出三百钱,雇人在山上伐木,叫顾山钱。

平反　隽不疑任京兆尹。每次到属县去核录囚犯后回家,母亲总要问:"有平反的吗?救活多少人了?"平,就是重牢不平的案件;反,就是从轻定罪。

录囚　北方人说话把"录"当"虑"。现今所说的"录囚",有人误以为是"虑囚",不是这样的。

颂系　汉景帝下令,年龄八十以上,十岁以下的,怀孕而尚未哺乳的,盲人,侏儒,若要审问,都必须"颂系"。"颂"读音"容",是宽容的意思,即不戴枷锁。

爰书　爰,是换的意思,说的是用文书代替口供。

末减　罪责从轻处理。末,是薄的意思;减,是轻的意思。

狱吏之贵　周勃下狱,狱吏欺辱他。周勃出狱后,说:"我常领兵百万,但怎么知道狱吏才是最尊贵的!"

死灰复然　韩安国犯法抵罪,狱吏田甲侮辱他。韩安国说:"难道死灰不会复燃吗?"田甲说:"这样的话就用尿浇灭它。"

六月飞霜　邹衍事奉燕惠王非常忠心,左右的人诬陷他,燕惠王将他关进监狱。邹衍仰天长叹,六月天气为他而飞霜。

太子断狱　汉景帝时,防年因继母杀了他父亲,就杀了继母。

廷尉判他大逆之罪，景帝为此疑惑。汉武帝当时只是十二岁的太子，侍立一旁，回答说："继母之所以如同母亲，是因为父亲的关系。现在继母杀了他父亲，下手时，不再是母亲了！她只是父亲的仇人，不应判大逆。"

钱可通神　张延赏想要审理一桩冤案，在桌上得一纸条："奉上钱三万，请不再审理此案。"张延赏大怒，把左右的人都抓来审问。第二天，在洗漱的地方得一纸条："送钱五万。"又在寝室的门上得一纸条："送钱十万。"张延赏长叹说："送钱高达十万，可以通神了！我也畏惧祸事啊。"于是不再审问。

祭皋陶（yáo）　范滂因党锢之祸，被关在黄门北寺狱。狱吏对他说："凡是因罪入狱的都要祭皋陶。"范滂说："皋陶是贤者，若知我无罪，就会说服皇帝；若有罪，祭他又有何益！"

刮肠涤胃　齐高帝有一个旧下属竺景秀，因为过失而下狱，常说："若允许我改过自新，我就吞刀刮肠，饮灰洗胃。"齐高帝欣赏他的说法，就放了他。

青衣报赦　苻坚避开众人写赦文，有只大苍蝇飞进来，声音很响，驱出后复又飞回。不久后，人人都知道要大赦，问从哪里听到的，说有一个青衣童子在闹市中呼叫，就是那只大苍蝇。

于门高大　西汉的于公家门坏了，父老帮他修理。于公让把门建得高大一些，足以容纳四匹马的马车通过，并说："我断案多有阴德，子孙后代必然兴旺。"后来他的儿子于定国果然做了丞相。

论囚渭赤　秦国商鞅性情惨烈刻毒,曾在渭水上处决囚犯,河水全部染成了赤红色。

肉鼓吹　五代后蜀的李匡远性情严峻,一天不断刑,就惨然不乐,他曾在听到击打犯人的声音时说:"这是一部肉鼓吹出的乐曲啊。"

无冤民　张释之和于定国为廷尉,尽职尽责,朝廷称赞他们说:"张释之为廷尉,天下无冤民;于定国为廷尉,民众自以为不冤屈。"

疏狱天晴　宋代淳熙二年,阴雨连绵,皇帝亲笔批示,准备让天下各地疏遣狱中囚犯。这一天天空放晴,皇帝大喜。

上蔡犬　秦朝的李斯被赵高诬陷,秦二世将他抓捕。李斯父子二人临刑时长叹说:"我想牵着黄犬出上蔡东门追逐狡兔,还有这样的机会吗!"后来夷灭了他的三族。

华亭鹤　陆机在晋朝为官,被孟玫在成都王司马颖前诬陷,成都王就让人抓捕陆机,陆机长叹说:"华亭鹤叫的声音还能听到吗?"之后就遇害了。

走狗烹　韩信被吕后诛杀,叹息说:"高鸟尽,良弓藏;狡兔死,走狗烹;敌国破,谋臣亡。"

支解人 齐景公时，有人犯罪，齐景公非常愤怒，把罪犯绑到廷前，命左右肢解他。晏子左手抓住头，右手拿着刀问："古代明君肢解人时，是从哪里开始的？"齐景公听了，离开坐席说："放了吧。"

屦（jù）贱踊贵 齐景公时刑罚太多，有卖踊的人（踊，被砍了脚的人穿的鞋子）。齐景公问晏子说："你住的地方离闹市近，你知道什么贵什么贱吗？"晏子说："踊贵而鞋贱啊。"齐景公立刻醒悟，便减省了刑罚。

同文馆狱 章惇罗织了同文馆大案，想杀刘挚、梁焘和王岩叟等人。后来立元祐党人碑，就是从此开始的。

金鸡集树 《新唐书·百官志》中记载：中书令在供赦日，在树干的南面树立一只金鸡，树竿长七尺，鸡高四尺，黄金装饰鸡头，口中衔着七尺布幅，用红旗装饰，用来作供物。武则天封嵩山，大赦天下，坛南边有树，就把金鸡放在树梢上，叫作金鸡树。

天鸡星动 古代称"金鸡放赦"，现在皇帝写诏书于五凤楼上，然后用金鸡衔下来。《三国典略》中记载，司马膺之说："据《海中星占》说，天鸡星一动就有大赦。所以君王用金鸡发布赦令。"

雀角鼠牙 《诗经》"谁谓雀无角，何以穿我屋？谁谓女无家，何以速我狱？""谁谓鼠无牙，何以穿我墉？谁谓女无家，何以速我讼！"

吹毛求疵　汉武帝时，天下人大多认为晁错冤枉，以为一定要裁抑诸侯，就多次上奏诸侯王的过错，吹毛求疵，拷打各诸侯国的臣子，让他们指证其君主。

犴狴　就是监狱。犴，是胡地之狗。野狗可作守卫，故称监狱为犴狴。建造监狱需用肺石和嘉石，所以监狱又名肺嘉。

子代父死　梁朝吉翂（fēn）的父亲做原乡令，被奸吏诬陷，论罪当死。吉翂年当十五，就去敲击登闻鼓，求代父亲受死刑。梁武帝怀疑有人教唆，就让廷尉把刑具摆满，他仍然不改心意，于是就宽恕了他的父亲。

发奸摘（tī）伏　摘，是挑的意思，说的是做了坏事而隐匿的，必然会被发现。

请谳（yàn）　谳，就是商议，是说定罪但还有可疑之处的需再与廷尉商议。

刑狱爰始　黄帝最早制定了分尸、流放、鞭打、杖击、斩首等重刑。蚩尤制定了割鼻、割耳、刺面、宫刑等重刑。纣王制定了烹煮、剁酱、车裂、凌迟等重刑。周公制定了绞刑。黄帝斩杀蚩尤时开始割头悬示。秦文公最早制定族诛。公孙鞅最早制定连坐。大禹制定了城旦和舂。周公制定了徒刑。唐太宗增设了服役、流放。周太祖最早增设了刺配。

赎刑　舜最早制定以钱赎罪来避鞭刑。周穆王最早制定五种刑罚均可赎罪。汉宣帝最早制定女子徒刑可以出钱雇役。宋太祖最早制定各种刑罚的责杖数目。

三法司 隋文帝最早制定死罪要上奏三次后才可行刑。唐朝开始，凡是大案就诏令刑部尚书、都御史、大理寺正卿三司一起会审。

越诉 隋文帝规定申诉应该由下而上，最早禁止越级申诉。皋陶最早创制监狱。汉朝下令用周朝的囹圄做监狱。北齐将犯人囚于官府的治所。皋陶最早制定律法。萧何最早制定《九章律》，张仓重新修订。

卷十一

日用部

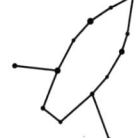

宫室。衣冠。衣裳。饮食

宫室

有巢氏开始用木头搭巢穴。古皇氏开始用木槿制草庐。黄帝开始制作宫室。黄帝制作庭、楼、阁、观。神农制作堂。燧人氏制作台。黄帝制作榭。尧帝制作亭。汉宣帝制作轩。唐虞制作宅。周朝制作房子和府第。汉代制作官邸。六朝后开始增加听事为厅。秦孝公开始制作宫殿，于是就有了陛。萧何制作未央宫，立了东阙、北阙，这才开始了后代相沿的宫阙。后梁朱温按照《河图》制作五凤楼。魏开始制作城门楼，名叫丽谯。张说制作京城的鼓楼。鲧制作城郭。禹制作宫室。

左彻制作祠庙，汉宣帝制作斋室。周穆王召来尹轨、杜冲住在终南山尹真人的草楼上，最早把道士所居称为观。汉明帝时，摩腾、竺法兰从西域来到鸿胪寺，最早把僧人所居称为寺。隋炀帝制作道场，把观改为玄坛，五代和宋改制为宫。孙权开始建佛塔。东晋何充最早把自己的住宅施舍出来做尼寺。

唐玄宗制作了书院。后汉的刘淑制作了精舍。殷仲堪制作读书斋。欧阳修退朝闲居，开始用门户把许多房间连通，名叫画舫斋。

黄帝制作了大门，文王制作了墙壁的大门，周公制作了戟门、辕门、人门。秦始皇制作了走马廊和千步廊。黄帝制作了台阶和梯子。尧建立了墙。伊尹制作了能透光的窗格。神农制作了地窖。伏羲制作了厨房。黄帝制作了灶台和蚕室。周代制作染衣的暴室。黄帝制作了畜养禽兽以供观赏的园林。尧创制了城池。秦始皇创制了护城河。

公署 汉代建立了开府，创设九卿办公的官府。北齐开始用官名来称呼寺。隋代创设了监。唐代创设了院、省、局。汉代创设了南宫。唐代创设了东台。唐玄宗创设了黄门省。周代创设了馆。汉创设了藁（gǎo）街（相当于今天的四夷馆，汉武帝创设）。宋朝设置了马铺，创设了驿站。夏代建立了官府来收藏文书和财物。商汤、周武创设仓库来收藏。

平泉庄 李德裕的平泉庄占地十里，建了堂榭上百所，天下的奇花、异卉、怪石、古松，都收罗到这里。自己写记文说："如果有人把平泉庄卖了，那就不是我的子孙！把平泉庄中的一石一树给别人的，也不是这个家族的好后代！我死后，如果此庄被权贵夺走，就把祖先这番话哭着告诉他。"

午桥庄 张齐贤以司空的官职退休回洛阳，得到了裴度的午桥庄，于是凿渠通流水，栽花种绿竹，每天与老朋友乘着小车带着酒，去游玩垂钓。

辋川别业 在蓝田，是宋之问所建，后来王维得到了它。辋川的水四通八达，连接竹洲和花坞，王维每天与秀才裴迪泛舟赋诗，斋中只有茶铛、酒臼、经案、竹床而已。

高阳池　汉代的侍中习郁在岘山之南，照着范蠡养鱼的方法建了鱼池，池边有高堤，种着竹子和高大的花楸树，挨着岸边有许多芙蓉花，水面上则覆盖着菱芡，是有名的游玩之地。山简每次到这个池边，没有不大醉而回的，他说："这就是我的高阳池啊。"

迷楼　隋炀帝没有一天不建造宫室。浙江人项昇进献一幅新宫图，隋炀帝很高兴，当天就召来负责修建的官府备办材料、召集工匠，一年后建成，但国库都被耗空了。炀帝驾临后非常高兴地说："即使真的神仙在这里游玩，也会迷路的。"因此署名叫迷楼。

西苑　隋炀帝建西苑，周长三百里，里面是一个大湖，周长有十多里，还有方丈、瀛洲、蓬莱等仙山和岛屿，高出水面一百多尺，其中有龙鳞渠在海内蜿蜒，沿着这个建了十六个都临水的院门，每个院子都让一个四品夫人来主掌。殿堂楼观，穷极华丽，秋冬季节树木凋落，就剪彩布做成花朵，点缀在树枝上，颜色褪了就换新的，像阳春三月一样。隋炀帝喜欢在有月的夜晚，带着数千宫女来西苑赏玩，创作《清夜游曲》，在马背上演奏。

阿房宫　东西有五百步，南北有五十丈，上面可以坐一万人，下面可以建五丈高的旗。环线四周建了阁道，从殿下一直抵达南山。在山上修了门楼作为标志。从阁道上就可以渡过渭水，属于咸阳。为建造宫殿，役使七十多万受过宫刑或徒刑的人。卢生曾劝说秦始皇不要让人知道行踪和居所，这样的话才有可能得到不死之药。于是秦始皇下令，咸阳宫三百里内的宫观都用阁道相连，到处安置了帷帐、钟鼓、美人，这些就不再移动，他所驾临的地方，如果有透露他行踪的，一律处死。

驾霄亭　张镃（功甫）是循王张俊的子孙，他的池塘园林、声乐歌伎和衣服珍玩都甲于天下，他曾经在南湖园建了一座驾霄亭，在四棵古松之间，用巨大的铁索连接在半空之中，风清月明之夜，与客人由梯子登上驾霄亭，就像飘荡云天之外。

水斋　羊侃性格豪放奢侈。最初到衡州为官，将两艘船联在一起，在上面起造三间通梁水斋，以珠玉锦缋来装饰，并设置了很多围屏，陈列歌舞伎。有潮水来时，就解开缆绳，对着波涛摆酒，沿岸靠水，前来观看的人们都堵住了道路。

清秘阁　倪瓒（云林）居住的地方，有清秘阁和云林堂。其中清秘阁尤其妙绝，前面种着碧绿的梧桐，四周排列着各种奇石，里面收藏着古代的书法、名画，客人如果没有上好品位，不可以进入。曾经有一个外国人来进贡，路过无锡，听说倪瓒大名，想要拜见他，以一百斤沉香作为见面之礼，倪瓒让人告诉他说："主人恰好去惠山饮泉水去了。"第二天再来，又说出去看梅花了。那个外国人得不到见面的机会，在倪家前后徘徊。倪瓒暗中让人打开云林堂让他登堂观赏，东边陈列着古代玉器，西边陈设的是古代的鼎、彝、尊、罍（léi），外国人惊奇四顾，又问倪瓒的家人说："听说还有清秘阁，可以看看吗？"家人说："清秘阁不是随便什么人都可以进入的。况且我家主人已经外出了，所以不能看。"外国人望着清秘阁两次礼拜后才离去。

泖（mǎo）湖　杨铁崖晚年住泖湖，曾说："我还不到七十岁，辞官生活在九峰三泖之间，现已过了二十年，优游的光景超过了白乐天。又有李五峰、张句曲、周易痴、钱思复等人做我唱和的诗友，桃叶、柳枝、琼花、翠羽做我的歌伎。风光明媚的日子，驾着我的春水宅（舟名）穿越吴越之间，热心人召集，仿效前人水仙舫的旧事，荡漾于湖光山色与绿岛之间，望见的人称我为铁龙仙伯，不知香山老人白居易有没有这样的享受。"客人中有一个叫小海生的，称贺杨先生是"江山风月神仙福人"，并把杨先生老年时的样子画了出来，用这八个字题写在边上，还赋诗一首："二十四考中书令，二百六字太师衔。不如八字神仙福，风月湖山一担担。"

咸阳北阪　秦始皇消灭六国后，画下六国的宫室，在咸阳北阪上重新修建，从雍门以东到泾水与渭水的交界处，各种楼阁和阁道四周相连，但又各自独立。即使一砖一瓦的形状也与原来一样。而且上面各自写着国号，互不雷同，还把从六国俘获的后宫佳丽都安顿在这里。

花萼楼　唐玄宗对兄弟极其友爱，设五王幄，与各位兄弟住在一起。后来在皇宫中建楼，就题名为"花萼相辉之楼"。

黄鹤楼　晋朝时有一个酒保姓辛，在江夏卖酒，有个道士常来喝酒，酒保从不要钱，这样持续三年。一天，道士喝完酒，用橘皮画了只仙鹤在墙上，用筷子招呼它，它就从墙上下来跳舞，从此，这里贵客盈门，酒保很快致富了，于是建了座黄鹤楼。后来，道士就骑鹤而去。

滕王阁　滕王，是唐高祖皇帝的儿子，武德年间出任洪州刺史，喜欢山水，酷爱蝴蝶，尤其擅长书法，喜欢音律。闲暇之日，驾着青雀舸（gě），在芳草丛生的水中小岛上建造了一座楼阁用于登临，仍用滕王的名字命名它。

轮奂　晋献文子赵武宫室落成，晋国大夫都前往祝贺。张老说："美轮美奂啊！既可以在这里祭祀欢庆，也可以在这里居丧哭泣，还可以在这里宴请宗族与宾客。"赵武说："我赵武在这里祭祀欢庆、居丧哭泣、与宗族宾客宴饮，是希望保全性命，以追随先人于九泉啊。"君子都称他善于歌颂也善于祈福。

爽垲　齐景公想让晏子换个住所，就对晏子说："你的住所离市场太近，低湿喧闹，不宜居，请换到爽垲（地名）去吧。"晏子出使晋国，景公就更换了他的住所。等晏子回来，已经办妥了。在拜谢景公之后，晏子仍然回到了自己的旧屋里。

绿野堂　唐代的裴度官做到东都留守加中书令，他已经不再有治理天下的想法了，于是在洛阳的集贤里建了一所府第，取名绿野堂，树木青翠浅近，穿着朴素萧散自然。

铜雀台　位于彰德县，是曹操所建。上面有一楼，铸了一个大铜雀，高一丈五尺，放在楼顶。他临终遗言："挂好帷帐，让宫女们在里面唱歌奏乐,望着我的西陵。"西陵,就是曹操埋葬的地方。

华林园 梁简文帝每次进入华林园,就回顾左右的人说:"会心的人不必另去寻找深幽美景,身处浓密的树林,就让人自然产生超脱凡尘之想,觉得连鸟兽禽鱼都过来与人亲近。"

金谷园 石崇做荆州刺史时,劫掠远行的使者与商人,积累致富。他有一处别墅,在河阳的金谷,又名梓泽园,其中有清泉茂林,竹柏、药草之类,无所不备。曾经与客人游乐开宴,多次更换地方,有的登高临下,有的列坐水边,琴瑟笙筑等乐器都装在车里,在路上就开始演奏,还让他们与打鼓的交替演奏,日夜不停。石崇的后房也有几百人,都是标致的美女,她们以食物精美相竞争,以求得石崇的宠幸。

衣冠

冠 辰氏最早开始教民众用绳束发。尧开始制定戴帽子的礼仪。黄帝开始制作冠冕。女娲氏开始制作簪导。尧开始制作冠缨。伏羲开始制作弁髦(biàn máo),使用经过加工熟制的柔韧兽皮。鲁昭公开始换用白色的绢。周公开始用丝帛做成幅巾。汉末流行幅巾，并制作了角巾。晋代制作接䍦诸巾和葛巾，并开始用巾作为礼品。秦始皇为武将加了袶袙（jiàng pà），用来区别等级的贵贱。汉元帝的额前有丛生的头发，就开始使用帻巾。王莽因为秃头，开始在帻上加盖子，从此开始用头巾。从前没有头巾，从前的巾只用来罩酒器。

帽 黄帝的大臣荀始制作了帽子，舜制作了帽冠。汉成帝开始制作显贵大臣戴的乌纱帽，后来从魏到隋都沿用。唐太宗开始制作纱帽，为临朝理事或会见来宾，上下通用。秦、汉开始仿效羌人制作毡帽。晋代开始用席做帽骨而制作席帽。隋朝开始制作帷帽来遮挡尘土，为远行之人准备的，制作方法是用黑纱布连接在油帽或毡笠前面。唐代制作了大帽，后魏孝文帝开始赐帽给百官。魏文帝开始在立冬时赐给百官暖帽。现在赐给百官暖耳耳套，根源在此。

幞（fú）头 北朝的周武帝裁布开始制作幞头。一说是六国时赵魏用全幅的布向后扎住头发，通称头巾，俗称幞头。

帢 魏武帝制作了帢帽，在闲居时戴它（以其颜色来分别贵贱）。荀文若开始制作帽尾分岔的帢，因为他发巾被树枝划破，后人纷纷仿效这种样式。

纵 周公制作了纵，用来捆束头发。宋大祖制了网巾，明太祖把它颁行天下。

古冠名 尧有黄收冠、牟追冠；汤有哻冠；周武王有委貌冠；

秦始皇有远游冠；汉高祖有通天冠、高山冠、鹊尾冠、长冠、竹皮冠；唐太宗有翼善冠、交天冠；宋有平天冠——这些都是皇帝的冠。殷商有章甫冠；汉代有梁冠（以帽梁数量区分），后汉有进贤冠；唐太宗有进德冠；楚王有獬豸（xiè zhì）冠；汉代有却非冠；赵武灵王有惠文冠，用金珰、豹尾装饰。汉武帝的帽子仿效惠文冠而增加了蝉翼，有骏䴄（jùn yì）冠、繁冠、鹖（hé）冠。秦孝公有武帻，汉文帝有介帻。西汉有翠帽，唐代有縠帽，李晟有绣帽，沈庆之有狐皮帽、汝阳王琎有硑光帽，南汉有平顶帽，后周有独孤帽、侧帽，韩熙载有轻纱帽，萧载有小博风帽。唐代有乌䖝纱巾、夹罗巾、员头巾、平头巾、方头巾，宋代有云巾、鹢鸥巾，汉文帝有平巾，唐中宗有踏养巾，昭宗有珠巾，诸葛孔明有纶巾，谢万有白纶巾，祢衡有练巾，石季伦有紫纶巾，桑维翰有蝉翼纱巾。张孝秀有縠皮巾，陶弘景有鹿皮巾，王衍有尖巾，顾况有华阳巾，山简有白鹭巾，高九万有渔巾，程伊川有阔幅巾，苏子瞻有加辅方巾，牛弘有卜桐巾，王邻有菱角巾，罗隐有减样平方巾。

履　黄帝的大臣於则开始制作了单底履，周公制作复底履、有带子的单底履以及木屐。伊尹制作了草履，周文王制作了麻履，秦朝开始用丝来做鞋，秦始皇开始制作靸金泥飞头鞋，并开始用鞋字称呼。汉代开始用布带锦料为鞋上下做装饰，东晋开始用草木编织成履，如用漂洗的芙蓉花做成的一样。

靴　赵武灵王制作了靴，靴短。隋炀帝制作了皂靴，开始用长靴。马周加了衬垫和丝带，开始穿着上朝奏事。

三代冠制　夏代叫母追（读音"牟堆"），周代叫委貌。衡，是维持帽冠平衡的；纮，是冠两侧垂下的丝绳；弦缨，是从下而上的；綖，是覆在冠上的部分。这些都是冠上的装饰。

冕制　有虞氏的冕叫皇，夏后氏的冕叫收，商汤氏的冕叫哻，周武王的叫冕。衮冕，一品官戴；绣冕，二品官戴；毳（cuì）冕，三品官戴；絺冕，四品官戴；玄冕，五品官戴；平冕，郊庙武舞郎戴。爵弁是六品以下、九品以上的官员随从祭祀所戴；武弁是武官参殿廷、武舞郎、堂下鼓人鼓吹按工的所戴；弁服是九品文官处理公事时戴的。

旒制　汉明帝采用《周官》和《礼记》中的规制，来制定冠冕的制度，宽七寸、长一尺二寸，在两端系上白色珍珠，称为旒。天子规定为十二旒，三公和诸侯为九旒，卿大夫为七旒。

冠制　太白冠，是远古白布冠。通天冠，是天子的冠名。惠文冠，是汉代御史戴的法冠。葛巾，是用葛布制成的冠，隐士和乡野平民穿戴的。方山冠，祭宗庙时乐舞之人所戴。铁柱冠，就是獬豸冠，后来用铁来做冠柱，取其执法如铁的涵义，所以御史戴这种冠。

骏𩌰冠　汉惠帝时，郎中都戴骏𩌰冠，还要涂脂抹粉。岸帻，掀起冠帽露出前额叫岸。

雄鸡冠　子路性格粗鄙，好逞勇斗力，戴雄鸡冠，佩公猪饰物，欺凌孔子，孔子用礼乐来教导子路。子路后来为之折服，送上拜师之礼，通过门人请求做孔子的弟子。

竹皮冠　汉高祖当亭长时，用竹皮做成冠。成为皇帝之后，也常常戴这种冠，就是所谓的"刘氏冠"。还下诏说："爵位不在公乘以上的人，不可以戴刘氏冠。"公乘，是指第八爵。

弁髦　男子到加冠之年先用弁髦，加冠后就抛弃不用。所以凡是被弃置之物就被称为弁髦。

帽制　接䍦，指白色的帽子。浑脱，指毡帽。襨襫，指现在夏季所戴的凉帽，里面用笠作帽骨，外面用青布垂在帽檐下遮蔽日光。

进贤冠　现在文臣所戴的纱帽，就是古代的进贤冠。

貂蝉冠　侍中、中常侍所佩戴的冠，用黄金作耳饰，并附有蝉的图样，用貂尾作装饰，侍中插左边，常侍插右边。

鹖冠　楚地有一个人住在深山，用鹖鸟的羽毛装饰头冠，写了一本书共十九篇，自称鹖冠子。

虎贲冠　勇士的冠要插两支鹖鸟的尾羽，竖在左右两边。鹖鸟是一种刚毅果敢的猛禽，因此秦汉时期武士佩戴此冠。

黄冠　是道士之冠。文天祥（文山）希望戴黄冠回故乡，以方外之人做顾问。

椰子冠　苏东坡有椰子冠,是广东所产,俗称茄瓢。

束发之冠　是古时的制度。古代三王的画像多戴着这种冠,虽然叫束发,也只能束住一缕发髻而已。

折角巾　后汉的郭林宗常行走在梁、陈二国之间,遇到雨,头巾有一角折起来。此后梁陈二国的名士戴头巾,没有不折角的,称作林宗巾。可见大家对郭林宗的敬慕之情了。

折上巾　汉魏以前的人戴幅巾,晋宋时期开始用幂䍦,后周用三尺长的皂绢向后把头发笼起来,名折上巾。

方巾　杨维桢被皇帝召见,明太祖问他说:"你戴的是什么巾?"杨回答说:"四方平定巾。"明太祖喜欢这个名字,下诏让中书省依照此巾的样式颁行天下,于是天下人都开始戴方巾了。

网巾　明太祖有一天微服到访神乐观,看见有个道士扎着网巾,明太祖问扎这个有什么用,道士回答说:"扎网巾用来裹头,有了它万发都整齐了。"第二天,朝廷就有旨意,令道官取来十三顶网巾颁行天下,无论贵贱,都用它裹头。

衣裳

有巢氏最早开始用毛皮做衣服。轩辕妃嫘祖开始用织布机做布帛。尧帝开始增加制作绤（chī）苎、木棉、草布和毛罽（jì）。黄帝的臣子胡曹开始制上衣，伯余开始制下装，还给衣裳加短小皮饰。舜制作了祭服的蔽膝，三代时增了纹样；汉明帝使用红色的皮；魏、晋开始改用络纱。黄帝开始制作衮袍，到舜时已完备，至周代更周详。

傅说制作长袍，长到脚。隋代制作大袍，宇文护开始增加了上衣下摆的横幅，为襕。舜制定了上下衣裳相连的衣服。马周制作了襕衫。汉代制作了衣服的方心和曲领，唐代制作了圆领。

唐太宗制作了在朝廷参拜的朝服，公事谒见时穿戴，从此公服开始有了分别。北齐入中国，有了胡服，短肩窄袖，唐玄宗开始有官服，宽襟大袍。

伏羲制作裘衣（有人说是黄帝）。大禹制作披风、襦（短衣）。伊尹制作夹袄。汉高祖制作汗衫（汉高祖与楚争战，汗把衣服湿透了，所以得名）。唐高祖制作半袖（隋文帝时有长袖。唐高祖缩短为秃袖，像背心）。马周制作了开骻（即现在的四骻衫）。周文王制作满裆裤，大禹制作分裤，周武王改为褶裤；用布料制作，敬王用缯制作；汉章帝用绫制作，并开始增加了下摆。

晋朝的董威制作了百衲衣（用杂色小碎布做的）。宋太祖制作截褶、海青（都是仿照南番的式样做的）。宇文涉制作了毡衫。

陈成子制作了雨衣、雨帽。宇文涉制作雨笠。於则制作了角袜（前后两两相承，中间用带系之）。魏文帝的吴妃开始裁制成现在的样子。后魏开始赐给僧尼偏衫。

黄帝开始制作君王的服饰，颜色随王运。周公开始制作天子的服饰，四季各依季节颜色。隋文帝开始独尊黄色。唐玄宗时，韦韬奏请天子服装和用具都用黄色，并禁止他人使用。

隋炀帝下诏命牛弘等人开始分别服装颜色，三、四品穿紫色，五品穿红色，六品以下穿绿色，胥吏穿青色，百姓穿白色，商人穿黑色。这出自秦始皇用紫、绯、绿三色的服饰制度。

后魏制作僧衣，用红布，后周改换成黄布，北周换成褐布。北齐忌讳黑色，因为僧袍多为黑色，开始在出兵时忌讳僧人。

鱼袋 就是古代的鱼符（用于标明官员身份的随身物），刻画鱼的形象，用袋子装着，并用金、银、玉来装饰。

三代制作等袋，用熟牛皮。唐高祖制作鱼袋，用金银来装饰。武则天改为龟，是为了与之前有区别；后来又恢复为鱼，并增加铜饰；宋仁宗增加玉饰。唐玄宗下令让官品低下的人可以借用红色的官衣与鱼袋。

笏（hù） 商汤开始制作笏，用以书写命令以防疏忽和遗忘。武王诛杀殷纣王，太公解剑带笏，开始制为等级。周代规定诸侯用象笏。晋、宋以来，只有朝廷的八座官员可以用，其余的都只能手执手板。周武帝开始百官都拿着笏来朝参，且用以行礼。汉高祖制定了像笏一样的手板，魏武帝制作了露板（木简）。

带绶 黄帝制作了衣带，秦二世称为腰带，唐高宗开始制作金、玉、犀、银、鍮（tōu）、钖（shí）、铜、铁等不同材料的衣带，分出等级。

佩 尧开始制作佩玉，周代变成等级。七国去掉佩玉而留下绶带，开始用彩组连结绶带，古代用绶来穿佩，转赠给别人称之为绶，改自秦代的名称，出自三代。汉高祖规定不同等级加丝织的绶带不同。天子佩戴白色的玉并用黑色丝带，公侯佩戴黑色的玉并用红色丝带，大夫佩水黑色的玉并用白色丝带，世子佩戴美玉并用青黑色丝带，士子佩美石并用赤黄色丝带，孔子佩五寸的象牙环并用青黑色丝带。

牙牌 宋太祖开始制作牙牌，赐给立功的武臣悬带，并命令朝参的官员都用它。颛顼制作了丝绦。商汤制作了革制的囊。

厕牏是贴身小衣服，也就是现在的汗衫。

绣䍘（jué）就是用羽衣来做半袖，《后汉书》说"诸于绣䍘（jué）"。

字的写法不同，但意义是一样的。

襳褵（xiān lí） 就是羽衣，又叫氅（chǎng）衣。乱麻为絮制成的衣服。狱襫（bó shì），就是蓑衣。䫇（读音为夷）褕，就是雨衣。

襜（chān）褕 就是单衣。武安侯田蚡因为穿着襜褕谒见皇帝，被视为不敬，他的封国就被废除了。

吉光裘 汉武帝时，西域有人献上吉光裘，裘是黄色的，因为是神马吉光的皮毛制成的，所以入水不湿，入火不燃。

雉头裘 太医程据献上雉头裘，晋武帝下诏给程据说：这件裘衣不是寻常衣服，消耗、浪费资源，就在殿前烧了它。

狐白裘 孟尝君派人游说秦昭王所宠幸的姬女，以求释放。姬女说："我想要你的白狐裘衣。"这件裘衣孟尝君已经献给昭王了，孟尝君的门客中有人善于偷盗，就在晚上潜入秦国的宫中，把狐裘偷出来献给姬女，于是孟尝君被释放了。

集翠裘 武则天赐给张昌宗集翠裘，并令狄仁杰与张昌宗用它打赌。狄仁杰就用自己的紫拖袍做赌注，武则天说："这个赌注不对等。"狄仁杰说："这可是大臣上朝所穿的服装呢。"张昌宗几局连败，狄仁杰夺下他身上的集翠裘，向武则天谢恩出来，赐给了自己轿前的仆人。

鹔鹴裘 司马相如起初与卓文君回到成都，因贫困愁苦，就把常穿的鹔鹴裘拿到商人杨昌那里换酒，给卓文君解闷。

深衣　古代的深衣，有固定规制，短不能露出肌肤，长不能拖到地面。制衣用布十二幅，象征一年十二个月；袖子为圆形，象征圆规；领子为方形，象征方矩；背缝长达脚后跟，象征直；下摆如权衡之器，以象征公平。

黑貂裘　苏秦起初游说赵国，赵相李兑赠给他一件黑貂裘。等到苏秦再去游说秦王，秦王不任用他，他等得黑貂裘都破了。

通天犀带　南唐严续相公的歌姬和唐镐给事的通天犀带，都是一代尤物，二人分别拿出歌伎和犀带来打赌。结果唐镐博得彩头大胜，就给严续斟酒，让歌姬唱一首歌与严续告别，严续怅然良久。

月影犀带　张九成有一条犀带，文理缜密，中间有月影，每月十五就会出现。比通天犀带还贵重，因为犀牛望月时间很长，所以让月亮的影子留在了它的角上。

黄琅带　唐太宗赐给房玄龄黄琅带，据说佩戴这个带子后鬼神都会畏惧。

百花带　宗测春天出游山谷，看到奇花异草就插在腰带上，回家就画出它的形状，所以叫作百花带，旁人纷纷效仿。

笏囊　唐代规定：公卿大夫都要把笏插在腰带上，然后上马。张九龄身体虚弱，需要有人拿着笏，因此设置了笏囊。笏囊从此开始使用。

只逊 殿上当值者的军官鹅帽锦衣,总称为"只逊"。曾经见圣旨下令给工部,要造只逊八百副。

身衣弋(yì)绨 张安世尊为公侯,身上却穿着黑色的粗布衣服,都是他的夫人自己纺织的。

衣不重帛 晋国为奢侈之风所苦,晋文公用俭朴来矫正,于是穿衣不穿两层帛,每顿饭不吃两种以上的肉。没过多久,晋国的人都穿粗布衣,吃糙米饭。

韎(mèi)韦跗注 韎,就是红色。跗注,就是军服,像裤子垂到脚,与裤子相连,这是说军中君子的服饰。

飞云履 白居易在庐山草堂炼丹,制作了一双飞云履,以黑绫为材料,四面用素绢作云朵,再熏染多种香,穿着这双履,就像在烟雾中一样。白居易常穿这双鞋展示给他的道友,说:"我脚下生云,估计不久后就可升天成仙了。"

襕衫 明朝高皇后看到秀才的服饰与小吏相同,就改儒巾为唐代襕衫的样式,让明太祖穿。太祖说:"这才是真的儒士之服啊。"于是颁行天下。

毳衣 《诗经》说:"毳衣如菼(tǎn)。"这是天子、大夫的服装。纨绔,是贵家子弟的服装。逢掖,是肘部和腋部非常宽大的衣服,是平民穿的服装。

初服 初,就是开始,指的是出仕为官前的清洁服装,所以退休回乡时,叫作"得遂初衣"。

轻裘缓带 羊祜(hù)在军中曾经穿轻裘缓带。偏裻(dú),是军衣的名字;肠夷,是铠甲的名字;这都是从军的人所穿的服饰。

赤芾(fú) 芾,是冕上的饰物。大夫以上的官员,可穿红色的蔽膝乘车。

饮食

有巢氏最早开始教民食果,燧人氏开始教民烹调,发明醴酪(蒸酿让食物变熟)。神农氏开始教民吃五谷,放在烧热的石头上再吃。黄帝开始有了五谷的种子(地神所献)。烈山氏之子柱开始种庄稼,并教民吃蔬菜。燧人氏开始制作干肉和肉块。黄帝开始制作烤肉。成汤开始制作肉酱。大禹开始制作干鱼,吴国的寿梦开始制作鱼酱。

神农时的诸侯夙沙氏开始煮盐,嫘祖开始开始制作醯浆,神农氏制作了油,殷果制作了醋,周公制作了酱,公刘制作了蜜。唐太宗煎煮甘蔗制作砂糖。黄帝制作羹汤与腌菜。少昊制作肉羹。神农制作炒饭。黄帝制作蒸饭和稀粥。公刘制作糕饼、麻团。周公制作汤圆。汝颍制作粽子。诸葛亮制作馎饦（dàn）和馒头。石崇制作馄饨。秦昭王制作蒸饼。汉高祖制作汉饼。金日䃅（dī）制作胡饼。魏代制作汤饼。晋代制作不托（即面条，比汤饼简易）。

酒最早始于在空桑中剩饭，积久生味。黄帝开始制作醴酒（一夜），仪狄开始制作酒醪，杜康制作米酒。周公反复多次酿出了三重酒。汉代制作宗庙祭祀的九酝酒（五月始制，八月始成）。魏文侯开始制作酒杯。齐桓公制作酒令。汝阳王李琎写成《酒法》。唐代人开始用"春"字给酒命名。刘表开始以酒器称雅（有伯、仲、季等雅称。"雅集"一词即源于此）。晋代隐士张元制作酒帘。南齐开始以樗蒲头赌酒喝。宋武帝延揽萧介吟诗摆酒，始称即席。

名酒 齐人田无已的中山酒（一说是狄希），汉武帝的兰生酒（采来百草之花做的美酒），曹操的缥醪酒，刘白堕的桑落酒（此酒成于桑落之时）、千里酒（此酒在六月暴晒不动），唐玄宗的三辰酒，虢国夫人的天圣酒（用鹿肉来做），裴度的鱼儿酒（用凝固的龙脑香刻成鱼形投入酒中），魏徵的翠涛，孙思邈的屠苏（在元日入药），隋炀帝的玉薤（仿照少数民族的制作方法），陈后主的红粱新酝，魏国贾锵的昆仑觞（绛紫色，用瓢接河源水来酿造），房寿的碧芳酒，羊雅舒的抱瓮醪（冬天让人抱着酿造），向恭伯的芗林、秋露，殷子新的黄娇，易毅夫的瓮中云，胡长文的银光，宋代安定郡王的洞庭春（用柑橘酿造），苏轼的罗浮春、真一酒，陆放翁的玉清堂，贾似道的长春法酒，欧阳修的冰堂春。

茶 商汤制作茶，黄帝试食百草，得茶可解毒。晋代的王濛、齐代的王肃开始学习喝茶。钱起、赵莒兴办茶会。唐代的陆羽始著《茶经》，制作茶具，茶始盛行。唐代的常衮，是唐德宗时期人，任建州刺史，开始将茶叶蒸、焙并研磨为末。宋代的郑可闻剔出银丝叶制成水牙，开始去除龙脑香。唐代茶叶以阳羡最佳，唐末北苑才开始出产。南唐开始鼓励县民采茶，北苑造出膏茶、腊面，而以京铤最佳。宋太宗开始制作龙凤模型，在北苑里造出团茶，与普通人用的相区别，并用茶碾，现在炒制用茶芽，废除团茶了。王涯开始献茶，朝廷命令王涯掌管茶叶的专卖。唐代回纥（hé）开始入朝交易茶叶。宋太祖开始禁止民间私自贩卖茶，宋太宗开始官府贴射税收决定茶叶的交易，后来慢慢改为用交引凭证。宋代开始称绝品的茶为斗，次一级的为亚斗。开始制作进贡的茶叶，列出粗细的类别。

蒙山茶 蜀地蒙山顶上的茶多不胜数，叶片都很重，在唐代被认为是仙品。现在的蒙茶，是青州蒙阴山石头上的地衣，味苦而性寒，也不易取得。

密云龙 苏轼有密云龙茶，非常甘美芳香。当时黄庭坚、秦观、晁补之、张耒号称"苏门四学士"，苏轼待他们很仁厚，每次他们来访，都一定会让侍妾朝云取密云龙茶款待。

天柱峰茶 李德裕有一个亲信官授舒州牧，李德裕说："到任时，请把天柱峰茶给我送上三四角。"那个人就给李德裕送了好几斤，李德裕拒不接受。第二年那人离任了，特意千挑万选，取得几角茶，献给李德裕，李德裕看后接受了，说："这种茶可消酒肉之毒。"于是命人煮一碗倒在肉上，用银盒密封，第二天早上打开看，肉已化成了水，众人都佩服李德裕的见多识广。

惊雷荚　觉林院的和尚志崇收获的茶分为三等，用惊雷荚款待客人，自己喝萱草带，用紫茸供佛。香客凡是来赴茶会的，都用油布口袋把喝剩下的残茶装好拿回家去。

石岩白　蔡襄擅长识别茶品。建安的能仁寺有茶生在石缝之间，名叫石岩白，寺里的僧人派人赠给内翰王禹玉。蔡襄到京城拜访王禹玉，王禹玉煮茶款待他，蔡襄刚捧起茶杯未及亲尝，就说："这茶非常像能仁寺的石岩白，你是怎么得到的？"王禹玉对他赞叹佩服。

仙人掌　荆州的玉泉寺，靠近清溪近旁的群山，这里有很多长石钟乳的溶洞，溶洞里有很多玉泉流出，水边茶苗丛生，树枝与叶子翠绿如玉，形状则像拳头相握一样重重叠叠，号称仙人掌，这是旷古未见的。只有玉泉寺的真公经常采来煮着喝，年龄都八十多了，还面如桃色。这种茶清香浓烈，与其他茶大为不同，所以能使人还童振枯、延年益寿。

水厄　晋代的司徒长史王濛喜欢喝茶，客人到他家后就拼命劝喝，士大夫都对此很害怕，每次前往，一定会说："今天有水厄。"

汤社　和凝在朝廷为官时，带领同僚们轮流带茶相互比试茶品，谁带的茶味道不好，就接受处罚，号称汤社。

茗战　建阳人把斗茶称为茗战。

卢仝七碗　卢仝写过一首《走笔谢孟谏议寄新茶》歌："一碗喉吻润，二碗破孤闷；三碗搜枯肠，惟有文字五千卷；四碗发轻汗，平生不平事，尽向毛孔散；五碗肌骨清，六碗通仙灵；七碗吃不得也，惟觉两腋习习清风生。"

九难　《茶经》中说，茶有九难：阴天采摘夜晚烘焙，不是制茶的方式；大嚼尝味、鼻子闻香，不是品茶的方式；膻腥的容器，不是饮茶的用具；普通的厨房炭火，不是烘焙茶叶的用火；飞奔的急流与停滞的积水，不是冲茶的用水；没有烧透的水，不是冲茶的热水；青绿色的粉末和青白色的茶粉不是好茶末；操作生疏又捣搅急促，不是煮茶的方式；夏天饮茶而冬天不喝，不是喝茶的习惯。

六物　《礼记·月令》中记载，冬季向酿酒的大酋发出指令：高粱大米必须齐备，放酒曲发酵必须适时，浸泡和蒸煮米曲必须清洁，泉水必须香甜，陶器必须精良，火候必须充足。这六项都要注意到，还要有大酋监督，不可以有差池。

昆仑觞　魏国的贾锵有一个仆人善于识别水质，贾锵经常让他乘小艇去黄河中流，用瓢接河源的水，一天七八升，放一夜，颜色如绛，用来酿酒，名叫昆仑觞，酒之芳味世间所无。

白堕鹤觞　河东人刘白堕善于酿酒，他常在六月时用罂瓶盛酒，暴晒在太阳下整整十天，里面的酒看上去没有改变。喝了它会感觉香美，醉后整个月都不会醒。朝廷大臣互相馈赠，甚至远至千里。因为此酒能到很远的地方，所以号称"鹤觞"，是说像鹤那样一飞千里。

椒花雨　杨诚斋退休隐居后，把温和的酒叫金盘露，暴烈的酒叫椒花雨。

鲁酒　楚国会盟诸侯，鲁国、赵国都向楚王献酒。主酒吏私下向赵国索酒，赵国不给，主酒吏生气了，就把赵国味道醇厚的酒换成鲁国味道淡薄的酒进献上去，楚王因为赵国献薄酒，发兵围攻赵国邯郸。所以说："鲁酒薄而邯郸围。"

酿王　汝阳王李琎，自称"酿王"。种放号称"云溪醉侯"。蔡邕能喝一石的酒，常常醉卧路边，人称"醉龙"。李白嗜酒，醉后的诗更加奇妙，号称"醉圣"。白居易自称"醉尹"，又称"醉吟先生"。皮日休自称"醉士"。王绩号称"斗酒学士"，又称"五斗先生"。山简称"高阳酒徒"。

狂花病叶　饮酒者称醉后怒目忤视者为狂花；称醉后闭目而睡者为病叶。

八珍　分别是：龙肝、凤髓、豹胎、猩唇、鲤尾、鸮（xiāo）炙、熊掌、驼峰。

内则八珍　据《礼记·内则》记载的八珍：一是淳（zhūn）熬（用肉酱浇饭）；二是淳母（用肉酱浇小米）；三是烤炸炖猪肉；

四是烤炸炖羊肉；五是捣珍（捶捣并除去牛羊鹿肉的筋腱后再蒸煮）；六是渍（把新鲜牛肉用酒腌制）；七是熬（捶打牛肉后用盐和调料腌制再放在炭火上烤熟）；八是肝膋（liáo）（把狗肝涂油烤熟）。这是烹饪八法，养老所用。

麟脯　王方平到蔡经家，和麻姑一起摆设宴席，撕下麒麟的胸脯肉下酒。

牛心炙　王羲之十三岁时，拜见吏部尚书周𫖮（yǐ），周𫖮对他非常惊异。当时烤牛心肉是宴客时很重要的一道菜品，出席的其他宾客还没下筷吃，周𫖮就先割牛心炙给王羲之吃。于是王羲之开始为世所知。

五侯鲭　王氏有五侯，都独自宴请宾客，互相不往来。娄护轮流在五侯家吃饭，深得五侯的欢心，五侯家都竞相摆出山珍海味，娄护合五侯家珍膳而烹饪成的杂烩，被称为五侯鲭，成为世间绝味。

醒酒鲭　齐世祖驾幸芳林园，向侍中虞悰（cóng）索要扁米粽子，虞悰献上粽子和各种几十车菜肴，菜品连宫中都比不上。齐世祖向虞悰要这些菜的做法，虞悰秘不肯传。齐世祖喝醉后，身体不适，虞悰才献上了一道醒酒鱼汤的秘方。

甘露羹　李林甫的女婿郑平是省部郎官，李林甫看见郑平的鬓发洁白，就把皇帝赐的甘露羹给他吃。过了一晚，郑平的鬓发就变黑了。

玉糁（shēn）羹 苏轼说："小儿苏过忽然别出心裁，用山芋作玉糁羹，色、香、味都奇绝。天上的酥酏不知什么味，但人间是绝对没有这种美味的。"然后写诗赞道："香似龙涎仍酽白，味如牛乳更全清。莫将南海金齑脍，轻比东坡玉糁羹。"

三升良醪斗酒学士 唐代的王绩，字无功。武德初年，在门下省做官。按旧例，门下省的官员每天供酒三升，有人问："做官有什么乐趣？"他回答说："每天配三升美酒就是安慰。"门下省长官侍中陈叔达听说此事，命令每天给王绩一斗美酒，于是王绩号称斗酒学士。

六和汤 医生用酸养骨，用辛养节，用苦养心，用咸养脉，用甘养肉，用滑养窍。

段成式《酉阳杂俎》中的食品有寿木花、玄木叶、梦泽芹、具区菁、杨朴姜、招摇桂、越辂（lù）菌、长泽卵、三危露、昆仑芹、蒲叶菘、竹根粟、麻胡麦、绿施笋。

伞子盐 朐䏰县有一口盐井，有一块方寸大的盐，中间隆起，像一把打开的伞，名叫伞子盐。

鸡栖半露 晋代的苻朗善于辨别味道。会稽王司马道子为他准备了盛宴。吃过后，问他菜色与关中相比如何。苻朗说："都好，只是盐下得稍微有些晚。"司马道子立刻问厨师，果然如他所说。有人杀鸡招待他，苻朗说："这只鸡栖息时经常有一半是露天的。"问养鸡的人，也果然如此。

崖蜜 又叫石饴，味道甘甜，能滋润五脏，益气强志，治疗百病，服用后就不会饿，就是石崖之间的蜂蜜。

豆腐 是汉代淮南王刘安最早制作出的，所以孔庙祭祀中不用豆腐。

五谷 指稻、黍、稷、麦、菽。黍，就是小米；稷，就是高粱；菽，就是大豆。

昆仑瓜 茄子又叫落苏，也叫昆仑瓜。

莼 八月以前的叫丝莼，冬至的叫赭（zhě）莼，秋天会长到一丈多长，凝脂很清。张季鹰的秋风之思，所思念的就是这种秋莼。

食宪章 段文昌丞相精于厨艺：府第中的厨房题名"练珍堂"，传菜的地方题名"行珍馆"，段文昌自编《食经》五十卷，当时人称《邹平公食宪章》。

郇（huán）公厨 韦陟承袭祖上的封号为郇国公，本性奢侈放纵，尤其喜欢钻研各种美食。厨中饮食香味错杂，能进到府上的人，都会大饱口福而归。当时人说："人欲不饭筋骨舒，夤（yín）缘须入郇公厨。"

遗饼不受 王悦之小时候就能秉持清廉的节操。做吏部侍郎时，邻省来朝会的人赠他一盒饼，他拒不接受，说："这点东西虽然微不足道，但我向来不受别人恩惠。"

嗟来食 齐国遭受大饥荒。黔敖准备了食物在路上等待饥民来吃。有一个饥饿的人用袖子蒙着脸,拖着鞋子,双眼昏昏地走来。黔敖左手捧着食物,右手端着茶水,说:"嗟,来吃饭!"那人抬眼看着黔敖,说:"我就是因为不愿意吃嗟来之食,才落到这个地步。"黔敖跟在后面向他道歉、谢罪。这人终因不吃东西而饿死。

馒头 诸葛武侯南征孟获时,泸水汹涌,无法渡过。有人说必须人头祭奠才可以过去,诸葛亮说:"我们是仁义之师,怎忍心用杀人来代替祭祀用的牺牲呢?"于是就用面做成皮,里面裹上猪羊肉,模仿人头的形状来祭祀。后来的馒头就开始于此。

五美菜 诸葛亮率军出征,凡是扎营的地方,就会种蔓菁,即萝卜菜,蜀人称为诸葛菜。这种菜有五美:一美是可以生吃;二美是可以做腌菜;三美是根茎可以充饥;四美是生吃可以消痰止渴;五美是煮着吃能进补。所以又叫五美菜。

酪奴 彭城王元勰(xié)对王肃说:"您放弃齐鲁大邦(指羊肉),而接受邾莒小国(指鱼肉),请允许我明天为您设下如邾莒小国一样的宴,也备有酪奴。"所以称茶为"酪奴"。

龙凤团 古人把茶做成团饼,印上龙凤花纹,供给皇帝的用金镂刻龙凤,每八块饼重一斤。庆历年间,蔡君谟开始制作小片团饼,每二十片重一斤。天子每次到南郊祭祀,给中书、枢密院各赐一饼,宫女们常常在这些茶饼上绣上金花图案。

茶异名 《国史》上说：剑南有茶叫蒙顶石花，湖州有茶叫顾渚紫笋，峡州有茶叫碧涧明月。

露芽 陶弘景在《杂录》上说："蜀地雅州蒙山上顶有茶叫露芽，火前的最好，火后的次之。"火，指禁火，就是寒食节。

雪芽 越郡的茶有龙山、瑞草、日铸、雪芽。欧阳修说，两浙的茶，属日铸为第一。

反覆没饮 郑泉曾经说："希望能有一艘装满五百斛美酒的大船，摆上一年四季所需要的鲜美的菜肴，然后反复痛饮，不是很快活吗！"

上樽 《汉书·平当传》上说：一斗稻米酿造出的一斗酒，称为上樽；一斗稷米酿造出的一斗酒，称为中樽；一斗粟米酿造出的一斗酒，称为下樽。

梨花春 在杭州酿酒，要趁梨花开时酿成，号称为梨花春。

碧筒劝 用荷叶装酒，再用簪子刺通叶茎与叶心，把叶茎弯曲绕成象鼻状，拿着叶茎就可吸酒了，这个叫碧筒劝。

蕉叶饮 苏轼曾经对人说："我的族兄苏子明喝酒不能超过三杯蕉叶杯。我小时望见酒杯就醉了，现在也竟然可以用蕉叶杯喝酒了。"

中山千日酒 刘玄石在中山买酒，酒家给他千日酒喝，他大醉而归，他家人以为他死了，就把他埋葬了。后来卖酒的人计算着日子，一千日后去他家看望他，才忙让家人打开棺材，刘玄石才从大醉中刚刚醒来。

青州从事　《世说新语》里说：桓温的主簿善于识别酒的好坏，把美酒称作青州从事，因为青州有一个齐郡（齐与脐同音），是说好酒的酒劲可以一直深入到腹脐；不好的酒叫平原督邮，因为平原有一个鬲县，是说不好的酒酒劲只能到膈上。

防风粥　白居易在翰林院时，皇上赐他一碗防风粥，吃了以后，一连七天都有口香。

胡麻饭　晋代的刘晨、阮肇入天台山采药，迷了路，在流水中得到一杯胡麻饭的碎屑，两人商量说："这里应该离民宅不远。"就沿水流向源头寻找，看见两个女子，女子说："两位郎君，怎么这么晚才来！"然后邀请他们到家，用胡麻饭、山龙脯来款待他们，并与他们结为夫妻。一个月后，两人告辞而回，找到自己的家，发现他们的子孙后代已经过了七代人了。

青精饭　道士邓伯元得到一块青精石，拿它当饭吃，延年益寿。

莼羹　从前陆机拜访王济，王济指着羊酪对陆机说："东吴有什么东西能与之媲美呢？"陆机说："千里湖的莼羹不用加盐豉调味就可以与它匹敌。"

锦带羹　荆、湘之间有一种草花，红、白相间就像锦带，苗嫩且脆，可做羹。杜甫诗说"滑忆雕胡饭，香闻锦带羹"。

安期枣　安期生是琅琊人，在海上卖药，说自己已经有一千岁了，吃的枣像瓜那么大。

韭萍齑　石崇款待客人时，常在冬天做韭萍齑和豆粥，很快就能煮好。王恺私下请教石崇手下的人，回答说豆子最难熟，所以须预先煮熟，等客人来了，再加入白粥就可以了。韭萍齑，是韭菜夹杂麦苗捣碎而成。

金齑玉脍（kuài）　南方人作鱼脍，把金橙切成细丝相拌，号称金齑玉脍。隋朝时，吴郡进献松江脍，隋炀帝说："这个金齑玉脍，是东南美味啊。"

玉版　苏轼邀请刘器之参见玉版禅师。到了寺里，吃烧笋，觉得味道极美，苏轼说："这道菜就叫玉版了。"并作一首偈语说："不怕石头路，来参玉版师。聊凭锦珠子，与问箨（tuò）龙儿。"

碧海菜　《汉武内传》记载，西王母说："仙界的上乘之药，有一种是碧海上的美玉之菜。"

肉山酒海　魏国曹植在《与季重书》中说："愿举泰山以为肉，倾东海以为酒。"又有，殷纣王曾以肉为林，以酒为池。

石髓　嵇康遇到王烈，与他一起入山，王烈看到山中有石头裂开，取到了石髓吃。然后拿少许给嵇康，但已经凝结成青石，敲击它有琤琤（chēng）的声音。再去看时，发现断裂的山石已经重新合起来了。

松肪 苏轼有诗"为采松肪寄一车"（松肪即松脂）。另外，松花叫作松黄，吃了可以使身体轻盈。

杯中物 晋代的吴术喜欢喝酒，因为一次喝醉后辱骂了权贵，就戒了酒。阮宣用拳打他的背部，说："眼看就老成了呆汉，忍心戒断杯中物吗？"于是他又像当初一样快活地喝起酒来。

惩羹吹齑 唐代的傅奕说："唐朝立朝后会有变更。被热羹烫过的人端着冷菜也会吹气，被弓箭射伤过的鸟看到弯曲的木头也会受到惊吓。"陆贽在奏议中说：从前有人因为吃饭时噎了就不再吃饭，也有人因为害怕被淹死就投水自尽。

酒肉地狱 苏轼任杭州通判，不胜酒力。但同僚慕其名，每天都聚会宴饮。苏轼疲于应付，所以把杭州通判之职视为酒肉地狱。后来袁毂代替苏轼为通判，而同僚及下属却很疏远，袁毂对人说："听说这里是酒肉地狱，怎么我一来，正好遇到地狱空着时。"大家把这句话传为笑谈。

齑赋 范仲淹少年时写了一篇《齑赋》，其中有名的一句是："陶家瓮内，腌成碧、绿、青、黄；措大口中，嚼出宫、商、角、徵。"大概他曾亲历贫困，所以能发现齑中深藏的趣味。

绛雪嵊雪 《汉武帝内传》中说："仙家妙药，有的叫玄霜、绛雪。"另外，西王母进奉的嵊山红雪，也叫绛雪。又，雪糕也叫甜雪。

冰桃雪藕　周穆王招罗的方士会集在春霄宫，西王母乘飞辇而来，与周穆王相会，进奉万岁冰桃、千年雪藕。

玉食珍羞　《尚书·洪范》有"惟辟玉食"的句子；李白也有诗句"金鼎罗珍羞"。

竹叶珍珠　杜甫诗有"三杯竹叶春"的句子；李贺诗中有"小槽酒滴真珠红"的句子。

鸭绿鹅黄　李白有诗："遥看春水鸭头绿，恰似葡萄初泼醅。"杜甫有诗："鹅儿黄似酒。"苏轼有诗："小舟浮鸭绿，大勺泻鹅黄。"

白粲　长腰米叫白粲。苏轼有诗"白粲连樯一万艘"。江南有"长腰粳米、缩项鳊鱼"的谚语。

钓诗扫愁　苏轼称酒为"钓诗钩"，也称"扫愁帚"。

太羹玄酒　《礼记》说："太羹不和。"玄酒，就是清水，可用于祭祀。

僧家诡名　《东城志林》中说：僧人把酒称作般若汤，把鱼叫作水梭花，把鸡叫作穿篱菜。有人做了不义的事，却用仁义为之美名，与这有什么不同！

饕餮　据《左传》记载：缙云氏有不成器的儿子，沉溺于饮食，贪得无厌，天下人都叫他饕餮。

欲炙　《晋书》中记载：顾荣与同僚饮酒，看到端送烤肉的人非常想吃烤肉，顾荣就将自己那份给他吃。后来赵王司马伦篡位，顾荣在危难之中，被人救了出来，救他的正是那个接受烤肉的人。

每饭不忘　《史记》记载，汉文帝说："我每次吃饭，心思没有不在巨鹿的。"

白饭青刍　杜甫有诗："与奴白饭马青刍。"

炊金爨（cuàn）玉　骆宾王称丰盛的宴席叫炊金爨玉，是说精美的饮食，如同金、玉之类贵重的东西。

抹月批风　苏轼有诗："贫家无可娱客，但知抹月披风"。

敲冰煮茗　《白孔六帖》记载：王休住在太白山，每到冬月就敲冰煮茶，款待宾客。

酒囊饭袋　《荆湖近事》记载：楚王马殷奢侈而僭越，各院的王子，都仆从如云，但不曾留心学习文武之道。当时人称他们为酒囊饭袋。

卷十二

宝玩部

金玉。珍宝。玩器

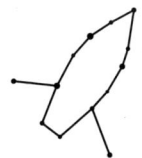

金玉

历代传宝 赤色的刀、先王的遗训、大玉璧、玉圭,摆在宫室的西厢;太玉、夷人进献的玉器、雍州进献的玉器、河图洛书,摆在宫室的东厢。这八样都是历代传承的珍宝。

九鼎 从前夏朝实行德政时,远方各地奇异百物画成图像并进献金玉之物,九州的官员铸造大鼎模仿百物,让民众了解那些神灵鬼怪。所以民众进入沼泽山林,那些魑魅魍魉之类的怪物就不敢来犯了。

四宝 周有美玉叫砥砨,宋有美玉叫结绿,梁有美玉叫县黎,楚有美玉叫和璞,这四种宝物是天下著名的珍宝。

六瑞 封王者上朝时手里拿的玉器叫镇圭,封公爵的人上朝时手拿的叫桓圭,封侯爵的人上朝手拿的叫信圭,封伯爵的人上朝时手拿的叫躬圭,封子爵的人上朝时手拿的叫谷璧,封男爵的人上朝时手拿的叫蒲璧。

环玦 定婚下聘礼时用玉圭,询问士人用玉璧,召见下臣用玉瑗,断绝关系用玉玦,恢复往来关系用玉环。

琬琰 夏桀讨伐岷山国，岷山国王献出他的两个女儿：一个叫琬、一个叫琰。夏桀非常喜爱她们，把她们的名字刻在苕华两块玉上，苕玉上刻的是"琬"，华玉上刻的是"琰"。

鼎彝尊卣（yǒu） 作为一种祭器，不只是刻上饕餮来表示警戒，还要刻毒虫于鼎上来防备被毒虫咬，刻上舟来防止溺水，刻上奕车舥的花纹来防止翻覆。

照胆镜 秦始皇有一面方镜，可以照见人的心胆。凡是女子有邪心的，照之，会发现她胆张心动。

辟寒金 魏明帝时期，昆明国献上一只鸟，名叫漱金鸟，常会吐粟米大小的金屑，古人用这种金屑装饰钗佩，称为辟寒金。

火玉 《杜阳杂编》中记载：唐武宗时，扶余国进贡一种火玉，光热可以达数十步远，放在屋中，就不用穿绵衣。

尺玉 《尹文子》中记载：魏国的农夫得到一块直径一尺的玉，邻居说："这不过是一块怪石罢了。"放到房廊下，第二天一早，发现宝玉通明，照亮了整个房子，非常恐惧，就把它扔到了野外。邻居拿来献给魏王，玉工说："这是无价之宝啊。"魏王赐给献玉者千金，让他享受大夫的俸禄。

玉燕钗 《洞冥记》中记载：汉武帝时建了招灵阁，有两位神女各留下了一支玉钗，武帝把它赐给了赵婕妤。到了元凤年间，宫女发现了这两支玉钗，打算砸碎它。第二天早晨打开匣子，只见两只白色的燕子飞上天去，因此称之为玉燕钗。

解肺热　《天宝遗事》中记载：杨贵妃常犯热燥病，唐明皇让她含玉咽津，来解肺热。

麟趾马蹄　汉武帝下诏说：以前在太山发现了金子，又有白麟和神马的祥瑞，应该用黄金铸造白麟的爪子和神马的蹄子，与祥瑞相呼应。

碧玉　有云碧和西碧两种，颜色枯涩的叫云碧，产地云南；颜色娇润，上有跳蚤大小斑点的叫西碧，产自西洋。

五币　珠币、玉币是最上品的，黄币、白币次之，刀币是下品。

瓜子金　宋太祖驾到赵普府第，当时吴越王钱俶正好派使者给赵普送书信，还有海产十瓶，陈列在廊。宋太祖说："这些海产一定很好。"命令打开，却全部都装满瓜子大小的金粒。赵普非常惶恐，叩首谢罪说："我实在不知情。"宋太祖笑着说："他们还以为国家大事，都是由你们书生来作主呢。"

晁采　晁，是古代的"朝"字；采，就是光彩。是说美玉每天早晨有白虹的气色，光彩升腾，所以叫晁采。

十二时镜　范文正家有一面古镜，背部有十二时，大小像博戏用的棋子。每到某个时刻，对应的棋子就明亮如月。如此循环不停。

碔砆（wǔ fū）乱玉　碔砆是非常像玉的石头，它的样子常会让人混淆为玉。

燕石　宋国有人把一种燕山产的石头当美玉，世代珍藏，被内行的人嘲笑。

削玉为楮　《列子》记载：宋国有人用玉雕刻一枚楮树的叶子，花了三年才完成。

怀瑾握瑜　《楚辞》有诗句说："怀瑾握瑜兮，穷不知所示。"

钓璜　半璧叫作璜。《尚书中候》中记载：周文王到了磻溪，看见吕望钓到一块玉璜，上面刻着"姬受命，吕佐之"。

抛砖引玉　用砖称自己，用玉赞誉别人，是说因自己的话而引出别的话。

匹夫怀璧　《左传》中记载：虞公索要虞叔收藏的美玉，虞叔不肯进献。过后，虞叔后悔地说："百姓没有罪，但拥有贵重之物就是罪。我为何因这个东西招致灾祸呢？"就将这块美玉献给了虞公。

璠瑜　《逸论语》中记载：璠瑜是鲁国的宝玉。孔子说：璠瑜多么美啊，远望宝光灿烂，近看纹理细腻。一则有纹理之美，一则有熠熠光华。

珍宝

十二时盘　唐代的朝廷内库有一个盘子，颜色正黄，周长三尺，四周刻着动物的图案。比如辰时，就刻画草丛中游戏的龙，到了巳时就是蛇，午时是马。称为十二时盘。

游仙枕　龟兹国进贡了一个枕头，颜色像玛瑙，枕着它，十洲、三岛、四海、五湖，都会入梦，皇帝称之游仙枕。

火浣布　外国有个火林山，山里有一种火光兽，大如老鼠，尾巴长三四寸，有红有白。山绵延三百里，黑夜里能看到这里的山林，就因为有这种火光兽的光芒照着。外国人用它的兽毛来织布，衣服脏了，用火一烧，污垢自然像洗过一样落下来，所以叫火浣布。

冰蚕丝　东海的员峤山上有一种冰蚕，长七寸，黑色，有鳞有角，用霜雪将自己包裹起来，然后做成茧。茧长一尺一，有五种色彩，如果织成锦缎，放到水里不会打湿，放到火里也不会烧着，盛夏时放在座位上，整个屋子都会清凉。在唐尧时代，有海上的人进献冰蚕，尧帝将它织为花纹华美的衣服。

耀光绫　越地有人在石帆山里采收野茧抽丝，夜里梦到有神人告诉他说："禹穴三千年开一次，你所得到的茧，就是《江淹集》中所说的'壁鱼'变成的，用它抽丝来织布做衣裳，一定会有奇美的花纹。"后来果然与梦中说的一样。

各珠　龙珠在下巴，蚊珠在皮里，蛇珠在口中，鱼珠在眼里，蚌珠在肚子中，鳖珠在脚里，乌龟珠在龟甲中。

九曲珠　有人得到一颗九曲珠，想要穿绳却无论如何穿不进那个九曲的孔。孔子教他在线上涂油，让粘着线的蚂蚁爬过去。

木难　直径一寸，产于黄支国，是金翅鸟嘴里的唾沫结成的碧色宝珠。这就是古代所说的夜光珠。

火齐　"齐"读音霁，就是红色的珍珠，也叫玫瑰，是珍珠中品质最差的一种。

火珠　《白孔六帖》中记载：南蛮有一种珍珠形如鸡蛋，太阳正中时把艾绒放在珠上，就会着火，因此号称火珠。

履水珠　唐顺宗时，拘弭国进贡一颗履水珠，颜色像铁，拿着它进入江海，就可以在洪水之上行走，随后化成龙了。

记事珠　张说当宰相时，有人献上一颗珍珠，透着青红的光芒。如果遗忘了事情，把玩这颗珍珠，就会觉得心神通达，记起原本遗忘的事来，所以叫记事珠。

定风珠　蜘蛛的肚子中有珍珠，颜色皎洁，拿着它到江海中去，遇到风波，握珠在手，风波就会停止，所以叫定风珠。

鲛人泣珠　《博物志》中记载：鲛人从水中出来，曾经寄住在一户人家，每天织布贩卖，临走时，向主人索要了一个器皿，将眼泪变成珍珠，送给主人。

宝贝　贝是海中的介虫，大的称为宝，交趾以南的海里都有这种宝贝。

红靺鞨（mò hé）　即红玛瑙，大小如同粟米，赤红灿烂像樱桃，看上去像是不能触碰，但真正摸着感觉却非常坚硬，佩带的人可被鬼神保护，入水不溺，入火不燃。

青琅玕　生在海底，海边的人用网打捞上来。刚出海是红色的，时间长了就变成青黑色，树枝像珊瑚，上面有像虫蛀的孔洞，敲打它会发出金石之声。

金刚钻　有一种形如老鼠的动物，它的粪便青黑，生长在西域百丈深的水底磐石上，当地人潜水去捕捞它，用来镌（juān）刻，无坚不破，只有用羚羊角来敲击才会碎。

奇南香　也叫迦南。这种木非常大，树枝之间有孔洞露在外面，大蚂蚁在这里钻穴，吃了石蜜，在洞里留下粪便，树木受了蜜的香气，结成了香木。颜色发红且质地坚硬的叫作生结，颜色发黑而质地稍软的叫作糖结，木性多而香味稀薄的叫作虎斑结、金丝结。

猫儿眼　是一种宝石。形状与颜色都酷似猫眼，宝石里有一条光线，就像猫眼中的瞳仁，可用来确定时辰。

祖母绿　也是一种宝石。绿得像鹦哥身上的毛，光芒四射，随着远近观看的距离不同，宝石的光芒会闪烁变幻。武将上阵打仗，用它装饰头盔，就会让敌方射箭的人目眩，无法射中。

刚卯　《汉书·王莽传》中记载：刚卯，长有三寸，宽一寸四分。或用金，或用玉做成，上刻"正月刚卯"，分两行书写，还刻"疾日刚卯"，共有六十六个字。在正月的卯日作这种符来佩戴，可以避不祥之事。

镔铁　西番有一种镔铁，铁面上作出螺旋花或芝麻雪花。凡是用它制造刀剑器皿，把表面磨光，用金丝矾来擦拭，上面的花就越加清楚，价格比银还贵。

聚宝盆　明朝初年沈万三家里有个聚宝盆，只要把金银珠宝放到里面，过一夜盆就满了。明太祖修筑金陵南门，下有龙潭，深不可测，用土石填埋，怎么也填不满。明太祖取来沈万三的聚宝盆扔进去，再往下填石头，立刻就满了。太祖还欺骗龙说，到五更就把龙潭还给它。所以现在南门都不打五更鼓，到四更天就亮了。

钱名　《通典》中记载：自从太昊以来，就出现了钱币。太昊氏、高阳氏称之为金；有熊氏、高辛氏称之为货；陶唐氏称之为泉；商、周称之为布；齐、莒二国称之为刀，又称教化随着风俗变更。货币随着时代而改变：夏朝用黑色的贝壳，周朝则用紫色的石头，后世或用金钱，或用刀布。

朱提 是县的名字，属于犍（qián）为郡管辖，出产上好的白银。就是现在四川嘉定州的犍为县。

青蚨（fú）《搜神记》中记载：青蚨像蝉但稍大一些，母子不分离，生活在草丛中，像蚕一样。如果抓了幼子，它的母亲就会立刻飞来。用青蚨母亲的血涂八十一文铜钱，再用青蚨幼子的血涂八十一文铜钱，每次买东西，或先用母钱，或先用子钱，最后这些钱都会再飞回来，永远循环不停。

阿堵物 晋代王衍的妻子喜欢敛财，王衍厌恶她的贪婪，所以口中从来不说钱字。妻子想试试他，让丫鬟用钱绕床堆放，让他不能走路。王衍早上起床看到钱，对丫鬟说："快把这些阿堵物弄走！"

鹅眼 《宋略》记载：南朝宋明帝泰始年间，有人私造铜钱，钱制破坏，一贯钱长不过三寸，被人称为鹅眼钱。

明月夜光 《南越志》中记载说：海中有明月珠、水精珠。《魏略》中记载说：夜光珠、真白珠出产于大秦国。

剖腹藏珠 《唐史》中记载，唐太宗说："西域有一个商人得到非常华美的珍珠，就剖腹藏珠，这是爱珍珠而不爱自己的身体啊。"

钱成蝶舞 《杜阳杂编》中记载：唐穆宗时，宫禁中花开，有一群蝴蝶飞到花上。皇帝命人拿网把蝴蝶捕住，得到数万只，仔细一看，却发现竟然是国库中的金钱。

玩器

柴窑　柴世宗时进献皇帝的瓷器中，有一件颜色翠绿，赛过绿宝石，如果能得到这种瓷片，用网圈定，就是奇宝。

定窑　定瓷有白定、花定之分，样式质朴，颜色呆白，毫无一丝火气。

汝窑　宋代因为定州白瓷光芒耀眼不堪用，于是命人在汝州制造青色瓷器，这种瓷器冠绝邓州和耀州。

哥窑　宋代时处州人章生一与弟弟章生二都制作瓷器。哥哥章生一制造的瓷器比弟弟的颜色稍微白，且断纹多，号称白级碎，被称为"哥窑"，被世人所珍爱。

官窑　宋代政和年间，汴京开窑烧制瓷器，章生二烧制的瓷器为青色，纯粹如玉，虽然次于汝窑，但也被世人所珍爱。

钧州窑　钧州窑的瓷器稍大，各种颜色都有，但光彩太露，大多只能作为花缸、花盆。

内窑 宋代的郁成章官为提举,在汴京修内司开窑,所造模子非常精细,烧制出的瓷器颜色晶莹清澈,不输官窑。

青田核 《鸡跖(zhí)集》中记载:乌孙国有一种青田核,不知道它的树木与果实形状,但核像瓠一样,可以装五六升东西,用来盛水,不久就会变成酒。刘章曾经得到两个,会集宾客后把它摆出来,一个核里的酒刚喝完,另一个核里的酒又熟了,可以供应二十位客人,名叫青田壶。

金银酒器 李适之的酒器有蓬莱盏、海山螺、瓠子卮、幔卷荷、金蕉叶、玉蟾儿,制作精良,均堪称鬼斧神工。

金叵罗 李白有诗:"葡萄酒,金叵罗,吴姬十五细马驮。"

银凿落 韩愈联句中有"泽发解兜鍪,酡颜倾凿落"。白居易有诗"金屑琵琶槽,银含凿落盏"。

婪尾杯 宋景文有诗"迎新送旧只如此,且尽灯前婪尾杯"。白居易也有诗句"三杯蓝尾酒",把"婪尾"改成了"蓝尾"。

高丽席 不是很宽大,长一丈多,花纹精美,坚牢紧凑,不易损坏。

薙叶簟(diàn) 蕲州出产美竹,可以用来制梅花笛、薙叶簟。白居易有诗说:"笛愁春梦梅花里,簟冷秋生薙叶中。"

博山炉 《初学记》中记载:丁谖制作了九层的博山炉,在上面雕刻奇禽怪兽，自然而能动。黄庭坚有诗说："博山香霭鹧鸪斑。"

偏提　元和年间，斟酒的酒壶称作注子。后来宦官仇士良厌恶这个名字与郑注同音，就去掉了一边的手柄，改名叫偏提。

三代铜　花觚入土千年，就浑身青绿之色，其中以细腰美人觚为第一，有全花、半花的区别，花纹全的器身瘦小，但价钱达到数百。山西、陕西出土的多为商彝、周鼎；河南出土的多为汉器，因为河南地中盐碱较多，所以器物上的铜都剥落了，价格也就便宜了。所以出土铜器有河南、陕西的区别。

灵璧石　米芾被派守涟水时，与灵壁接壤，他收藏了很多奇石，常把这些奇石拿出来一一欣赏，在屋子中把玩它们整天不出来办公。杨次公做廉访使，规劝他说："朝廷把千里之郡托付给您，怎么能整天玩弄石头！"米芾径直走到他面前，从左袖中取出一块石头，体态玲珑，峰峦洞穴都有，颜色极其青翠温润，他把石头翻来覆去，对杨杰说："这块石头怎么样？"杨杰不理会。米芾就把它放回袖中，再拿出一块来，层峦叠嶂，奇巧又胜于前边那块石头；然后又放回袖中，最后拿出一块石头，极尽鬼斧神工之妙，对杨杰说："像这样的石头怎么能不爱呢？"杨杰忽然说："不只是您喜爱，我也很喜爱。"说完就从米芾手上夺走，径直登车而去。

无锡瓷壶　紫砂壶以龚春所造的最好，时大彬所造的次之，规格大体上大朴不雕；那些精泥细工的都是后人仿造的。

成窑　明朝成化年间所制。有五彩鸡缸，淡青花的各种瓷器如茶瓯、酒杯，都要价极高。

宣窑　明朝宣德年间所制。青花瓷与纯白瓷的工艺达到顶峰，瓷面上有鸡皮纹隐约可辨。醮坛的茶杯，一只有值一两银子的，有"酒"字、"枣汤"字、"姜汤"字之类的稍微便宜一些。

靖窑　明朝嘉靖年间所制，质地为白色，有青花纹，世间没有可以与它比拟的。

万历初窑　万历年间官窑的瓷器，万历初年的最好，即使是被淘汰的次品都非常精妙，民间都很珍爱它。

厂盒　古延厂，是永乐年间所制造的，重枝叠叶，坚如珊瑚，稍带些沉色。新厂是宣德年间所造，雕刻极细，颜色好像朱砂，鲜艳无比，有蒸饼式、甘蔗节两种，越小越妙，要价极高。

宣铜　宣德年间三殿发生了火灾，金、银、铜都熔成一块，堆积如山。明宣宗把内库所藏的古代窑器拿出来，仿效其形，铸成香炉、花瓶之类，妙绝古今，传为世宝。

倭漆　漆器的精妙，没有比得过日本的。宣德皇帝派杨瑄去日本学习数年，精熟地掌握了日本的技艺。因此宣德漆器与日本的一样精美。

宣铁　宣德年间所制的铁琴、铁笛、铁箫，声音清脆响亮，不是那些用竹木所制的琴、笛、箫能比得上的。

照世杯 洪武初年，帖木儿派使者奉表，有"钦仰圣心，如照世杯"的句子。有人说他们国家曾传说有一种杯子，光明洞彻，对着它照就可知世事，所以如此描述。

嘉兴锡壶 论制造的精妙，以黄元吉所造最好，归懋德次之。一开始要价很高，后来渐渐便宜了。

螺钿器皿 论嵌镶螺钿的梳妆匣、印箱等物，以周柱所造最好，花色娇艳，如同鲜花。他造的螺钿杯箸等器皿，也无不精妙。

竹器 南京制造的竹器，以濮仲谦造的最好，他雕琢的东西，一定要竹根盘结怪异的，才肯动手。当时人得到他的一件东西，都很珍重。另外，用斑竹来做椅桌的，以姜姓出品为第一，因此有姜竹之称。

夹纱物件 赵士元制作夹纱灯以及夹纱的帐帏和屏风，他刻绘的翎毛花卉，颜色鲜明，毛羽生动，妙不可言。每一扇上都是黄荃、吕纪的得意名画。

卷十三

容貌部

形体。妇女

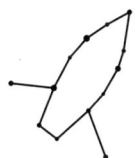

形体

圣贤异相　尧眉八彩。舜目重瞳。文王四乳。仓颉四目。禹有三个耳洞,被称为大通,可以兴利除害,决江疏河。

四十九表　孔子出生时就有四十九种外表特征:披头散发,凹脸,额角像月亮,鼻子像太阳,眼睛平长,嘴大,唇厚,面容正,下巴方,两个喉结,牙齿重叠,身形像龙,脊背像龟,掌如虎爪,肋骨相连,三块胸肌,头顶塌陷,肚脐像山,骨骼像树林,手臂像鸟翼,凹头,隆鼻,耸肩,眉毛像河堤,扁平足,像山谷一样的七窍,声音如雷,腹部如沼泽,面部像蒙倛,双眼如方相,手能过膝,眉毛有十二种色彩,眼睛有二十四种纹理,站着如同凤凰耸立,坐着仿佛巨龙深蹲,手里握着天文,脚底踏着"度"字,远望像要摔倒,近看像要飞升,上身修长下身短小,伸领驼背,耳朵后翻,瞻视高远,耳垂大天庭饱满,他的脖子像尧,他的额头像舜,他的肩像子产,从腰以下比禹短了三寸,胸前有"制作定世符"五字,身高九尺六寸,腰大十围。(参见《祖庭广记》)。

老子有七十二相,八十一好。(参见《法轮经》)。

如来佛祖有三十二相。(参见《般若经》)。

昭烈异相　蜀国的先主刘备身高七尺五寸，眼睛可以回看到自己的耳朵，手臂垂下能过膝。

碧眼　孙权小时候眼睛是青绿色的，号称碧眼小儿。

猿臂　汉代将军李广手臂如猿猴，擅长射箭。

独眼龙　李克用因一目失明，又号独眼龙。

胆大如斗　姜维死后剖腹来看，发现他的胆大如斗。张世杰（宋末抗元名将）也是胆大如斗，焚烧不化。

半面笑　贾弼梦见自己换了头，于是能半边脸哭，半边脸笑。

玉楼银海　苏东坡的诗《雪后书北台壁》说："冻合玉楼寒起粟，光摇银海眩生花。"王安石说："道家把两肩称作玉楼，两眼称为银海。"苏东坡说："只有荆公知道这些。"

缄口　孔子看到周庙里有一座铜铸的人像，人像的口被封了三重，于是在人像的背后写了一篇铭说：这是古代慎于言语的人。大家谨慎啊！谨慎啊！不要多说，言多必失；不要多事，多事就多患。

舌存齿亡　常枞有病，老子说："先生病得如此，没有遗言要告诉弟子吗？"于是常枞张开他的嘴，说："我的舌头还在吗？"

老子回答说："在。难道不是因为它软吗？"常枞说："我的牙齿没了吧？"老子回答说："没了。难道不是因为它太硬吗？"常枞说："天下的事情道理都包含在这里了。"

芳兰竟体　梁武帝平定了建业，朝廷之士都来造访。谢览当时年仅二十，官为太子舍人，意气闲雅，看上去非常聪慧。梁武帝看了他良久，对徐勉说："感觉这个人香气满身。"

眼如岩电　王戎字濬（jùn）冲，身材矮小，但眼睛非常清澈透亮，直视太阳都不觉得眩目。裴楷说："王戎目光闪闪，就好像山岩下的闪电。"

面如傅粉　何晏姿容俊美，脸面极白。魏明帝怀疑他涂了粉，盛夏时，赐给何晏滚热的汤面。何晏吃后大汗淋漓，他就用红色的衣服擦拭，脸色却更白净了。

璧人　卫玠年幼时，乘坐白羊车在洛阳市集行走，人们都问："这是谁家璧人啊？"

看杀卫玠　卫玠从豫章来京都，京都人早就听说了他美貌的名声，来看他的人围得像一堵墙。卫玠本来身体就虚弱易得病，最后不堪劳累，竟然得重病而死。当时人都说是"看杀卫玠"。

觉我形秽　王济是卫玠的舅舅，长得潇洒俊朗。但每次见到卫玠，就会赞叹说："珠玉在侧，觉得自己形象丑陋。"

渺小丈夫　孟尝君访问赵国，赵国人听说他是贤能之人，就出来观看他,而后都大笑说:"起初以为孟尝君是一个魁梧大汉,现在看来,只不过是一个矮小男子罢了。"

妇人好女　司马迁说:"我本以为留侯张良一定是一个身材魁梧的奇男子,直到看到他的画像才发现,他的相貌如同眉清目秀的女子。"

精神顿生　张九龄风仪秀整,皇帝在朝廷上望见他,对左右大臣说:"我每次看到张九龄,都会精神顿生。"

琳琅珠玉　有人拜访王太尉,遇到了王戎、大将军王敦及丞相王导也都在坐。到另一个屋子里去,看见了王诩与王衍的儿子王澄。那人对别人说:"今日之行,看到的全是琳琅珠玉。"

若朝霞举　李白在便殿参见唐玄宗,他神气高朗,光彩焕发如同朝霞飞升。

倚玉树　魏明帝让皇后的弟弟毛曾与夏侯玄并坐,当时人称为"蒹葭倚玉树"。

掷果　潘安姿容出众。少年时拿着弹弓乘小车走在洛阳道上,女人遇到他,没有不拉起手来围住他的,争相给他的车里扔水果,把车都装满才回家。

屋漏中来　祖广走路时总是缩着脖子。南郡公桓玄刚到任,就打趣说:"天气晴朗,祖参军却好像从漏雨的屋子里出来一样。"

四肘　成汤的手臂有四肘。《韵会》中说："一肘是二尺。"也有人说一肘是一尺五寸。

姬公反握　周公的手可以反握。

骈胁　骈，是联的意思。晋文公名叫重耳，他的胁骨是联成一体的。

铄金销骨　西汉有文章说："众口铄金，积毁销骨。"这是说谗言诽谤的利害。

敲骨吸髓　敲开骨头吸食骨髓，比喻朝廷使用暴政来横加征敛。

掣肘　《说苑》中记载：鲁国派宓子贱做单县的县令，宓子贱向鲁国的国君借了两个擅长写字的人来让他们抄写文书，在他们写字时从旁拉他们的胳膊，字写得不好，就对他们发怒，他们想要重新写好，宓子贱就又拉住他们胳膊。抄写的人告辞而归，告诉了鲁国国君。国君说："这就好像我总是干扰他，让他不能施善政啊。"于是下令不要向单县征发。不过多久，单县就政治修明，教化盛行。

厚颜　《尚书》中说："厚颜有忸怩。"这是说羞愧的神色显在了脸上。

摇唇鼓舌　《庄子》中说："摇唇鼓舌，擅生是非。"

怒发冲冠　秦王答应用十五座城池来换赵王的和氏璧，蔺相如捧着和氏璧到秦国，见秦王没有诚意交付城池，怒发冲冠，英气勃勃。

生而有髭 《皇览》中记载：周灵王生下来时就有髭须，所以称为髭王。

注醋囚鼻 《旧唐书》中记载：酷吏来俊臣审问囚犯时，常常把醋灌到囚犯的鼻子里。

春笋秋波 是说纤细的手指如同春笋一样又尖又长，媚眼如同秋天的水波一样清澈。

蓝面鬼 卢杞外号蓝面鬼，经常到郭子仪家去问病。郭子仪听说卢杞到了，就让所有的姬妾侍女都退下，自己靠着几案等着卢杞。家人问其缘故，他说："卢杞外貌丑陋而内心险恶，左右这些人见了他必定会嘲笑，如果他日后掌了权，我们这一族就会死无葬身之地了。"

善用三短 后魏的李谐身材矮小，而且长了六个手指头。因为他脖子上有瘿，所以昂首挺胸；因为跛脚，所以尽量缓步走；因为口吃，所以尽量慢慢说。人们都说李谐善于利用他的三个短处。

乱唾掷瓦石 左思长相很丑，但他也仿效美男潘安那样乘车在闹市游玩，一群妇女都向他吐唾沫，于是就神情萎靡地回来了。张载也很丑，每次出行，小孩子都用瓦片、石块来扔他，可以装满一车。

龙虎变化　韩愈写的《马燧志》中说：当时在北亭拜见北平庄武王时，觉得他就像在高山深林中的龙虎一样变化不测，是豪杰魁首。再回来拜见他的弟弟太子少傅，觉得他像翠竹碧梧中停立的鸾凤一样安静。

长人　苻坚的拂盖郎（护卫）申香、夏默、护磨那三人，都有一丈九尺高，每顿饭吃一石粮食、三十斤肉。

矮短人　王蒙身高三尺，张仲师身高二尺五寸。

重人　安禄山体重三百五十斤，司马保有八百斤，孟业有一千斤。

澹（tán）台灭明　李龙眠所画的孔门七十二子人物像中，澹台灭明看上去比子路勇猛刚毅，于是孔子说的"以貌取人，失之子羽"，就是指澹台灭明外貌似武生，而行为却是个文雅的儒生。

祖龙　秦始皇的嘴像老虎，额头隆起，眼睛似乎有火，高鼻梁，胸像鸷鸟，声音像豹，身高八尺六寸，腰有七围，手能握兵器、拉弓射箭，号称祖龙。秦始皇的方士侯生说他的贪淫暴虐，万倍于商均、丹朱，千倍于夏桀、商纣。

好笑　陆士龙喜欢笑。曾经穿着丧服上船，在水中看到自己的倒影，大笑不止，差点落水。

笑中有刀　李义府为人貌似恭敬，与人说话时，会和善地微笑，但背地里却非常阴险，气量小。凡是不称他意的人，都被诬蔑中伤。时人称他为笑中有刀。

方睛 管辂说："眼有方睛，高寿之相。"陶弘景晚年时，眼中的瞳仁偶尔会呈方形。

百体五官 人体有百块骨骼，所以叫百体。官，就是管辖的意思。五官指耳、目、口、鼻、心。

须发所属 头发属心管辖，秉承有火气，所以向上生长；胡须属肾脏管辖，秉承有水气，所以向下生长；眉毛属肝脏管辖，秉承了木性，所以向两边生长。男子肾气向外扩散，在上面是胡须，在下边是男根；女人和宦官因为没有男根，所以没有胡须。

重瞳四乳 舜帝的一只眼睛有两个瞳仁，项羽也是重瞳，隋朝的鱼俱罗、朱梁康、王友敬，永乐年间的楚王之子，也都是这样。周文王有四个乳头，宋代的范镋、范百常父子，明代的倪谦，也都有四个乳头。

身长一丈 中国人身高一丈的，皇帝中有黄帝、尧帝和周文王；臣子中有吴国的伍子胥、汉代的巨毋霸，都身高十尺。巨毋霸腰围有三尺多，伍子胥眉间距有一尺。孔子身高十尺，一说是九尺六寸。按：据庄子说"孔子从腰以下比大禹短三寸"，那么后一种说法对。宋代《桯史》中记载，有一个姓唐的人和他妹妹都身高一丈二尺。

身长七尺以上 大禹身高九尺九寸，商汤九尺，秦始皇八尺七寸，汉高祖七尺八寸，光武帝刘秀七尺三寸，昭烈帝刘备七尺五寸，宋武帝七尺六寸，陈武帝七尺五寸，北周太祖宇文泰八尺，项羽八尺二寸，韩王韩信八尺九寸，王莽七尺五寸，刘渊八尺四寸，刘曜九尺四寸，慕容皝（huàng）七尺八寸，姚襄八尺五寸，曹交九尺四寸，冉闵、什翼健、宇文泰都是八尺，慕容垂七尺四寸，慕容德八尺二寸。唐朝之后，高个子的臣子就少了。韦康成十五岁时就身高八尺，姜宇十五岁高七尺九寸，刘曜的儿子刘胤十岁时身高七尺五寸，而且姿容与面貌极美，眉目如画。很少有人小小年纪就长到这么高，但刘胤最后只长到八尺四寸，没他父亲高。

丈六金身　佛高一丈六尺，大家视之如神，而他的小弟阿难和徒弟调达都高一丈四尺五寸，那时候印度的高个子还是不少的。

谗国　沈颜在《谗论》中说：宰嚭（pǐ）谗害伍子胥导致吴国灭亡，赵高谗害李斯导致秦国灭亡，无极谗害伍奢导致楚昭王败逃，靳尚谗害屈原导致楚怀王被囚。所以说：人们都知道佞臣的谗言害了忠良，却不知道他们的谗言害的是国家。

舌本间强　俗话说："三天不言，舌本强。"殷仲堪说：三天不读《道德经》，就觉得舌根僵硬。

皮里阳秋　晋朝的褚裒字季野，桓彝评价他说："褚季野是皮里阳秋。"是说他表面看来不评价人好坏，其实心里有所褒贬。

断送头皮　宋真宗封禅泰山后，寻访到隐士杨朴。宋真宗问：

"你临走时,可有人写诗送你?"杨朴回答说:"臣下的妻子送了一首诗说:'更休落魄耽杯酒,切莫猖狂爱作诗。今日捉将官里去,这回断送老头皮。'"

唾掌 公孙瓒说:"天下大军四起,都觉得江山唾掌可得。"李翱说:"天下太平如翻手掌一样容易。"

扪膝 后魏的贾景兴隐居不做官,葛荣攻陷冀州,贾景兴称病不去拜见,每每摸着膝说:"我不会辜负你们。"这是不去拜见葛荣的缘故。另,宋朝的喻汝砺号称扪膝先生。

鸡肋 晋朝刘伶曾在喝醉时与市井俗人争吵,那个人捋起袖子要打他。刘伶说:"我的这几根鸡肋骨哪里抵挡得住好汉的拳头。"那人大笑而停手了。曹操进入汉中讨伐刘备,无法进一步攻打,就想放弃,于是传号令为"鸡肋"。官吏与下属都不知道是什么意思。杨修说:"鸡肋就是扔了可惜,要吃却没什么肉。这就好比是汉中,大王是想要回师了。"于是禀报曹操,班师回朝。

噬脐 楚文王讨伐申国,路过邓国。邓国君主说:"这是我的外甥啊。"就让楚军停下并款待他们。邓祁侯另外几个外甥即骓甥、聃(dān)甥、养甥都请求杀死楚文王,但邓祁侯不同意。聃甥说:"今后消灭邓国的一定是这个人。如果不及早计划,以后君王会像嘴咬肚脐够不着一样后悔莫及。"

交臂 《庄子》记载:颜渊问孔子说:"老师您慢走我也慢走,您急走我也急走。但您若狂奔,我就只能眼巴巴地落在后面了。"孔子说:"我一直和你朝夕相处,而你却错过了,不是很可悲吗?"

三折肱 晋国权臣范氏和中行氏将要讨伐晋定公,齐国的高彊说:"断过三次胳膊的人都成为良医。我就是因为攻打国君才沦落至此啊。"

髀里肉生 刘备在刘表的酒席上感慨流泪说:"以前身子不离开马鞍,大腿上的肉都消瘦了下去;现在长时间不骑马,大腿上的肉又长起来了。时间像流水一样,人就快老了,但还没有建功立业,所以才会悲哀啊。"

炙手可热 唐代的崔铉官升左仆射,与郑鲁、杨绍复、段瑰、薛蒙等人参议国事。当时的人都说:"郑、杨、段、薛,炙手可热;想要亨通,鲁、绍、瑰、蒙。"

如左右手 韩信逃亡,萧何亲自去追赶。下属不知情就向汉高祖报告说:"丞相萧何逃跑了。"汉高祖大怒,就好像失去了左右手。

高下其手 这是说人判案徇私,玩弄手法,串通作弊。

幼廉一脚指 北齐的李幼廉做瀛州长史,高欢巡行要求查验文簿,李幼廉领命后立刻就办完了。高欢责问其他的人说:"你们能抵得上李幼廉一个脚指头吗?"

握拳啮齿 苏东坡作了一副对联:"张睢阳生犹骂贼,啮齿穿龈；颜平原死不忘君，握拳透爪。"

豕（shǐ）心　《左传》记载：以前有仍氏生了个女儿，乐官后夔娶了她，生下伯封，这个伯封一颗豕心，贪婪无厌。人们都叫他"封豕"。

锁子骨　李邺侯小时候身体很轻，能行走在屏风上。长大后，又练习道家的辟谷和导引之术，身上的骨节都嘎嘎有声。人们称之为"锁子骨"。

一身是胆　赵子龙与魏国军队交战，魏兵一直追到兵营门口，怀疑有埋伏，才退兵而去。第二天，刘备到兵营视察，说："子龙一身都是胆啊。"

抽筋绝髓　郭弘霸讨伐徐敬业时说："我发誓要抽其筋，吃其肉，喝其血，绝其髓。"武则天很高兴，封他为御史。当时人称"四其"御史。

铁石心肠　皮日休说："宋广平当丞相，让人怀疑他长着铁石心肠，根本不懂得说柔美之词。但看他的《梅花赋》，却精巧富艳，与他的为人完全不同。"

伐毛洗髓　《汉武记》中记载，黄眉翁指着东方朔说："我每三千年就清洗身上的骨髓，三千年刮去身上的皮毛。现在我已经三次洗髓、三次刮毛了。"

笑比黄河清　宋代的包拯非常严肃冷峻，从没见过他笑，人们都说他的笑容就好像黄河变清一样难以见到。

连璧　晋代的潘岳与夏侯湛都长得很俊美，两人出行，同车同席，京城人称他们为连璧。

乳臭　刘邦派韩信去攻打魏王豹，问郦食其："魏的大将是谁？"回答说"是柏植"。刘邦说："这人不过是乳臭未干的小子，怎么能敌过我们的韩信？"

貌不扬　晋国的叔向去郑国，鬷（zōng）蔑其貌不扬，站在堂下说了一句话，说得很好，叔向听了就说："这一定是鬷蔑啊！"就下堂拉着他的手上来，说："你要是不说话，我几乎错失了你啊。"

貌侵　汉代的田蚡，是孝景帝皇后同母异父的弟弟，官至丞相。他为人貌侵——意思是说人长得矮小而丑陋。

獐头鼠目　唐代的苗晋卿推荐元载。李揆认为元载面相不好，对苗晋卿说："有龙凤之相的人没见到，长得獐头鼠目的却要来求官？"元载就一直对他怀恨在心。

龙钟　裴度还没考上科举时，有一次停留在洛中，骑驴上天津桥。当时淮西很不太平，有两个老人靠着桥柱说："蔡州什么时候才能平定啊？"看到裴度，非常惊讶地说："刚才还担心蔡州难平，看来得等这个人当宰相呢。"仆人听说后告诉裴度，裴度说："这是看到我龙钟失意，故意戏弄我的。"后来裴度在唐宪宗时果然当了宰相，并平定了淮西和蔡州。

牙缺 张玄之八岁时掉了牙,一个前辈开玩笑地说:"你这嘴怎么开了个狗洞?"张玄之回答:"要让你们这些人从中出入呀。"

口吃 汉代的周昌在争论立太子时说:"臣期期不能奉命。"邓艾自称"艾艾"。韩非和扬雄也都口吃,却擅长写文章。后来刘贡父、王汾在史馆中,王汾口吃,刘贡父为他写了评语:"恐是昌家,又疑非类;未闻雄名,只有艾气。"

吾舌尚存 张仪曾与楚相喝酒,楚相丢失了玉璧,觉得是张仪偷的,抓住张仪鞭打。张仪回家后,他的妻子责备他。张仪说:"看看我的舌头还在不?"妻子笑说:"在。"张仪说:"这就够了。"

借听于聋 韩愈《答陈生书》中说:足下是想求得快速成仙之术,来问我,可以说是借听于聋,问道于盲。没见过有成果的。

青白眼 阮籍能做青眼、白眼,看到遵从礼法的凡俗之士,就用白眼来对待。他的母亲去世了,嵇喜前来吊唁,阮籍就翻白眼。嵇喜的弟弟嵇康抱着琴带着酒来,阮籍非常开心,于是用青眼相对。

邯郸学步 班固《汉书叙传》说:传说以前有人学习邯郸人的走路姿势,没有学到,还忘记自己以前的走路方式,最后只好爬着回去。

美须 谢灵运的胡须很美,他被处刑时,把胡须舍给南海祇洹寺维摩诘像。唐中宗时，安乐公主在端午节玩斗草，想要以巧取胜，就派人骑驿站的马去取这些胡须，又怕被别人也取，就把其余的都剪了扔掉。

貌似刘琨　桓温自己觉得自己雄姿飒爽，是司马懿、刘琨一类人物。等到讨伐前秦而还军时，在北方遇到一个做手工活的老妪，曾是刘琨的丫鬟。她一看到桓温，就潸然流泪说："您很像我们刘司空。"桓温非常高兴，忙到外面去，整理了一下衣冠，再叫来仔细问，那个老妪说："脸很像，可惜福薄了点；眼睛很像，可惜小了点；胡须很像，可惜有些发红；身形很像，可惜太矮；声音也很像，可惜有些女气。"桓温听后扔掉帽子解衣就睡，难过了好几天。

补唇先生　方干的嘴唇有唇裂，官府认为不可以给他科第功名。他连着参加了十几次考试都没被录取，就隐居鉴湖。过了几十年，他遇到一个医生给他把唇裂补好了，但已经老了。人称他为补唇先生。

眇一目　南齐的湘东王萧绎有一只眼睛瞎了，在与刘谅游览长江时，赞叹秋景的美丽。刘谅回答说："今天可以称得上是'帝子降于北渚'了。"因为《离骚》中说："帝子降于北渚，目渺渺而愁予！"湘东王觉得这是在讽刺自己，怀恨在心。后来湘东王起兵，王伟给侯景写檄文说："项羽重瞳，尚有乌江之败；湘东一目，宁为赤县所归？"后来竟因此而被当了皇帝的萧绎所杀。

半面妆　徐妃因为梁元帝萧绎只有一只眼睛,知道皇帝要来,就只画了半面妆。梁元帝见了大怒而去。

塌鼻　刘贡父晚年得了重病,胡须和眉毛都落光了,鼻梁也塌了。一天,与苏轼一起喝酒,苏轼引用刘邦的《大风歌》来戏弄他说:"大风起兮眉飞扬,安得猛士兮守鼻梁!"

头有二角　隋文帝生下来头上就有两只角,一天长三次鳞片,他的母亲害怕就把他丢弃了。有老尼姑抱走,喂养他。尼姑偶尔外出,叮嘱他的母亲照看。他的母亲看到他长出了须发,头上有角,熠熠发光,非常惊恐,把他扔到地上。尼姑赶快跑回来,抱起来说:"惊着我的孩子了,这要让他晚得天下多少年。"后来他果然六十才登极为帝。

岐嶷　《诗经》说:"克岐克嶷,以就口食。"是赞美后稷的。岐嶷,就是山峰峻茂的样子,后多形容年幼聪慧。

口有悬河　晋朝的郭象擅清谈。王衍说:"每次听到郭子玄讲话,就像悬着的大河倾泻一样,多久都不会枯竭。"

侏儒　《左传》中记载:臧纥败给了狐骀。国人说:"侏儒侏儒,使我败于邾。"注解说:狐骀,是一个地名。侏儒,是短小的意思。

捷捷幡幡　《诗经》说:"捷捷幡幡,谋欲谮言。"

胸中冰炭　俗话说:不作风波于世上,自无冰炭在胸中。

唇亡齿寒 《左传》中记载：晋国君主又想向虞国借路去攻打虢国。宫子奇劝谏说："虢国是虞国的屏障。谚语说面颊与牙床骨相互依存，嘴唇没了，牙齿会寒冷的，这说的就是虞国和虢国啊。"

足上首下 《庄子》中说：失性于俗，就是把人民颠倒放置，就好像脚朝上而头朝下一样，把尊卑弄反了。

扬眉吐气 李白在《与韩朝宗书》中说：如今全天下的人都把君侯您看作是评定文章、衡量人物高下的权威人士，一得到您的品评，就被认作美士。您又何必吝惜台阶前一尺之地，而不让我李白扬眉吐气、激昂青云呢！

推心置腹 《东观汉记》中记载：萧王刘秀示出自己的真诚，好像把自己的赤心放到别人肚子里一样。

方寸已乱 《三国志》中记载：徐庶的母亲被曹操抓走，徐庶向先主刘备告辞时说："本来想跟将军共创统一天下的千秋大业，如今失去了老母，我的方寸已乱了，请允许我从此告辞吧。"

黑甜息偃 苏轼《发广州》诗说："三杯软饱后，一枕黑甜余。"《诗经》中有"或息偃在床"的句子。

肉眼 《唐摭（zhí）言》中记载：郑光业去参加科举考试，夜里有人唐突地闯进来，郑光业留他住下。那人又让郑光业给他端水煮茶，郑光业都欣然去做。后来郑光业考上了状元，那人送信谢罪说："既帮我端水，又帮我煮茶。当时没认出您是贵人，因为我凡夫肉眼；今天成为您的后辈，我本是穷相骨头。"

青睛 《南史》中记载：南朝诗人徐陵的眼中有青睛（乌黑的眼珠），人们都认为这是聪慧的标志。

丹心 心又叫"丹府"，心神叫"丹元"。

腆颜 《文选·奏弹王源》说，明目腆颜，难道就没有惭愧和畏惧？

可口 《庄子》说，樝（zhā）梨橘柚，都很可口。

置之度外 《后汉书》中记载，光武帝说："应当把这两人放在考虑之外"。这是指隗嚣和公孙述。

秦人视越 韩愈《争臣论》中说：看待朝政得失，就好像秦国人看到越国人的胖瘦一样毫不在意，心里没有一点喜悦或忧愁的波动。

行尸走肉 《拾遗记》中记载，任末说："好学的人，即使死了也像活着一样；不好学的人即使活着，也是行尸走肉罢了。"

颜甲 《开元天宝遗事》中记载，有一个进士杨光远，拜求权势豪门不知满足。有时遭到鞭挞的羞辱，也一点不知悔改。时人说："杨光远的脸皮厚得有十层铁甲。"

高髻 后汉的马廖上疏说："吴王好剑客，百姓多创瘢。楚王好细腰，宫中多饿死。""城中好高髻，四方高一尺。城中好广眉，四方且半额。城中好大袖，四方全匹帛。"

面谩　樊哙说："我愿率领十万大军，横行于匈奴的土地上。"季布说："樊哙说大话，这是面谩（欺骗）！"

掉舌　汉代的郦食其游说齐王与汉求和。蒯彻向韩信进言说："郦食其不过是一个士子，坐在车上动动三寸不烂之舌，就降服了齐国七十余座城池。"

妇女

妲己赐周公　五官中郎将曹丕娶了袁熙的妻子，孔文举在《与曹操书》中说："武王讨纣，以妲己赐周公。"曹操因为孔文举非常博学，就信以为真。后来问孔文举，孔文举回答说："以今度之，想当然耳。"

效颦　西施心痛时就捧心皱眉，愈发显出她的娇媚。一个丑女子羡慕而效仿她，这就叫"效颦"。黄庭坚的诗说："今代捧心学，取笑如东施。"

新剥鸡头肉　杨贵妃沐浴过后，对镜梳妆，衣裙褪下来露出了一个乳房,唐明皇用手抚摸着说:"软温新剥鸡头肉。"安禄山在旁边接上说:"润滑犹如塞上酥。"

长舌 《诗经》说:"妇有长舌,维厉之阶。"

守符 楚昭王的夫人是齐国的女子。昭王出去游玩,留夫人在天文台。长江的洪水大举涌来,昭王派使者去迎接夫人,却忘了拿符。夫人说:"大王与我约定,要召见我必定用符。"现在使者没有拿符,就不敢随行。使者只好回去取符,这时渐台崩塌,夫人就被淹死了。

女博士 甄皇后九岁时,非常喜欢读书,常使用她几个哥哥的笔砚。哥哥说:"你是想要做女博士吗?"她说:"古代贤惠的女子没有不看经书典籍的,不这样,怎么能知道成败呢?"

灵蛇髻 甄皇后入魏宫以后,宫廷里有一条绿色的蛇,嘴里常衔着一颗赤色珠子,像梧桐籽那么大,从不伤人;若有人想伤害它,它就消失不见了。每天皇后梳妆时,它就盘结成一个发髻的形状,皇后就仿效它的形状来盘发髻,巧夺天工。因此皇后的发髻每天都不同,号称灵蛇髻。宫女也仿效皇后,但连一两分都学不到。

女怀清台 《史记·货殖传》记载:巴蜀之地有个寡妇叫清,她的祖先得到一个产丹砂的矿穴,于是几代人获利,家里很富。并且用财产来自卫,没有受到侵犯与欺辱。秦始皇为她建造了"女怀清台"。

国色　《战国策》中记载：骊姬是绝色女子。《开元天宝遗事》记载：京都名妓楚莲香，国色无双，每次出门都有蜜蜂和蝴蝶追随，皆因爱慕她身上的香气。

长女子　东汉明帝的马皇后与东汉桓帝邓皇后都身高七尺三寸，刘曜的刘皇后身高七尺八寸，同时也都以美貌闻名。

妇人有须　李光弼的母亲李氏被封为韩国太夫人，有数十根胡须，长达五寸，这是女子奇贵之相。

夜辨绝弦　蔡琰六岁时，夜里听父亲蔡邕弹琴，有一根弦断了。蔡琰说："断的是第二根弦。"蔡邕就故意再断一根，蔡琰说："这是第四根弦。"蔡邕说："这不过是偶然猜中罢了。"蔡琰说："季札观察国风，就知道四国的兴衰；师旷吹奏，从南风乐音微弱知道楚国必败。从这些例子来看，怎么能说我就不知断的是哪根弦呢？"

尤物　《左传》中记载：叔向想要娶申公巫臣的女儿，他的母亲说："你为什么要做这件事呢？绝色美女，足以移易一个人的情志。如果所行不合于礼义，就一定会招致灾祸。"

钩弋宫　钩弋夫人是齐人，右手天生不展。望气术士说："东方有贵人气。"汉武帝到了齐地发现钩弋夫人姿色绝美，武帝将她的手展开，得到一个玉钩，此后她的手就不再握拳了。因此把她住的宫殿叫钩弋宫。

花见羞 五代时刘䶮（huò）的侍妾王氏貌美非凡，人称花见羞。

疗饥 隋炀帝每次看到妃子绛仙，就回头跟宦官们说："古人说秀色可餐。像绛仙这样的人，就可以疗饥了。"

倾城倾国 李延年的《佳人歌》："北方有美人，绝世而独立。一顾倾人城，再顾倾人国。宁不知倾城与倾国，佳人难再得！"

远山眉 赵飞燕为她的妹妹赵合德蓄发，称为新兴髻；修淡眉，称为远山黛；点小点的朱砂，称为慵来妆。另外，《玉京记》中记载："卓文君的眉毛不用黛色来画，看上去像远山一样。人们都效仿，称为远山眉。"

鸦髻 巴陵的乌鸦不怕人，除夕时，女子各抓一只来，用粮食喂它。元旦一早，用五色丝线系在乌鸦的头顶，然后放飞，看它们的去向来占卜一年的吉凶。其占辞说："鸦子东，兴女红；鸦子西，喜事齐；鸦子南，利桑蚕；鸦子北，织作息。"很灵验。还有，在元旦梳头时，先用梳子梳理乌鸦的羽毛，祈祷说："愿我妇女，鬒（zhěn）发髟（biāo）髟，惟百斯年，似其羽毛。"楚地的人称女子的发髻为"鸦髻"。

淡妆 《杨妃传》中记载：杨贵妃的姐姐虢国夫人不施妆粉，自恃容貌美丽，经常只画淡妆就朝见天子。杜甫诗说："虢国夫人承主恩，平明上马入宫门。却嫌脂粉涴颜色，淡扫蛾眉朝至尊。"

嫫母 黄帝的妃子嫫母，相貌丑陋，但却很贤惠，黄帝非常爱她。欧阳修《答原父》诗说："反蒙华衮褒，如誉嫫母艳。"

无盐　《列女传》中记载：无盐是齐国的丑女，她自请见齐宣王，陈述齐国时政，齐宣王封她为皇后。

书仙　《丽情集》中记载：长安城中有个妓女叫曹文姬，擅长写字，是关中第一，当时号称书仙。

钱树子　《乐府杂录》中记载：许子和，吉州永新人，以歌妓身份入宫，取名永新，能变新妆。临死时，对她母亲说："阿妈，钱树子倒了呀！"

章台柳　唐代的韩翃与妓女柳姬交情极好，第二年，淄青节度使侯希逸上奏朝廷，任韩翃为从事官。经过了三年离别，韩翃寄诗给柳姬："章台柳，章台柳，往日青青今在否。纵使长条似旧垂，也应攀折他人手。"柳姬答诗："杨柳枝，芳菲节，可恨年年赠离别。一夜西风忽报秋，纵使君来岂堪折！"

桐叶题诗　蜀地的侯继图倚靠在大慈寺楼，见到一片随风飘落的大桐叶，上面有诗："拭翠敛双蛾，为郁心中事。搦管下庭除，书作相思字。此字不书石，此字不书纸。书向秋叶上，愿逐秋风起。天下有心人，尽解相思死；天下负心人，不识相思意。有心与负心，不知落何地。"过了几年，侯继图娶了任氏为妻，她正是题诗桐叶的人。

白团扇　晋朝中书令王珉与嫂子的侍婢感情很好，但嫂子却经常鞭打侍婢。侍婢向来擅长唱歌，而王珉又喜欢拿着白团扇，侍婢就作了一首《团扇歌》："团扇复团扇，许持自障面。憔悴无复理，羞与郎相见。"

金莲步　南齐东昏侯把金子凿制成莲花贴在地上，让潘妃在上面行走，说："这是步步生金莲啊。"

邮亭一宿　陶谷学士出使江南，韩熙载让妓女秦弱兰伪装成驿吏女，拿着笤帚扫地，陶谷就与她谐鱼水之欢，并赠了一首《风光好》给她："好因缘，恶因缘。只得邮亭一夜眠，别神仙。琵琶拨尽相思调，知音少。待得鸾胶续断弦，是何年？"

司空见惯　唐代的杜鸿渐官拜司空，镇守洛阳时，苏州刺史韦应物路过洛阳，杜鸿渐设宴款待，叫来两个歌妓唱歌跳舞，喝酒到酣畅处，就让歌妓向韦应物求诗。韦应物醉倒了。半夜醒来看到有两个歌妓睡在旁边，大吃一惊，就问缘故，歌妓回答说因为酒席上他作了诗，所以司空大人命她们来侍寝。韦应物让她们读一下他作的诗，她们读道："高髻和云鬟，歌女宫内妆。如坐春风里，一曲《杜韦娘》。司空自见惯，视此浑如常。可怜韦刺史，心动已断肠。"

媚猪　南汉之主刘铱得到一个波斯女，又黑壮又妖艳，刘铱（chǎng）非常宠爱她，赐号媚猪。

燕脂虎　陆慎言的妻子朱氏，为人阴沉残忍又忌妒狡猾。陆慎言在尉氏做县尉，但政事却不由自己，官民都称朱氏叫燕脂虎。

燕脂　商纣王用红蓝花汁凝结成脂，来做桃花妆。这出自燕国，所以取名燕脂。现在写成"燕"字加"月"字旁，已经不对了；甚至有人写成"因"字加"月"字旁，那就更是大错了。《留青日札》中记载说：美人妆的方法，在脸上先打底粉，再在手掌中把燕脂调匀，轻抹在两颊，浓的叫"酒晕妆"，浅的叫"桃花妆"，若略抹一些朱砂，再用粉覆盖，这叫"飞霞妆"。唐代僖宗和昭宗时，京城都争相化妆嘴唇，女子用这来区分美丽与否。其中有名为"石榴娇""大红春""小红春"等十七种。

偷香　晋朝的韩寿姿容很美，太尉贾充让他掌管会计事务。贾充的女儿偷偷窥视韩寿，很喜欢他，就与他私通。当时，外国进贡一种奇特香料，染到衣服上一个月都不会散尽，皇帝把它赐给贾充。贾充的女儿偷来送给韩寿。后来贾充发现了这件事，就把女儿给韩寿做了妻子。

宿瘤女　《列女传》中记载：起初，齐王出朝游玩，百姓都去观看，有一个脖子长瘤的女子却依旧去采桑。齐王觉得奇怪，问她原因，她回答说："小女受父母之命采桑，没有受命来看大王。"齐王认为她很贤惠，就想让她上车带她入宫，她说："有父母在，如果没有得到他们的命令就跟人走，那就是私奔。"齐王就捧着礼物去她家下聘。她父母很惊讶，想要让她沐浴打扮一番，她说："改变容貌和衣服，齐王就不认识了。"于是就跟采桑时一样到了宫里，齐王封她为王后。

飞天纷　唐末宫中的发髻叫闹扫妆，形状好像被大风吹散了一样,就类似于"盘鸦髻""堕马髻"之类。宋文帝元嘉年间,民间有女子结发髻时,把头发分作三分,从发髻中抽出来,向上梳直,叫作飞天髻。

流苏髻　有个叫轻云的女子,头发很长,每次梳头,站在床上头发还会垂到地面,挽了发髻后,左右剩下的头发还各有一指粗,就再束成同心带,垂在两肩上,再用珠宝装饰,这就叫"流苏髻"。富人家的女孩子大多用黑色丝线来模仿这种发型。

断臂　五代时的王凝娶妻李氏。王凝家住在青州和齐州之间,官为虢州司户参军,后病死于任所。王凝一向家穷,儿子年纪很小。李氏带着孩子运送他的骸骨回乡。过开封时,旅店主人不让她住宿。正好天晚了,李氏不肯离开那里,主人拉着她的胳膊把她拽出去。李氏痛哭说:"我是个妇女,却不能守节,而任人来拉我的胳膊吗!我不能让这只手来侮辱我的身体。"于是拿斧头砍断了自己的胳膊。开封府尹听说这件事,厚恤李氏,并惩罚了那个旅店主。

截耳断鼻　夏侯令的女儿,是谯国人曹爽堂弟曹文叔的妻子。曹文叔早死,她怕家里逼她改嫁,就断发明志。后来家里果然要她改嫁,她又用刀割去了两耳。等到曹爽被司马懿诛杀,她丈夫的家族已被消灭殆尽,她父亲又让人来劝她,她又割了自己的鼻子,表示不改变她坚持守节的志向。

割鼻毁容　高行,是梁国的贞节妇女,相貌艳丽,行为更美。

她丈夫早死了，她没有再嫁。梁王派丞相去下聘礼，发了几次。高行说："妇女的品行，在于嫁一次而不再更改。如果贪生怕死，见利忘义，怎么能算是人呢？"于是对着镜子拿刀割下了自己的鼻子，说："梁王之所以要娶我，不过是因为我的美貌罢了。现在我已经是残废之人，大王可以放开我了吧。"梁王的丞相回去报告梁王，梁王赐她"高行"的封号。

守义陷火 伯姬是宋共公的夫人，鲁宣公的女儿。宋共公死了，伯姬守寡独居。有天半夜住所失火，左右的人问："夫人逃离避火吧？"伯姬说："妇人的义，就是有保傅在前，才会在夜里走出房间。"过了一会儿，左右的人又问："夫人能否稍微出来避一下火呢？"伯姬说："越义而生，不若守义而死！"于是死在火中。

请备父役 有个女孩叫娟。赵简子攻打楚国时，与津吏约好了日期，小吏却喝醉了，不能引渡，赵简子想杀了他。小吏的女儿娟请求让自己来代父受刑，说："我父亲还在酒醉之中，恐怕心里知道错了但身体却不知道痛。"赵简子释放了她的父亲。将要渡河时，少了一个划船的人，女子娟请求担负父亲的任务划船，赵简子不允许，娟说："商汤讨伐夏朝时，左边是雌黑马，右边是雌黄马，最后仍然把夏桀流放了；周武王讨伐殷商时，左边是雌青黑马，右边是雌黑鬃红马，仍然打败了殷纣王。主君渡河，用一个女子又有什么关系呢？"并唱了一首《河激之歌》来表达自己的想法。赵简子很高兴，说："以前我梦到娶妻，难道就是这个女子吗！"他就让人祈祷上天赐福，立娟为夫人。娟说：

"按照女子应行的礼仪,如果没有媒人就不出嫁。小女子有父亲在堂,所以不敢听从大人的命令。"于是赵简子给她父亲送上彩礼,然后娶娟为妻。

以身当熊　冯昭仪是冯奉世的女儿,汉元帝选他入宫为婕妤。元帝前往虎圈游玩,有只熊跑出圈外,左右随从都惊慌逃命,只有冯婕妤站在熊面前挡着,熊后来被杀死了。元帝问冯说:"人人都恐惧,你为什么挡在熊面前呢?"她回答:"我听说猛兽抓住一个人就会停止攻击,我担心伤及皇上,所以用身体挡住它。"元帝赞叹了很久,立她为昭仪。

速尽为幸　皇甫规的妻子善于写文章,而且工于草书和篆书。皇甫规死后,董卓用厚礼聘娶,她大骂说:"你是羌胡的杂种,毒害天下还不够吗?皇甫氏是汉室忠臣,你不过是大汉的一个小吏,竟敢对上非礼!"董卓大怒,把她的头部吊在院子里,用鞭子和棍子交替抽打。她对打手说:"快把我打死好了。"

义保　鲁孝公的保姆。起初,鲁武公生了三个儿子,长子叫括,次子叫戏,幼子叫称。鲁武公去朝见周宣王,带着括、戏去。周宣王看到戏端庄稳重,就命鲁武公立戏为太子。等到鲁武公死后,国人就拥立了戏,这就是鲁懿公。括的儿子伯御杀了鲁懿公自立为君,还四处搜寻公子称并想杀了他。公子称的保姆听到后,就把自己的儿子放在公子的床上躺着,让公子换了衣服藏在其他地方。伯御就杀了床上的公子。保姆抱着换了衣服的公子,逃到公子的母亲家里。鲁国的大夫们都为她的义气感动,一起上书请求周天子诛杀伯御并立称为君，这就是鲁孝公。各国的诸侯也都很敬重保姆的义气，于是称她为"义保"。

作歌明志 陶婴是鲁国陶门的女儿，她的丈夫早逝，她靠纺织为生抚养孤儿。鲁国人听说她年轻貌美，都想向她求婚。陶婴听说后写了一首歌来表明心志："悲夫黄鹄之早寡兮，七年不双。宛颈独宿兮，不与众同。夜半悲鸣兮，想其故雄。天命早寡兮，独宿何伤。寡妇念此兮，泣下数行。呜呼哀哉兮，死者不可忘。飞鸟尚然兮，况于贞良。虽有贤雄兮，终不重行。"鲁人听后都肃然起敬，没有再说去求娶的了。

天子主婚 胡氏是学士胡广的女儿。解缙与胡广是同乡，同年中进士，一起入翰林院。有一天，两人一起侍奉建文帝。建文帝说："听说二位爱卿的孩子都要出生了，我为你们主婚，让你们两家结为亲家吧。"胡广回答说："昨天晚上解缙已经生了儿子，如果我再生个男孩，那该怎么办？"建文帝笑着说："我既有这样的主意，你一定会生女儿。"胡广家果然生了女儿。后来建文帝被迫让出皇位，而解缙又被汉王诬陷而死，妻子与子女都被流放辽东，胡广就想悔婚。胡氏哭着说："女儿虽然命不好，但这是天子亲自主婚，怎么敢自轻自贱呢？"所以就割去左耳来明志。仁宗登基后，下诏赠还解缙的官爵，还让他的儿子任中书舍人，批准他假期让他与胡氏举行婚礼，还赐给胡氏金币作为嫁妆。听到这件事的人都觉得荣耀至极。

卷十四

九流部

道教。佛教。医。历代名医图赞 相。葬。卜算。拆字 杂技

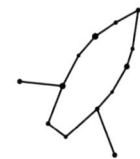

道教

道家三宝 《太经》中说：眼睛是精神的窗户，鼻子是气息的门户，尾闾是精气的道路。用眼过多就耗费精神，呼吸过多就会导致气息虚弱，欲望过多就会精气枯竭。所以必须闭目养神，调理呼吸养气，清心寡欲养精。精气充足气息也就充裕，气息充裕神气也就充足。这就是道家的"三宝"。

三全 《洞灵经》中说：疏导筋骨多活动就可使形体康健，剪除情欲就可使精神饱满，少说话就可保使福气健旺。保这三全，这就是圣贤了。

铅汞 《东坡志林》中说：人的生死都依赖坎离。坎离相交就生，分开就死；离就是心，坎就是肾。所谓龙，就是汞，就是精血，它出于肾肝，藏在坎中。所谓虎，就是铅，也就是气力，它出于心肺，藏在离中。不学道的人，龙就经常从水中出来，龙一飞走那么汞就轻了；虎经常从火中出来，虎一出走那么铅就枯了。所以得道的真人说："龙从火里出，虎向水中生。"人如果能正坐闭目，慢慢调息，那么丹田就湿润而水气上行，就会像云一样蒸腾在泥丸宫。火是水妃，妃是配的意思，热气必然跟从，这就是"龙从火里出"。龙出于火，那么龙就不飞，所以汞就不干，十天半月后，觉得脑髓充盈而腰足轻健，再经常卷起舌头舔上腭。时间长了汞就进入口中，咽下去送到丹田，久后就化为铅，这就是所谓的"火向水中生"。

三闭　就是不看，不听，不说话。

八禽　道家经书记载，有熊罴（pí）悬吊之术、飞鸟伸脚之术、凫雁浮游之术、猿猴跳跃之术、鸱鸮环视之术、老虎回顾之术、鹪（jiāo）鸟引气之术、乌龟伸缩之术，总称八禽。

五气朝元　眼不外视，魂就藏在肝里；耳不外听，精就藏在肾里；舌不妄语，神就藏在心里；鼻不外嗅，魄就藏在肺里；四肢不妄动，意就藏在脾里。这就叫"五气朝元"。

三华聚顶　把精变成气，把气变成神，炼神还虚，这叫"三华聚顶"。

九易　西王母对汉武帝说：你只要护住精气，再闭气吞咽唾液。那么一年就可以换气，两年可换血，三年可以换精，四年可以换脉，五年可以换骨髓，六年可以换皮肤，七年可以换骨骼，八年可以换头发，九年可以换形体。换了形体就可以变化，可以变化就修成道了，修成道就成仙人了。

三关　华阳真人说：子时肺的精华都在肾里，称为金晶。晶，就是金水还没有分开，而肺肾的气合而为一。这个时候功法如下：从尾闾穴的下关搬到夹脊的中关，从中关搬到玉京的上关，按次序开关之后，一下子冲过三关，直入泥丸宫。所谓的三关，海波对着大骨节的地方是尾闾下关，腰内两肾对着夹脊的地方是中关，又称双关，左右两肩的正中，在胸顶部下会处的高骨节是玉枕上关。这就是所谓的"三关"。

三尸 刘根遇到一个奇异的人，对他说："如果想要长生不老，就要先去三尸。人的身体中有神，都想让人活，而三尸却只想让人死。人死了神也就变化了，尸变成鬼；子孙后代就要祭祀，鬼也一起享受到了祭祀。人若梦到与恶人争斗，其实是尸和神在战斗。"

鸣天鼓 道书中记载："学道的人必须要学会鸣天鼓，可以用来召唤众神。"左边的牙齿互相叩击叫鸣天钟，右边的相互叩击叫鸣天磬，上下相互叩击叫鸣天鼓。如果要驱除不祥之事就鸣天钟，可以讨伐鬼怪；如果要制伏邪恶就鸣天磬，可以召集百神；如果要修道养性，就鸣天鼓，可以朝见真人圣人。鸣天鼓时要闭上嘴、舒缓双颊，让声音虚空并且响应深邃。

三清 玉清，是元始天尊；上清，是玉宸道君，也叫灵宝天尊；太清，是混元老君，也叫道德天尊。

老君 老君就是老聃李耳，写了《道德经》五千字，成为道家的开山之祖。因为他年纪很老，所以称他的书为《老子》。在亳州南宫的九龙井前，有升仙桧、炼丹井，都是有关他的遗迹。

羡门 紫阳真人周义山到蒙山中，遇到仙人羡门子骑着白鹿，佩戴着青髦节，他几次下拜乞求长生秘诀。羡门子说："你的名字在神仙的居所,还担心成不了神仙吗?"

偓佺 《列仙传》中记载:偓佺是槐里的采药人,吃松果,身体长出四寸长的毛,能飞行,奔跑迅捷。

壶公 汉代的壶公卖药,在集市上挂着空壶,晚上就跳到壶里去。费长房在楼上看到了这一幕,知道他不是常人,就每天向他进献食物,壶公对他说:"跟着我跳到壶里去吧,传授给你方术。"

广成子 黄帝听说广成子在崆峒山,就前去询问长生之术。广成子说:"必静必清,毋劳尔形,无摇尔精,可以长生。"

许飞琼 西王母降临到汉武帝的宫殿里,有四名侍女随行。汉武帝问她们的名字,她们答说:"许飞琼,董双成,婉凌华,段安香。"

安期生 安期生在海边卖药,秦始皇东游时,请求与他交谈,谈了三天三夜,赏赐给他数以千万计的金璧,他出来买了阜乡亭然后就走了,留下一双玉制的鞋作为报答,并留了一封信给秦始皇说:"再过几十年到蓬莱山下找我。"安期生曾在喝醉时把墨汁洒在石上,石头就变成了桃花石。

隔两尘 韦子威拜丁约为师,一天他准备告辞离开,丁约对韦子威说:"你离得道还隔着两尘。"儒家叫"世",佛家叫"劫",道家叫"尘",这是说韦子威还要有两世的尘缘未了。

地行仙 张安道生日时,苏轼以铁拄杖为他贺寿,并写诗说:

"先生真是地行仙,住世因循五百年。"

仙台郎 《续仙传》中记载:晋代的侯道华早晨起来,就飞上了松树顶,拜谢众人说:"玉皇大帝召我当仙台郎,现在就走了。"

仙人好楼居 《郊祀志》中记载:汉武帝因为道士公孙卿说仙人喜欢住在楼里,于是建造了首山宫、建章宫、光明宫,千门万户,都极为奢侈,就是希望让神仙能来这上面居住。

画水成路 吴猛喜欢道术,带着弟子回豫章时,江水湍流,人无法渡过去。吴猛用手里的扇子向江水划了一下,江流就成了陆路,大家慢慢地走过去。过了一会儿,水又恢复到原样。

噀酒救火 后汉的栾巴做尚书郎。元旦时,皇帝赐酒给他,他喝后向着蜀地喷吐,官府上奏说他不敬。栾巴谢罪说:"臣是因为成都失火,所以喷酒来救火。"后来成都上奏朝廷说失了火,但很快下了一场大雨把火扑灭了,雨中带着酒气。

吐饭成蜂 《列仙传》中记载:葛玄跟随左元放学《九丹经》。仙人与客人面对面吃饭,把饭吐出来就变成几百只大蜜蜂,再张口,蜂又飞进嘴里,嚼了嚼,还是饭。大旱时,百姓很忧愁,于是就作符书到社庙里,天很快就暗下来,然后大雨如注。

叱石成羊 《神仙传》中记载:黄初平小时候放羊,有一个道士引他到金华山的石屋子里,几年的时间,教他学仙术。他的哥哥黄初起四处找他,后来问一个道士,那人说:"金华山里有一个放羊的孩子。"哥哥就跟着去,与初平相见,问他羊在哪里,他回答说:"在山的东面。"哥哥与他一起去,只见山下遍布白色石头,初平喝叱一声,这些石头全都站起来变成了羊。

钻石成丹　《真诰》中记载:傅先生进入焦山,太上老君给了他一个木钻,让他把一块厚五尺的石头钻穿,告诉他如果钻穿了就可以得道。傅先生日夜不停地钻,钻了四十七年,才把石头钻穿,于是得到仙丹飞升成仙了。

剪罗成蝶　宋代庆历年间,有个人叫九哥,混迹在市集的乞丐中,燕王叫他来赏赐给他酒,于是他请求表演杂技取悦燕王。他要了一匹黄罗绮,一把金剪刀,把罗绮叠起来用剪刀剪碎,那些碎布头一会儿就变成了无数的蜜蜂和蝴蝶,有的飞到燕王的衣袖上,有的停在宫女的头发上。九哥召唤它们,就又一一飞回,又恢复成了一匹罗绮。但中间有一个蝴蝶形状的孔,原来是有一个宫女不经意捉住了一只蝴蝶。燕王问:"这匹罗绮还能恢复如初吗?"九哥回答说:"不用复原了,暂且留着它来见证神奇吧。"

羽客　南唐保大年间,有个道士叫谭紫霄,号称金门羽客。

外丹内丹　道家把烹鼎金石之术叫"外丹",把吐故纳新之术叫"内丹"。

黄冠　唐代李淳风的父亲李播,在隋朝当官,后来弃官当了道士,自号黄冠子。

卧风雪中　谭峭字景升，冬天就穿一件绿布衫，有时躺在雪中。他父亲常常派家童出来找他，并寄给他冬天的衣物和钱财。但谭峭得到这些东西，就把它分给穷人，或者留在酒家，自己一无所留。

八仙　汉钟离，本名权，字云房，晋朝时以副将的身份跟着周处与齐万年大战，战败后逃进终南山，遇到东华王真人。到了唐朝他才回到世上来一次，度吕岩成仙。自称是"天下都散汉"。

吕纯阳，名岩，字洞宾。没考上进士，遇到汉钟离。当时他们同在一家旅店休息，汉钟离起来烧饭。吕洞宾却忽然昏睡过去，梦见自己以进士身份进京，并成了状元，历任高官，前后两次娶了权贵的女儿，有五个儿子十个孙子，满门富贵，这样过了四十年，后来官至宰相，并且一人独揽宰相大权长达十年，权势熏天。忽然被判重罪，抄了家产，押到云阳行刑，砍头瞬间，他忽然惊醒，于是就大为叹息。汉钟离在旁边，饭还没有熟，就笑着问他："黄粱饭还没熟，而你却已经梦到了华胥国。"吕洞宾大吃一惊说："你怎么知道我做梦了？"汉钟离说："你刚才做的梦，升沉起浮，荣辱不一，五十年来，也不过是一瞬之间，如果没有大智慧，怎么会知道人世才是真正的一场大梦呢！"吕洞宾听后忽然就开悟了，就拜汉钟离，请求他度化自己。

蓝采和，不知道是何许人。经常穿着破烂的蓝衣服，系着黑腰带，一只脚光着，另一只脚穿着鞋，醉了就拿着三尺的大拍板，边走边唱："踢踏歌，蓝采和，世界能几何。红颜一春树，光阴一掷梭。古人滚滚去不还，今人纷纷来更多。朝骑鸾凤到碧落，暮见桑田生白波。"歌词大多数是随性写的。后来到了濠梁，忽然登仙，扔下靴子、腰带和拍板，乘着云朵而去了。

韩湘子，是韩愈的堂侄。小时候开始学道，流落他乡，很久以后才回家。正赶上韩愈的生日，韩愈对于他流落在外很生气，韩湘子说："不要生气！请让我献上学到的小技艺。"于是就为韩愈种了一枝顷刻花，每片花瓣上都写了一联诗："云横秦岭家何在？雪拥蓝关马不前。"韩愈不明白是什么意思，就遣他走了。后来韩愈被朝廷贬到了潮州，到蓝关时，韩湘子前来问候。韩愈这才觉悟，于是又做了三联诗，来补足前边那一联，然后才告别。

张果老，隐居在恒州中条山，唐代时被朝廷征召。开元年间，得到的宠幸及待遇可媲美道士叶静能。自己说他在尧帝时官为侍中，叶静能偷偷告诉别人："他是混沌初开时的白蝙蝠精。"朝廷授他为银紫光禄大夫，然后任他归山。天宝年间留下形骸成仙而去。《明皇杂录》中记载：张果老隐居于中条山，经常乘着白驴，日行万里，晚上就把驴叠起来，放在箱子里，原来只是张纸；要乘时用水一喷，就又变成了驴。

曹国舅，不知其名，传说是丞相曹彬的儿子，曹皇后的弟弟，所以称为国舅。小时候长得俊美，喜欢平淡安静，皇上与皇后都很器重他。有一天他请求出家求道，皇上把一金牌赐给他。到了黄河，因为船家要船钱，仓促间就用金牌来抵付。吕洞宾认为他非同常人，于是他就拜吕洞宾为师，从而得道成仙。

何仙姑，零陵市的一位女子。出生时就有紫云绕着屋子，家住云母溪，梦见有神人教她吃云母粉，于是行走如飞。遇到吕洞宾给了她一个桃子，她只吃了一半，就不再饿了。她能知道未来的吉凶。唐代的武则天召见她，但中途就不知道她到哪里去了。

铁拐李，原本身材魁梧，小时候就听闻了得道之语，然后在山洞里修炼。一天，赴太上老君的华山之会，叮嘱他的徒弟说："我的魄在这里，如果我的魂七天不回来，就把魄火化了。"徒弟因为母亲生病赶快回了家，忘了具体的日子，在第六天时就把魄火化了。而铁拐李第七天回来，没有魄可以依附，就附在一个饿死鬼的尸体上，所以形体很丑，还跛足，其实这并非他原本的样貌。

化金济贫　王霸在梁代时渡过长江进入福建，住在西郊外，凿井炼药，能变成黄金。饥荒时里就把金子拿出来买米，广济穷人。

擗麟脯麻姑　仙人王方平曾经到蔡经家拜访，并派人去请麻姑来相见，一会儿她就到了。蔡经全家人都看到了，麻姑是个貌美女子，手像鸟爪一样，衣服上有花纹但却并非锦绣。坐定后，各自进献饭菜，香气飘到了门外，分了麟脯肉来下酒。麻姑说："我到这里以来，东海已经多次变成桑田了，蓬莱的水也又一次变浅了。"宴会结束后，就乘云而去。麻姑是后赵麻胡秋的女儿，她父亲非常凶悍，人们都怕他。他下令筑墙，非常严酷，日夜不停，只能在鸡鸣时稍微休息一下。麻姑体恤百姓，就模仿鸡鸣的声音，全城的鸡都跟着鸣叫。她父亲发觉后就要鞭挞她，麻姑害怕就逃进了山洞，后来竟然飞升成仙。

蓑衣真人 何中立是淮阳的一个书生。一天，他焚书撕帽，然后逃到了苏州，在天庆观建了个草庐，披着一件蓑衣，睡觉也不换下来，随便预言都很灵验。凡是得病的人，把蓑衣的草给人吃，立刻就好；如果不给草，那人的病就好不了。因此人称他蓑衣真人。宋孝宗派宦官拿着礼物来问话，却不说想要问什么，何中立低头说："有华夏族的人，就有其他族的人；有太阳就有月亮。"宦官回去禀报，宋孝宗说："的确说中了我的心事。"原来他想要问的，就是收复北方和现在没有皇后这两件事。

自举焚身 宋代建炎初年，颜笔仙卖笔，每天卖十支就收了。遇到转运使，给了他一斗酒喝，喝完后，作了个揖就走了，留下了笔篮。转运使派左右的人拿去还给他，但左右用尽全力都拿不起来。凡是得到他的笔的人，笔管中有诗或偈语，所说的祸福之事没有不灵验的。他九十七岁那年，堆好芦苇坐在上面，点火自焚，有人见到他乘着火云飞升而去。

金书姓名 广陵人李珏，以卖米为业，每斗米只赚两分利，用来赡养父母。有人来买米，他就把斗给他们自己量。当朝丞相李珏到淮南做节度使时，梦到自己进入一个洞府，看到有块石头，刻着金色姓名，其中就有"李珏"二字，正开心时，有两个仙童说："这是江阳的平民李珏。"

独立水上 葛仙公叫葛玄，有仙术。曾经跟随吴国君主到溧阳，狂风大作，船翻了。葛玄独立在水上，衣服和鞋子都没沾湿。后来白天就飞天升仙。勾漏县令葛洪就是他的孙子。

李白题庵　许宣平隐居在城阳山，一粒米都不吃，但容颜仿佛四十岁，走路快得像奔马。常常背着柴到市场上卖。曾经独自吟诗说："负荆朝出卖，沽酒日西归。借问家何处，穿云入翠微。"李白入山去寻找他，没有见到，只好在他的庵上题字而回。

使聘不出　墨子名字为墨翟，宋国人。外治经典，内修道术，写了十篇文章，名为《墨子》。八十二岁时，汉武帝派使者去请他出山，他不答应。据说看他的气色，好像五十来岁的人。

冬日卖桃李　犊子活了几百岁，他的容貌有时年轻有时老，有时好看有时丑。阳都的酒家有一个女儿，天生眉毛连着耳朵，又细又长，大家都觉得奇异。正好犊子牵一头黄牛从这里经过，那个女子很喜欢他，就跟着他走了，人们都追不上。冬天，还常看到李犊子在市集上卖桃子和李子。

贞一　司马承祯师事潘师正，学习辟谷、导引的道术。唐睿宗召他来问这些道术，他回答说："修道就是情欲文饰一天比一天减少，不停减少，直到没有。"唐睿宗说："修身要这样，那治国应该怎么样呢？"他回答说："国家就像身体，悠游让心境自在，淡然处之，心平气和，达到无私欲的境界，这样天下就安定了。"皇帝叹息说："这是广成子的话呀！"于是赐他谥号为"贞一先生"。

点化天下　贺兰善于吐纳术。宋真宗召他来问："人们都说先生能点石成金，这是真的吗？"他回答说："我希望陛下以尧舜之道来点化天下，方士那些伪术是不足道的。"宋真宗就给他赐号为宗玄大师。

临葬复生　张三丰住在宝鸡县金台观。洪武二十六年九月二十日，自言要辞世，留下颂辞后就死了。当地百姓杨轨山等人买来棺材，把他装进棺材准备下葬时，他却又复活了。

弘道真人　周思得是钱塘人，得灵官法，可以预测祸福。明成祖北征，召他随行，多次预测都很灵验，称他为弘道真人。在此之前，皇帝在东海获得一个灵官的藤像，于是早晚都崇敬礼拜，征伐时也一定带着它一起行军；到了金川河时，藤像却怎么也抬不动，就问周思得，回答说："天帝是有界限的，就在这里。"后来，果然就有了榆川之役。

瓶中辄应　冷谦是洪武初年的协律郎（乐官），朝廷祭祀的乐章都是他撰写的。他有一个朋友家里很穷，冷谦就在墙壁上画了一扇门，让他朋友进去拿两锭银子。朋友进去却随意取了就出来，又不小心把入库凭证丢在里面了。后来，朝廷发现银库失窃，只有两锭没有被登记在案。小吏通过入库凭证追查，将他们缉拿归案。冷谦口渴要求喝水，狱卒给了他一瓶水，冷谦就跳进了瓶中，狱卒惊慌失措，冷谦说："没事，你只要把瓶子拿到皇上面前就行了。"皇帝召唤冷谦，瓶子就答应。皇帝说："你为什么不出来？"他回答说："臣有罪，不敢出来。"皇帝命人把瓶子打碎，结果每一个碎片都能应声。

入火不热 周颠仙。明朝初年，皇帝到南昌，周颠仙在路旁拜见，说："告太平，打破一个桶，另置一个桶。"并随皇帝到了金陵。他曾经说自己可以入火不热。皇帝命人用大瓮把他罩住，堆了木柴来烧他。火灭之后，揭开瓮一看，里面寒气凛然。后来他告辞去了庐山，就不知所踪了。

指李树为姓 老子的母亲看见太阳之精像流星一样滴落，飞到自己嘴中，因而怀孕。七十二年后，在陈国涡水的李子树下，剖开左腋把孩子生下来。孩子一生下来就指着李树说："这就是我的姓。"他的耳朵有三个洞，头顶上有日光，身上到处是白血，脸上凝结着金色，舌头上满是锦绣文字，身高一丈二尺，牙齿有四十八颗。习得了元君神箓宝章变化的法术，还有还丹、伏火、冰汞、液金之术，共七十二篇。

陆地生莲 尹喜出生时，他家屋里的地上生出了莲花。他就用草盖了一座楼，在里面沉思修道。

白石生 白石生煮白石为粮食，有人问他为什么不愿飞升，他笑着说："天上有太多尊贵的神仙要侍奉，比人间更劳苦。"当时号称他为隐遁仙人。

古丈人 嵩华松下有古代的一个老人和两个女子，有人说那老人是秦朝服役的人，那两个女子是秦朝的宫女，本该殉葬，但幸运地逃脱了骊山的劳役，隐居于此地。

掌录舌学 董谒向人家要来犬羊皮做成裘衣，用棘草编成床，把鸟兽的毛铺在上面睡觉。他非常喜欢奇异的书，一看到就记在手掌上，回家后再往竹片上抄写，写完后用舌头把手上的字舔掉，后来他的舌头变黑、手掌变烂。人们都说董谒是用手掌记录而用舌头学习。

负图先生　季充号为负图先生。伏生十岁时，就到石壁中向季充学习《尚书》，季充向他传授了四代之事。伏生用绳子绕住腰和脖子，每读一遍《尚书》就打一个结，不久八十尺的长绳就打满了结。季充常食菊花和白术，十天半月也不说话，有人问他缘故，他说："这世界上没有什么可以吃的，也没有什么可以说话的人。"

目光如电　涉正闭目养神二十年，他的弟子一直请求他睁开眼，后来涉正睁开眼，就听到电闪雷劈，其眼中之光如闪电。然后，涉正又闭上了眼睛。

守天厕　淮南王刘安升天拜见太清仙伯时，因为坐姿不恭，被罚去守天厕。

墨池　梅福住在南昌县，那里有水有竹，环境幽雅。王羲之任职临川郡时，每次路过这里都徘徊不想离去，于是该地号称为墨池。早些时候梅福在池中种了莲花，叹息着说："生为我酷，身为我梏。形为我辱，妻为我毒。"于是抛弃妻子，去了洪厓山。

青童绛节　张道陵住在渠亭山，他看到有青衣童子手持红色仪杖引路，对他说："太上老君到了。"有两个随从，都是二十岁左右。有人指着他们说："这是子房和子渊。"

金莲花 元藏几有三只驯服的鸟，有点像鹤，经常在空中翱翔，一召唤立刻就到跟前，还能学人讲话。他曾经在出海时漂流到一个小岛，有人说："这是沧州。"当地出产一种分蒂瓜，长一尺；绿枣红栗，像梨那样大。水池中有足鱼和金莲花，女人采来做首饰，并说："不戴金莲花，不得在仙家。"

刺树成酒 葛玄遇到亲朋好友，就邀请他们到树下，折草刺树，并用杯子接着，树汁就像泉水一样流下，到杯满为止，味道像美酒。取来土石草木劝客人吃，吃下就像果脯一样。指着蛤蟆、飞龟让它们跳舞，也都随着节拍而跳，就像神人。为人斟酒时，杯子自动传送到客人面前，酒没喝完，杯子就不会离开。

林樾长啸 黄野人游览罗浮山，长啸几声，响声传遍林木。宋代咸淳年间，有一个人戴着乌方帽、穿着靴子，在罗浮山出没，见人就大笑，回头就跑，三年了都不说自己的姓氏。有一天喝醉回来，忽然拿一块煤在墙上写道："云意不知沧海，春光欲上翠微。人间一堕十劫，犹爱梅花未归。"这也是黄野人一类人。

脑子诵经 司马承祯擅长书法，自创"金剪刀书"；他脑中有小孩诵经的声音，清脆如振玉；额上有一块铜钱大小的亮光，可以照耀整张床席。

许大夫妇 许大为许旌阳打理家务。夫妇俩都隐居在西山，不想被人知道他们的姓氏，就改姓"午"，后来又改姓"干"。夫妻两个都会解诗。许大曾写了几句："不是藏名混世俗，卖柴沽酒贵忘言。"妻子接了两句:"儿家只在西山住,除却白云谁到门!"

服石子 单道开服食细石子,一次可以吃好几粒。唐子西为他写了一首赞辞说:"世人茹柔,刚则吐之。匙抄烂饭,口如牛饲。至人忘物,刚柔一致。其视食石,如啖饼饵。北平饮羽,出于无心。食石之理,于此可寻。我虽不能,而识其理。庶几漱之,以砺厥齿。"

驱邪院判官 白紫清说:"颜真卿现在任职北极驱邪院的左判官。"

符钉画龙 毒龙潭有两条真龙飞进殿中,与张僧繇所画的龙斗法,一时间雷电交加、风雨大作。道士丁玄真画了铁符来镇压毒龙潭的龙,那两条龙穿山而逃;他再用铁符钉住画龙的眼睛,祸患才停止。

摸先生 有一个先生头顶梳着两个发髻,背着一个小竹筐卖药,遇到病人,用手摸一下就马上好了。人们都叫他"摸先生"。

尊号道士 周穆王求仙问道,开始尊称道士。西王母让周穆王看到元始天君的真容,才开始有了道士行礼的仪式。汉桓帝将老子的画像迎入宫中,并用郊天乐来祭祀,道教这才开始与佛教并列崇奉。

天师 魏世祖拜寇谦之为天师,设立道场,领受符箓。周武帝又封他为国公,唐中宗增加了金紫阶,唐玄宗赐号先生,宋神宗赐号处士。寇谦之修炼张鲁的法术,开始音诵和科仪,后来号召百神导养丹砂之术。唐高祖开始授道官。宋太宗增设道副录都监。宋太祖开始颁令道士不可娶妻生子。

改称真人　张道陵的子孙世袭道教的天师,执掌道教。后来明太祖说:"天是至尊,怎么有师?"下诏改为"真人"。最初,张道陵在蜀地的鹤鸣山学习长生之术。山上有一只石鹤,一鸣叫就表示有得道之人到来。张道陵居住在此,石鹤就鸣叫。

真武　净乐国王的太子遇到天神,授他一把宝剑,他到武当山修道。很久都没有得道,就想出山。看到一个老婆婆正拿着铁棒在石头上磨,问她磨这个做什么,她说:"做针。"问她:"这不是很难的事吗?"老太婆说:"功久自成。"太子猛然醒悟,于是就继续精进修行了四十二年,终于得道升仙了。

陈抟　陈抟字图南,是亳州人。四五岁时,遇到一个青衣妇人来喂养了他。从此就聪慧异常,看书一目十行。偶遇孙君仿,告诉他说武当山的九室岩可以居住,他就去了,辟谷修行二十多年。忽然夜里看到有一个金人拿着剑对他说:"你得道了。"后来搬到华山。宋太宗召见他,赐号"希夷先生"。

周颠仙　周颠举止诡谲,异于常人,没人能理解他。他每次见明太祖,都说:"告太平。"太祖憎恶他,命人用大瓮把他罩住,堆了木柴来烧。火灭后,揭开瓮一看,周颠安然端坐。太祖亲自为他作传。

张三丰 张三丰又叫邋遢张。明太祖寻访不得。如果有人问他仙术,他都不回答;问他经书,却说得津津有味、不绝于口。他一顿可以吃好几斗米,但也能几个月不进食仍谈笑自若。深冬季节也能躺在雪地里。

佛教

禅门五宗 南岳怀让禅师的衣钵继承人:南岳怀让禅师后三世是百丈海禅师,四世是沩山灵祐禅师,五世是仰山慧寂禅师,称为沩仰宗;南岳怀让禅师后四世是黄檗(bò)希运禅师,五世是临济义玄禅师,称为临济宗。青原行思禅师的衣钵继承人:青原行思禅师后六世是曹山本寂禅师,七世是洞山道延禅师,称为曹洞宗;青原行思禅师后五世是德山宣鉴禅师,六世是雪峰义存禅师,七世是云门文偃禅师,称为云门宗;青原行思禅师后八世是罗汉琛禅师,九世是清凉文益禅师,称为法眼宗。这五宗之中,现在天下就属曹洞宗、临济宗最兴盛。

佛入中国 汉明帝梦到一个金人身长一丈多,从空中飞下。他咨问群臣,大臣傅毅说:"西域有位神灵,他的名字叫佛。"于是汉明帝就派蔡愔等人前往天竺国寻求佛道,得到了佛家的经典及传法僧人,从此佛教流入了中国。

象教　如来佛涅槃以后，他的弟子们都想念不已，用木头雕刻佛陀的样子，以供敬仰。杜甫诗中有"方知象教力"的句子。

优昙钵　《法华经》中说：这样的人比优昙钵还稀少。优昙，是一种花名，三千年才应瑞开放一次，如果开放那么金轮王就会出现。

般若航　清凉禅师说："所谓般若，就是苦海中的慈航，暗路中的巨烛。"

兜率天　《法苑珠林》中记载：兜率天像下雨一样落下摩尼珠，护世城则落下各种佳肴，阿修罗天则落下兵器，阎浮世界赐清净。之所以说像下雨一样，是说人们承受恩惠，也就像说受赐一样。

西方圣人　《列子》中记载，太宰嚭问孔子说："谁是圣人？"孔子说："西方有圣人，从不治理天下但天下不乱，从不说话但大家都相信他，从不施行教化但百姓却自己知道怎么去做，他恩义浩荡呀，百姓无法言说。"

不二法门　《文选·头陀寺碑文》注引《维摩诘经》记载，文殊菩萨对维摩诘说："什么是不二法门？"维摩诘默然不答，文殊菩萨说："已经达到了不立文字和语言的境地，这才是真正的不二法门。"

即心即佛　《传灯录》中记载，有僧人问大梅和尚："你见到马祖，得到了什么？"大梅说："马祖对我说'即心即佛'。"僧人就说:"马祖最近又说'非心非佛'。"大梅说:"这老汉专门来扰乱人,任你说'非心非佛',我只管'即心即佛'。"那个僧人把这话告诉马祖,马祖说:"梅子熟了。"

舍利塔 《说苑》中记载:阿育王所造的释迦牟尼真身舍利塔,出现在明州鄞县。宋太宗命人取舍利,在开宝寺中找了一块地方,建造了十一层塔来贮藏。

沙门 《汉记》中记载:沙门是汉语中的"息心"的意思,就是止息欲望而居于无为。梵语叫"沙门那",或者叫"沙门",汉语叫"勤息",也译为"勤行",又叫"善觉",又叫"沙弥",又叫"比丘"。秦地叫"乞士",又叫"上人"。

苾刍 《尊胜经》中记载:苾刍,是一种草名,有五种含义:生长不背着太阳;冬夏都是绿色的;它的外表与本质都非常柔软;它的香气飘散得很远;周围蔓草密布。它是佛的徒弟,所以叫作僧。

紫衣 《史略》中记载,唐代武则天时,赐给僧人法朗等人紫色的袈裟。给僧人赐紫衣,就从武则天开始。

五戒 凡是出家人,师父已经答应的,就要受五戒,即一不杀生,二不偷盗,三不邪淫,四不妄语,五不饮酒。

传灯 佛家的书都用灯来做比喻,是说它们能破除无明。六祖所传之法就叫"传灯"。现在有《传灯录》。杜甫诗有诗"灯传无白日"。

飞锡 《高僧传》中记载：梁武帝时，僧人宝志非常喜爱舒州潜山的奇绝景色，当时有一个方士叫白鹤道人，也想得到这个地方。梁武帝让两人各自用法器来标记此地，得到的就居住在这里。道人用仙鹤停栖之处为标记，宝志以禅杖停下的地方为标记。过了一会儿，仙鹤先飞了出来，忽然听到空中有禅杖飞来的声音，就看到禅杖停在了山坡上，仙鹤只好停在别处，于是他们各自到停止的地方去建房屋。所以称行走的僧人为"飞锡"，住下的僧人为"卓锡"，又叫"挂锡"。

祝发 祝贺僧人剃去头发皈依佛教，顶相明亮。《唐书》说"祝发划（chǎn）草"，僧人剃去头发叫作"划草"。

檀那檀越 梵语"陀那钵底"，汉语将"施主"称为"檀那"，是把"陀"讹称为"檀"，又去掉"钵底"，所以就变成"檀那"。又有叫"檀越"的，是说此人能实"檀施"，能跨越贫穷之海。

伊蒲馔 后汉时楚王刘英到朝廷来进献缣布以赎罪，朝廷下令给他说，楚王爱好道家的黄老之言，也崇尚西域的佛教，把这些东西拿回去帮助在家居士作供应之物吧。

风幡论 《传灯录》中记载：六祖惠能刚到法性寺时，风吹幡动。有两个僧人争论不休，一个说是风动，一个说是幡动。六祖说："风幡都没动，是你们的心动了。"

传衣钵　五祖想要传自己的衣钵,就召集手下五百名僧人说:"谁能作出无像偈,就传他衣钵。"首座写的偈语是:"身似菩提树,心为明镜台。时时勤拂拭,勿使染尘埃。"惠能把这个偈语改为:"菩提本非树,明镜亦非台。不劳勤拂拭,何处惹尘埃?"五祖大吃一惊:"这首偈语全是悟道之言,而且超然不著于像迹,我没有什么顾虑的了。"就把法宝和袈裟都交付给了他。

得真印　梁朝时达摩带着佛衣来到中国,得道的人将此佛衣当作真印一直往下传。六祖惠能在韶州受戒,在曹溪说法,把佛衣安置不传了,后来皇帝赐惠能谥号大鉴禅师。

杨枝水　佛图澄是印度人,精通玄妙的法术,善于念诵咒语,能调动鬼神。石勒听说他的名声,召他试验法术。他取钵盛水然后烧香,过了一会儿,钵中就生出了青莲花。石勒最心爱的儿子得病突然死了,他取来杨树枝洒水并对其念咒,病人就立刻复活了。

披襟当箭　《传灯录》中记载:石巩和尚经常拉开弓搭上箭,来对待前来求学的人。义忠禅师前去拜访他,石巩和尚说:"看箭!"义忠禅师解开衣服面对着他。石巩和尚笑着说:"三十年张弓架箭,只射得半个汉。"

一坞白云　广严院的咸泽禅师逍遥自在。有僧人问:"如何才是广严家风?"咸泽禅师答:"一坞白云,三间茅屋。"

安心竟　慧可大师问初祖达摩说："诸佛的法印，可以讲给我听吗？"初祖说："诸佛的法印，不是从别人那里得来的。"慧可大师说："我的心不宁静，请师父帮我安心。"初祖说："把心拿来，我给你安好。"慧可大师过了好久说："找不到心。"初祖说："我已经把你的心安好了。"

求解脱　道信大师向三祖施礼说："愿和尚大发慈悲，乞请您告诉我解脱的法门。"三祖说："谁绑你了？"道信大师说："没绑。"三祖说："既然没人绑，又何必来寻解脱？"道信大师当下就开悟了。

入门来　世尊看见文殊菩萨站在门外，就说："为何不进来？"文殊菩萨说："我在门外没有看到任何的法，怎么让我进门来呢？"

再转法轮　世尊快要涅槃时，文殊菩萨请求佛再转法轮。世尊训斥说："我住在世间四十九年，不曾说过一个字的佛法。你请我再转法轮，是说我已经转过一次法轮了吗？"

汝得吾髓　达摩将要寂灭，让门人们说说自己所证的道。副座说："我所证到的是，不执着于文字、也不离开文字就是道。"达摩说："你得到了我的皮毛。"总持僧说："我今天证到的是，以后就不会再证到了。"达摩说："你得到了我的血肉。"道育说："四大皆空，而我所证到的没有一法可以得到。"达摩说："你得到了我的筋骨。"最后慧可礼拜达摩后在自己的位子站着，达摩说："你得到了我的精髓。"

不起无相　般若尊者问达摩："各种事物中什么是无相的？"回答说："在各种事物中不起无相。"

洗钵盂去　有僧人问赵州和尚："求法之人初来寺庙，请禅师开示。"赵州和尚说："吃粥了没有？"回答说："吃了。"赵州和尚说："那洗碗去。"那个僧人一下就开悟了。

使得十二时　有僧人问赵州和尚："在一天十二个时辰里应该怎么用心呢？"赵州和尚说："你被十二个时辰所役使，老僧我可以役使十二个时辰。"

天雨花　梁代有一个高僧在天龙寺讲经，天上下起了宝花，缤纷而落。徐玉泉赠诗说："锡杖飞身到赤霞，石桥闲坐演三车。一声野鹤仙涛起，白昼天风送宝花。"

石点头　晋代有一个叫玉生的奇僧，又叫竺道生，人尊称他为生公。他在虎丘寺讲经，没有人相信。于是他就把石头聚在一起当他的徒弟，然后坐下来说法，石头听了都纷纷点头。

龙听讲　梁代时，一个僧人讲经，有一个老人来听，问他姓氏，原来是潭中的龙，自称"岁旱得闲，来此听法"。僧人说："能救旱吗？"它说："天帝封了江湖，不得擅自使用。"僧人说："用砚台里的水可以吗？"它说："可以。"于是在砚台上吸水而去，当天晚上就下了大雨，水都是黑的。

离此壳漏子　《传灯录》中记载：洞山良价和尚即将圆寂，对众人说:"离开这个壳漏子,到什么地方再相见?"众人都回答不出,他就俨然坐化了。

只履西归　后汉时二十八祖达摩,从印度来传禅宗佛法,初祖是迦叶尊者,到达摩是第二十八祖。梁武帝大通元年才到中国,成为中土禅宗的始祖,后来安然而逝。过了三年,北魏的宋云出使西域,归来时在葱岭竟然遇到了达摩祖师,手里拿着一只鞋,翩然而去,问他到哪里去,他说:"西天去。"北魏孝明帝打开他的坟墓,发现里面只有一只鞋。

阇(shé)维荼毗　印度国的第九祖要入寂灭之境了,众人都用香油和檀香来涂他身体,然后火化。僧人把去世火化叫作"阇维",又叫"荼毗"。苏轼在曹溪借宿,借《传灯录》读,灯花落下烧了一个"僧"字,苏轼就用笔在台上写道:"曹溪夜岑寂,灯下读传灯。不觉灯花落,荼毗一个僧。"

截却一指　天龙和尚合掌顶礼拜问古德说:"请问佛在什么地方?"古德说:"佛在你的指头上。"于是天龙竖起一个指头早晚观看,古德从背后截断了他那一个指头,天龙豁然大悟。后人便说:"天龙截却一指,痛处即是悟处。"

吃在肚里　有老和尚吃饭,有人问他:"和尚吃饭与常人有什么不一样吗?"和尚说:"老僧我吃饭,口口都吃在肚里。"

放生　北朝的使者李谐到了梁朝,梁武帝和他一起参观。偶然走到放生的地方,梁武帝问他说:"你们国家也放生吗?"李谐说:"不抓也不放。"梁武帝大为惭愧。

海鸥石虎 佛图澄依附石勒、石虎,号为大和尚。他用麻油涂在手掌上,可以占卜出几百里之外的吉凶。听寺庙的铃声,就可以预知祸福。石虎即位,把他当国师一样来侍奉,当时人说佛图澄把石虎当作海鸥。

帝言日中 虎丘的道生在石头上讲经,宋文帝召集僧众来施舍食物,有人说僧人的戒律是太阳过了正午就不能再吃东西了。宋文帝说:"才刚到正午。"道生说:"太阳在天上运行,天如果要说中的话,哪里不是中呢?"随即拿起筷子就吃。

碎却笔砚 李泌在衡山拜明瓒禅师为师,明瓒禅师说:"想要学佛,要先把笔和砚台砸碎了。"

六道 佛家有六道轮回之说,就是天道、人道、魔道、地狱道、饿鬼道、畜生道。

抴日庵 善导和尚所住的庵名叫"抴日",告诉众人说:"如果能体会这两个字的意义,就可以一生受用了。"

抱佛脚 云南的南边有一个小番国,那里崇尚佛教。如果有人犯了死罪,跑到寺庙中,抱着佛脚忏悔自己的过失,并愿剃发为僧,就会赦免他的罪过。现在有谚语"闲时不烧香,急来抱佛脚",就出于此。

九日杜鹃 唐代的周宝镇守润州时,知道鹤林寺的杜鹃花非常奇绝，就对僧人殷七七说："你可以让这些花立即开放来为重阳节助兴吗？"殷七七说："好。"到了九月九日，杜鹃花果然开得烂漫如春。

摩顶止啼　宋代安东有个人叫娄道，出生时就有异相，手掌里有一只眼睛，中指有七个关节。长大后成为承天寺的僧人。曾经被召入皇宫，正好宋仁宗刚刚出生，啼哭不止，他摸着宋仁宗的头说："莫叫莫叫，何似当初莫笑。"宋仁宗果然就不哭了。

玉带镇山门　了元和尚号为佛印，住在金山寺，苏轼去拜访他。了元说："大人为什么来这里？这里没有你坐的地方。"苏轼戏谑地说："借和尚四大（佛教称人的身体为'四大'）作禅床。"了元和尚说："四大本空，五蕴非有。"苏轼就赠给他一条玉带镇守山门，了元和尚回赠苏轼一套僧衣。

白土杂饭　新罗国的僧人金地藏，在唐代至德年间渡过大海，住在九华山，拿岩石间的白土来就着饭吃。九十九天后忽然召来众位徒弟告别，然后就在棺材中坐化了。三年后打开看，脸色还和活着一样，抬他时，骨节都在动。

涤肠　保昌姓黎的人家的儿子小释迦，九岁时入山，勤修五年而悟道。有一天回家探望母亲，母亲给他吃肉，他出门后就到小溪里，用刀剖开肠子洗净。唐代赐他为澄虚大师。

解释　文通慧本姓张，后来离家剃发为僧，师父命他负责厕所的洗手盆。忽然有一个卖鱼的在盆中洗鱼，文通慧打了他一下，没想到对方就倒在地上死了。文通慧非常害怕，就逃到了西华寺。很久以后，他成为西华寺的长老。有一天忽然说："三十年前有一段公案，今天应当了结了。"众人问他是什么，他说："到中午自然就会知道。"中午，一个兵卒拿着弓箭到了法堂，瞪着眼睛看文通慧，就想用箭射他。文通慧笑着说："老僧我已经等了你很久了。"兵卒说："我一看到你就想加害，不知道与你有什么仇？"文通慧告诉了他原因。那个兵卒恍然大悟说："冤冤相报何时了，劫劫相缠岂偶然。不若与师俱解释，如今立地往西天。"再看发现他已经站着离世了，文通慧要了笔写下偈语后也坐化了。

冤家亦生　宝志和尚，梁武帝事奉他如同老师。梁武帝生了皇子，宝志说："冤家也出生了。"后来知道皇子与侯景（后来叛乱）是同一天生的。

正大衍历　僧人一行拜普寂禅师为师。唐玄宗召他来问说："你有什么才能？"他回答说："擅长记忆。"唐玄宗就拿宫女的名册试验他，果然记得一个不漏，唐玄宗称他圣人。汉代的洛下闳制订《太初历》时说："经过八百年，历法会有一天的误差，那时会有人出来修正。"一行正好生在八百年后，于是就订正了《大衍历》。

雨随足注　莲池大师名叫袾宏，是沈家的儿子，原本是儒生，后来出家为僧。他看到云栖这个地方非常幽静，就结庐而居，断粮七天，靠墙壁端坐。云栖这个地方老虎很多，都迁徙到别处去了。大旱的年份,他敲击木鱼绕田地念佛,雨就随着他的足迹落下来。人们都觉得神异,于是在这里建造了一座寺庙,他专门以修净土为修行的普遍法门,著述很多,各方都尊他为佛门的周公、孔子。

为让帝剃发　南州法师名叫溥洽,山阴人,修禅养性之余,努力学习词章。他住在金陵,靖难之役时,曾打开金川门为建文帝剃落发。明成祖朱棣听到后把他囚禁了十多年。姚广孝临死前,皇帝来看他,问他想说什么,他在床上叩头说:"溥洽在监狱里关太久了。"皇帝当天就把溥洽放了出来。后来明仁宗即位,溥洽多次被召见咨问。在宣德年间留下偈语后坐化了。

赍(jī)药僧　住得,号赤脚僧,曾住在庐山。洪武年间,皇帝身体不舒服,住得送药来到皇宫,说这药是天眼尊者和周颠仙奉上的。皇帝服用后,立刻就痊愈了,于是写了诗赐给他。

乞宥沙弥　冰蘗名叫维则。洪武二十五年,皇帝下令,全天下凡有一个有名籍的僧人,都要有一个俗家人为之服兵役。维则当时奏上偈语七条,第七条说:"天街密雨却烦嚣,百稼臻成春气饶。乞宥沙弥疏戒检,袈裟道在祝神尧。"皇帝看到这些偈语,收回了之前的命令。

日月灯　王安石曾经看到点蜡烛,就说:"佛书里有日月灯光明佛,灯光怎么能配得上日月呢?"吕吉甫说:"太阳照亮白天,月亮照亮夜晚,灯光却能日夜并照,这是太阳、月亮都做不到的，所以它们的作用并没有差别。"王安石觉得说得太好了。

卧佛 《涅槃经》说："如来背痛，就在两树之间面北而卧。"因此后来有人画如来佛时，就画成这个样子。晋朝时庾亮曾经去过寺庙，见到卧佛，就说："这位先生因普度众生而疲惫了。"当时人把这看作是一句名言。

佛像 张玄之和顾敷分别是顾和的外孙和孙子，都从小聪慧，顾和知道这一点，但总觉得顾敷更胜过张玄之。当时张玄之九岁，顾敷七岁。顾和与他们一起到寺庙里，看到如来佛涅槃之像，佛的弟子有的哭泣，有的不哭泣。顾和拿这个来问两孙儿。张玄之说："与佛祖较亲近的就哭，比较不亲近的就不哭。"顾敷说："不是这样，忘情的就不哭，不能忘情的就哭。"

天女散花 《维摩经》说，法会中有天女来散花，落到菩萨身上都又落到地上，而落到大弟子身上的，却沾在身上没落下。天女说："烦恼没有除尽，花就沾身；除尽烦恼，花不沾身。"

三乘 佛家说大乘、中乘、小乘。乘是车乘的乘。阿罗汉只了自己的生死，不度他人，所以叫小乘；圆觉的人，一半为人，一半为己，所以叫中乘；菩萨就是行大乘道的人，就好像很大的车，可以度一切众生。所以佛教又叫"三车之教"。

三空 是生、法、俱。三慧，是闻、思、修。三身，是法、报、化。三宝，是佛、法、僧。三界，是欲界、色界、无色界。三毒，是贪、嗔、痴。三漏，是欲漏、有漏、无明漏。三业，是身、口、意。三灾,是饥馑、疾疫、刀兵。三大灾,就是火、水、风。

怒目低眉 薛道衡游览开善寺时,对一个沙弥说:"金刚为什么怒目视人?菩萨为什么低眉善目?"沙弥说:"金刚怒目,是要镇服群魔;菩萨低眉善目,是要用慈悲来度化六道众生。"

速脱此难 《大集经》中说,从前有一个人要逃避两个灾难:如醉的众生和生死无常。于是攀缘在一根藤(命根)上进入井中(无常),发现有一黑一白两个老鼠(日、月)一直在嚼咬藤条,都快咬断了,旁边还有四条蛇(身体)想要螫人,下面还有三条龙(三毒)吐着火张牙舞爪地对着他,这人仰头看天,已经爬到井口边上了,忧愁和烦恼就快要过去了。忽然一只蜜蜂飞过,掉下一滴蜜到他口中(人的五种欲望),这个人用嘴接了蜜,全然忘记了危险和恐惧。有智慧的人见到这样,定会各自修行,赶紧逃离这个苦难。

五蕴皆空 五蕴:世间众生秉持的本质有形状与数量的物质叫色蕴;用现在的领受顺、逆两种境界,能生出苦乐感受的叫受蕴;用因缘法去思虑过去、现在、未来三世境界的名叫想蕴;把想法付诸行动,任何新的行为都不停止叫行蕴;能明了分辨叫识蕴。五蕴都可以掩盖真如本性,覆盖有真妙的明心,所以总称为蕴,也叫五阴,又叫五众。

慧业文人 会稽太守孟颛,精勤奉佛法,但却被谢灵运轻视。

谢灵运曾对他说:"能得道的必须是有宿慧的文人,你升天在我谢灵运之前,但成佛却一定在我之后。"

拔絮诵经　佛图澄左乳旁有一个小孔,可以一直通到腹中,他经常用棉絮塞住。到了夜里想要诵佛,就把棉絮拔出来,就会洞然明澈;有时走过水边,还把肠子拉出来洗一洗,然后再装进去。

世尊生日　《周书异记》中记载:佛陀生于周昭王二十四年四月八日,山川震动,有五色光芒穿过太微星。太史苏由上奏说:"有大圣人生于西方,一千年之后,他的名声和教义就会来到我国。"那天是如来佛的生日。周穆王五十三年二月十五日,天地震动,西方有十二道白虹日夜不灭。太史扈多说:"西方的大圣人要灭度了,现在显现衰相。"当时正是如来涅槃之时。

悉达太子　《周书异记》还记载说:天竺迦维卫国的净饭王妃,梦见天上降下一个金人,于是有了身孕,并在四月八日从右胁生下太子,名叫悉达多。十九岁时,进入檀特山修行证道,在周穆王三年明星出现时成佛,号为世尊。在熙连河边说《大涅槃经》,用正法眼藏把金缕僧伽黎衣传给弟子大迦叶,这就是第一世祖。周穆王五十三年二月十五日,去拘尸城娑罗树之间涅槃,在这个世上教化众生四十九年,这就是释迦牟尼,刹利种姓。

六祖　禅宗的第一祖是达摩,二祖是慧可,三祖是僧粲,四祖是道信,五祖是弘忍,六祖是慧能。一祖留下一只鞋,二祖只有一条胳臂,三祖有风疾,四祖凭借一只虎说法,五祖原是栽松道人，六祖是碓房伙夫。梁武帝大通元年，达摩从西方来到中土，把袈裟传授给慧可，说："如来佛把正法眼藏传给了迦叶，辗转传给我，现在我传给你。我死后二百年，袈裟就不再传了。"于是说了一个偈语："我本来兹土，传法救迷情。一花开五叶，结果自然成。"

佛始生　周昭王二十四年到周孝王元年如来佛涅槃，佛的名字才开始出现在经书上，汉武帝得到休屠王的祭天金人，佛像才开始传入中国。周穆王时，西极国才开始有僧人来访。秦始皇时，才开始有僧人室利房等人到中国，但秦始皇将他们囚禁起来，夜里，有金人破门而出。到了汉明帝，才有天竺僧人摩腾来到中国，隋文帝时开始有从西域大食进入中国（回回教门）。元魏时开始造巨大的佛像，高达四十三尺，用黄金和铜做材料。五代和宋代用铁作罗汉像。

后秦开始尊称鸠摩罗什叫法师，宋徽宗称僧人为德士。汉灵帝时安世高开始立戒律，魏国的朱士行是最早受戒出家为僧的中国人。后魏开始创立戒坛，宋太祖又创立了尼戒坛。

汉明帝开始允许阳城侯刘峻的女儿出家，石虎允许百姓出家为僧、尼，唐睿宗把公主（西域公主、隆昌公主）度为道士。

后魏太祖开始授命僧官，隋文帝开始制定僧官十统，唐代制定两处僧录司，唐代武则天开始把僧尼隶属于礼部，唐玄宗开始给僧人发放资格凭证。

汉章帝时，西域的僧人作念珠，象征一年的十二月、二十四气、七十二节候，共有一百零八颗珠子。五代时的僧人志林制作了木鱼。

汉武帝平定南越，开始流行禁咒术，唐中宗时西京才开始掷筊（当时寿安的墨石山有灵神祠，过客都投筊求吉利）。

唐太宗派玄奘到西域去求取各种经籍和佛像。到了罽宾国，道路危险有虎豹出没，无法通过，玄奘关起门静坐，忽然看到一个老和尚来向他传授了一卷《心经》，让他诵读，于是虎豹都隐藏了行迹。玄奘到了佛国，取了六百部经书回来。

孰为大庆法王 傅珪作礼部尚书时，明武宗崇佛，自称"大庆法王"。西域僧人上奏请求千亩良田做法王下院，明武宗就批示让礼部议行，并自署"大庆法王"，并与圣旨等同。傅珪假装不知道，就向这个西域僧人问罪："谁是大庆法王，竟敢与皇上并列，这是大不敬！"明武宗下诏让傅珪不要问罪。

医

《神农经》中记载的"上药养命"，是说五石可以修炼形体，五种灵芝可益寿延年；"中药养性"是说合欢可以祛除忿怒、萱草可

以忘记忧愁；"下药治病"是说大黄可以除去积食、当归可以止疼痛。

君臣佐使 凡是药就有上、中、下三品，配药时最好用一份君药、二份臣药、三份佐药、四份使药，这是行家开药的规范。还要分辨药的五味、三性、七情，然后才能制成好的药剂。五味指的是咸、酸、甘、苦、辛。酸是肝，咸是肾，甘是脾，苦是心，辛是肺，这五味其实属于五脏。三性是说寒性、湿性、热性。七情有独行者，有相须者，有相使者，有相畏者，有相反者，有相恶者，有相反者，有相杀者，它的功用有四种。选用汤、丸、酒、敬哪种剂型，要看病的深浅和所处部位的不同服用。

砭石 梁代的金元起想注解《素问》一书，就砭石一事向人请教，王僧孺说："古代人曾经用石头磨成针，而不用铁来做；后世找不到理想的砭石，所以用铁来代替。"

病有六不治 骄恣不讲道理，这是一不治；轻视身体而重视财物，这是二不治；衣食不能适度，这是三不治；阴阳不调、脉气不稳，这是四不治；身体羸弱得连药也服不进了，这是五不治；相信巫师而不相信医生，这是六不治。

兄弟行医 魏文侯问扁鹊："你们家兄弟三人，谁的医术最高明？"扁鹊回："大哥为人看病只观测病人的神气，还没有发病就已经被治好了，所以他的名气传不出家门；二哥治病，在病情初始就治好了，所以他的名气传不出街巷；而我扁鹊治病，穿针放血，让人吃烈性药，用药膏敷肌肤，名声却连诸侯都知道。"魏文侯说："说得太好了！"

见垣一方　扁鹊年少时遇到长桑君，长桑君拿出怀中的药，让他喝了上池的水，三十天后，扁鹊就可以隔墙见人。他用这种本领看病，能透视五脏中哪里有病，只是以诊脉为幌子罢了。见垣一方，意思是隔着墙也能看见另一边的人。

病在骨髓　扁鹊到齐国去，齐桓侯招待他。他入朝拜见，说："君王在肌肤纹理间有小病，不治疗恐怕要加重。"齐桓侯说："我没有病。"过了五天再次觐见齐桓侯，扁鹊说："君王的病在血脉中了。"齐桓侯仍然说没有病。又过了五天再见齐桓公，扁鹊说："君王的病已经在肠胃里了。"齐桓侯还是说没有病。再过了五天，扁鹊一望见齐桓侯，连忙离开。说："君王的病已经深到骨髓了，这是用汤药、针砭或是酒药都无法治好的。"几天后，齐桓侯病情加剧，召扁鹊，扁鹊已经逃走了，齐桓侯就死了。

扁鹊被刺　扁鹊名闻天下。过邯郸时，听说这个地方以妇人为贵，就治疗妇科病；过洛阳时，听说这个地方很爱护老人，就开始治疗听力与视力的病；再入咸阳，听说秦地的人爱护小孩，就治疗小孩的病：总之是随俗而变。秦地的太医令是李醯（xī），知道自己医术不如扁鹊，就派人刺杀了扁鹊。

病入膏肓　晋侯向秦国求医，秦伯让医生缓去治病。缓还没到，晋侯梦到有两个小孩说："那人是个良医，恐怕会伤到我们，怎么逃呢？"其中一个说："藏在肓之上、膏之下，他能奈我何？"医生到了后，说："病已经没法治了。病在肓之上、膏之下，针石、药力都到不了那儿。"晋侯说："你真是良医啊。"送了一份厚礼给他，让他回去了。

姚剂三解　后周的姚僧垣擅长医术。伊娄穆从腰到肚脐，好像有三重束缚。姚僧垣开了三剂药，喝了第一剂，上边那重束缚就解除了；喝了第二剂，中间的束缚也解了；再喝第三剂，三重束缚全部解除了。

太仓公　太仓公姓淳于，名意。为人治病，立决生死，多数都很准确，用药如神。

东垣十书　李杲继承了易州张元素的秘方，士大夫如果不是很危急的病，不敢请他，当时都把他看作是神医。著有医书《东垣十书》。

刮骨疗毒　华佗说：病在肠胃中不能驱散的，可以喝药酒，剖开肚子把积累的病因洗净，再涂上一些神奇的药膏缝合，立刻就能痊愈。就好像割开关公的胳臂疗毒、用针刺曹操的头可以治好头风痛一样。

医国手　《国语》中记载，晋平公有病，秦伯派人去看望他。赵文子问："能医治国家吗？"那人回答说："上医医国，其次医人，医国本来就是医生的职责。"

杏林　《庐山记》中记载：董奉每当治好一个人的病，病愈后，就会让他们种一棵杏树，后来就成了一片杏林。董奉最后也成了仙人，升天了。

徙痈　薛伯宗善于转移疮痈。公孙泰背上长了个疮，薛伯宗用气把它封住，迁徙到书斋前的柳树上。第二天疮就消了，但树上起了一个瘤像拳头那么大。等长了二十多天后，瘤变大并且溃烂了，流出一斗多黄色或红色的汁液，树也因此而萎靡不振。

橘井　晋代的苏耽种橘子、凿井，用来治疗人们的疾病。有得了传染病的人，就给他们吃橘叶，喝井水，立刻就治愈了。世人称为橘井。

肘后方　葛洪抄录了一百卷《金匮方》、四卷《肘后要急方》。

千金方　孙真人治愈了龙的疾病，被授以《龙宫秘方》一卷用来治病，非常神奇灵验，后来收集成《千金方》传世。

照病镜　叶法善有一面铁镜，就像水一样能照出物体。如果有人有病拿镜照看，就可清楚地看到脏腑里所滞留的东西，然后再用药来治，病立刻就好。

医称郎中　朝廷中的郎中要知道五府六部的事务，而医生要知道人体内五脏六腑的状况，所以医生也被称为郎中。北方人为了区别于官名，于是又称医生为大夫。

蕲水名医　庞安常，宋神宗、哲宗年间驰名京都，博览群书，最精通的是《伤寒论》，尽得张仲景的精华。他性格豪迈，每次应病人的邀请，一定要驾四条船，一条船上是歌伎，一条船上是厨子，一条船上是宾客，一条船上是杂七杂八的各种艺人，每天花费很大。

俞跗　俞跗开始割开皮肤与肌肉并洗涤内脏；后仓公开始解剖头颅，卢医开始挖心，华佗效法他们。黄帝开始制针灸之术，神农开始让僦贷季（岐伯的老师）来察看面色和脉象，巫彭开始制丸药，伊尹开始制煎药，秦和开始制作药方。

医谏　高鏊，正德年间的太医院医士。皇帝将要南巡，高鏊以养身之道劝阻。皇帝大怒说："高鏊是我的家官，难道也敢附和外官来阻碍吗？"命人把他打了一百杖发配到乌撒去。明世宗即位，召他回来复职。当时有一个占星的官员杨源，也借星象来进谏，结果死在了贬谪的地方。

历代名医图赞

伏羲氏赞　茫茫上古，世及庖牺。始画八卦，爰分四时。究病之源，以类而推。神农之降，得而因之。

神农氏赞　仰惟神农，植艺五谷。斯民有生，以化以育。虑及夭伤，复尝草木。民到于今，悉沾其福。

黄帝轩辕氏赞　伟哉黄帝，圣德天授。岐伯俞跗，以左以右。导养精微，日穷日究。利及生民，勿替于后。

岐伯全元起赞　天师岐伯，善答轩辕。制立《素问》，始显医源。

雷公名敩（xiào）赞　太乙雷公，医药之宗。灸熇炮制，千古无穷。

秦越人扁鹊赞　秦神扁鹊，精研医药。编集《难经》，古今钦若。

淳于意赞　汉淳于意，时遇文帝。封赠仓公，名传万世。

张仲景机赞　汉张仲景，《伤寒》论证。表里实虚，载名亚圣。

华佗赞　魏有华佗，设立疮科。刮骨疗疾，神效良多。

太医王叔和赞　晋王叔和，方脉之科。撰成要诀，普济沉疴。

皇甫士安谧赞　皇甫士安，治法千般。经言《甲乙》，造化实难。

葛稚川洪赞　隐居罗浮，优游养导。世号仙翁，方传《肘后》。

孙思邈赞　唐孙真人，方药绝伦。扶危拯弱，应效如神。

韦慈藏讯赞　大唐药王，德号慈藏。老师韦讯，万古名扬。

相

相圣人 姑布子卿给孔子看面相后说:"他额头像尧,头顶像皋陶,肩膀像子产,不过从腰部以下比大禹短了三寸,身高有九尺六寸,颓唐的样子像丧家狗。"

弹血作公 陶侃的左手有条纹线,一直抵达中指最上边的横指节。有个叫师圭的相面者对他说:"你左手中指上有竖纹,如果能一直贯通到指尖,以后你的官位就会很大了。"陶侃就用针把皮肤挑开让纹线贯通,他把鲜血弹到墙上变成了一个"公"字。后来果然应了这个兆头。

官至封侯 卫青少年时,父亲让他牧羊,他的兄弟都把他当奴仆对待。有一个被施过钳刑的人看了他的面相后说:"你以后一定能封侯。"卫青笑着说:"奴隶一样的生活,能免除打骂就已经很满足了,哪能封侯呢?"

须如猬毛 刘惔说桓温的胡须就像反着的刺猬毛,眉毛就像紫石棱,一定会是孙权、司马懿一流的人。

螣蛇入口 汉代的周亚夫官做河南守,许负给他看面相说:"你三年之后当封侯。八年后当宰相,秉持国政。但再过九年就会饿死。"周亚夫笑着说："既然能达到你所说的那样的高位，又怎么会饿死？"许负指着他的嘴说："因为螣蛇入口啊。"后来果然如此。

豕喙牛腹 《国语》中记载：叔鱼出生时，他的母亲看到他的相貌感叹："这孩子眼睛像虎，嘴巴像猪，肩膀像鹰，肚子像牛。溪谷和沟壑能够填满，他的欲望是无法满足的。将来必定因受贿而死。"

虎厄 晋简文帝最初没有儿子，让相面者把宫内女子全相一遍。当时李太后正在宫内服役，相面者指着李太后说她会生贵子，但会带来虎厄。简文帝临幸了李太后，果然生下了晋孝武帝，她也成了太后，于是非常佩服相面者的灵验，但却很奇怪相面者所说的虎厄没有应验。她也从未见过老虎的样子，于是简文帝命人画了老虎的形状来给她看，她开玩笑地用手打了图一下，手就肿了，于是患了手肿之疾而去世。

蜂目豺声 潘滔看到年少时的王敦就对他说："你蜜蜂一样的眼睛已经显露出来了，但豺狼一样的声音还不是很显著。以后你一定会害人，但最终也会被人所害。"

鬼躁鬼幽 管辂说："邓飏走路时，筋管不住骨，这叫'鬼躁'。何晏的脸色像槁木，这叫'鬼幽'。"

识武则天 袁天纲看见武则天的母亲时说："夫人一定生有贵子。"当时武则天还小，她母亲抱她出来给袁天纲看，谎称她是男孩，袁天纲仔细看了一会儿说："龙瞳凤颈，如果是男孩，一定做天子。"

伏犀贯玉枕 袁天纲看了窦轨说："你的前额骨隆起直贯脑后玉枕处，下巴浑圆肥大，十年之内会显身扬名，立功之地在梁州、益州一带。"

盼刀 相士陈训背后说甘卓："甘大人昂头仰视，在相术上叫'盼刀'；眼睛里有红筋灌入瞳仁，必定会战死。"

识王安石 宋代的李承之在宋仁宗朝做郡守，有属吏报告说包拯官拜参政，有人说："朝廷从此要多事了。"李承之严肃地说："包公不会做出什么来，我刚知道鄞县的王安石，眼睛多眼白，极像王敦。以后乱天下的，是这个人。"

麻衣道人 宋代的钱若水拜谒陈希夷，陈希夷正与一个老僧围炉坐着，老僧仔细打量了钱若水，用火钳在灰烬上写："做不得。"并慢慢说："是急流勇退的人呢。"后来再去，陈希夷说："我初见你时，见你神气清朗，觉得可以成仙。当时请麻衣道人来判断，却说你只可以做公卿啊。"

耳白于面 欧阳修耳比脸白，所以名满天下；但嘴唇包不住牙齿，所以会无故遭人诽谤。

始相人 史佚最早开始给人相面，另一种说法是姑布子卿开始观面而知人，内史服、唐举、吕公都精通这种相术，伯益开始相马。

柳庄相　明代的袁珙在嵩山寺遇到了僧人道衍，袁珙给他相面后说："长着一双三角眼，眼白多，形如病虎，天性好杀戮，以后一定是刘秉忠之类的人物。"后来道衍在北平的小酒馆里结识了燕王朱棣，推荐袁珙给他相面，袁珙称他为"太平天子"。袁珙的儿子袁忠彻也善于相面，燕王朱棣让他把谢贵等人全相了一遍，而后发动了靖难之役。

好相人　单父的吕公喜欢给人相面，看到刘邦的状貌，觉得很惊奇，就把女儿嫁给他，这就是后来的吕后。

有封侯骨　汉代的翟方进小时候父亲就去世，侍奉后母非常孝顺。曾经在郡中当小吏，被同僚辱骂，于是就请蔡父相面，蔡父大为惊奇，说："你这个小吏有封侯之相。"于是他辞别后母，到长安游学。后母不忍他小小年纪单独外出，就随他一起进京，织鞋来供他读书，后来他成了一代名儒，做了高官，官拜丞相，封为高陵侯。

五老峰下叟　五代时的黄损与桑维翰、宋齐丘游览五老峰，看见一个老者啸而至，看了桑维翰的面相后说："你以后会官至宰相，但太狡猾，狡猾就不得好死。"再看宋齐丘说："你也会做宰相，但为人太残忍，残忍的人也不得好死。"唯独觉得黄损很奇异，说："你有修仙得道之气，会有善终。"后来桑维翰为后晋的宰相，宋齐丘为南唐的宰相，但都被杀了，世人都认为这是前生注定的。而黄损在后梁做官，官至左仆射，以诗文扬名于世。

贵不可言　蒯彻用相术来游说韩信说："看你的面相，不过封侯；但看你的背，则贵不可言。"

龟息　李峤的母亲问袁天纲，李峤怎么样，袁天纲回答说："神气清秀，恐怕寿命不长。"又请他等李峤睡下，听他的鼻息，于是祝贺说："这是龟息，必定会大贵且长寿。"

葬

客土无气　僧人泓师帮张说买坟地，看到东北角已被挖了两道坎，大吃一惊说："大人富贵了一辈子，但您的儿子们却无法继续了。"张说很恐慌，想要填平那两个坎。泓师说："别处的土无地气，与地脉不连，就如身上长了疮，用别处的肉来补也没有用。"

折臂三公　晋时有一个术士看了羊祜的祖墓，认为会出皇帝，羊祜听了，就去把地势挖断了，破坏风水。相士说："还能出现断臂的三公。"羊祜后来骑马不慎坠地，摔断了胳臂，但仍然官至三公。

冢上白气　萧吉经过华阴，看见杨素的坟墓上有白气冲天，就暗暗告诉隋炀帝，说："杨素家会有兵祸，还有灭门之象。除非改地而葬，或才可以避免。"隋炀帝就把这些都告诉了杨素的儿子杨玄感,并劝他早点改葬。杨玄感认为这是吉祥的兆头,就借口辽东未灭,没时间考虑私事。没多久,他就因为谋反而被杀。

示葬地　孙钟以种瓜为业。一天,有三个人登门拜访,孙钟用瓜招待他们。三个人说:"告诉你一个葬人的风水宝地,下山走一百步,不要回头。"孙钟没走六十步,回头看,见有三只白鹤凌空飞去,于是就在那里安葬了他的母亲,后来孙钟就生了孙坚。

相冢书　方回著《山经》,书中说:"如果山川能说话,风水先生就要失业。如果肺腑能说话,医生就会脸色如土。"

风水地理　大禹开始了看风水的习俗,公刘开始看阴阳,周公开始设置二十四局,汉代王充制定了五姓宅,管辂制作格盘来选择安葬之处。

不卜日　汉代的吴雄官至廷尉。小时候家里很穷,母亲死了,只好葬到别人不要的地方,丧事办得仓促,也来不及选择时日。风水先生都断言他们的家族要灭了,但他的儿子吴䜣(xīn)、孙子吴恭,三世都官至廷尉。

真天子地　明代的王贤曾经梦见有人给他一本书,并说:"读这本书可以做大官,穿大红袍,不读此书只能做小官,穿绿袍。"几天后他在路上捡到了一本书,仔细看,原来是《青乌说》。深入品读很久,于是渐渐因为精通风水术而闻名。当时为钧州的佐官,皇上召令他选择一处风水宝地,他看到了窦五郎以前的旧地,说:"势如万马,自天而下,真是天子安息之地。"

鸟山出天子　梁武帝时有童谣说："鸟山出天子。"因此江南的凡是用"鸟"来命名的山都被开凿以破坏风水，只有长兴的雉山完好无损。陈武帝陈霸先的祖坟就在这里，那个童谣竟然应验了。

堪舆　《扬子》中说："属堪舆以壁垒兮。"注："堪舆，是天地的总名。"现在人称呼"风水先生"为"堪舆"。

凿方山　秦始皇时，有相士说金陵有天子气，秦始皇就派遣了三千人穿着红衣来凿断方山，疏浚秦淮河，以掘断地脉。

牛眠　陶侃将要埋葬亲人，忽然跑失了一头牛，不知在哪里。遇到一个老人说："前边山冈上一头牛眠卧处，非常吉祥，把人葬在那里，后人一定位极人臣。"陶侃找到牛后，就把亲人葬在了那里。

卜算

君平卖卜　汉代的严君平隐居成都，靠算卦为生，如果看到有人要做坏事，就借着算卦用严肃的话来陈说利害；对儿子说要行孝，对弟弟说要行悌，对臣子说要行忠。不同的人就因势利导，用善意来引导他们。每天只见几人，赚得一百个钱够养活自己，就关门放下帘子，开始讲解《老子》。

青丘传授　唐代的王远知精通《易经》，能预知生死，写了《易总》十五卷。有一天雷雨交加，云雾中出现一个老人叱问他："那本泄密的书在哪里？上帝命我带着六丁来追取。"王远知跪在地上。老人说："上天正严禁文字流传，所以有飞天神王来保卫，你怎么敢偷藏在箱子里？"王远知说："是青丘元老传授给我的啊。"老人取书后直接走了。

青囊经　郭璞师从河东的郭公，郭公给了郭璞《青囊书》九卷，于是他就精通了五行、天文、卜筮的道术，可以禳灾为福，无所不知。后来《青囊书》被门人赵载偷走，还没来得及打开阅读，就被火烧了。

震厄　王丞相命令郭璞算一个卦，卦成后，郭璞看上去脸色很差，他说："大人会有雷击之灾。"王丞相问："有办法消灾吗？"郭璞说："命人驾马车往西走几里，会看到一棵柏树，照您的身高截一段下来，拿回来放在床上您常睡觉的地方，灾祸即可消除。"王丞相听了他的话，果然几天后那段木头就被雷击得粉碎。

蓍筮掘金　晋代的隗炤，精通《周易》。临终前在木板上写好字给妻子说："五年后的春天，会有一个姓龚的使者来这里，他欠我的钱，你就拿这块木板去向他索取吧。"五年后，姓龚的使者果然来了。他的妻子拿着木板去了。龚使者愣了很久，才醒悟，取出蓍草算卦，唱道："我不欠你钱，你家自有钱。知我懂易经，因此写木板。黄金五百斤，就在屋东边。离墙一丈远。"妻子挖掘，果然如此。

占算辄应 唐代的闭珊居集是沽益夷人。精通算卦。他的方法是用细竹四十九枝，或用鸡骨代替，算卦非常灵验。夷中人称他为筮师。

京师火灾 郎颛的父亲郎宗，是研究京房《京氏易》的，善于风角之术，六日七分之术，还能观察气色占卜吉凶。在吴县当官时，看到突然起了暴风，就知道京城有火灾，记下当时的时间，后来果然像他说的一样。太卜郑詹尹曾经也为屈原解决过疑难。

飘风哭子 管公明坐在王弘直家里，突然庭院中有大风高二尺，从西南吹来，旗子都被吹动了。管公明说："东方有马吏来，恐怕有父亲要哭儿子了。"第二天有官吏来，报告了王弘直儿子的死讯。

伏羲开始制作算卦用的卜龟，神农开始制作算卦用的蓍草。颛顼开始把龟甲上的裂缝称为玉兆，尧帝制作瓦兆。师旷开始制造谶语，鬼谷子也就是王诩制作了镜听。汉武帝制作了用鸡骨占卜的方式，并让军中使用。张良制作了灵棋，共有十二个子，分为上中下掷。京房制作了易课，开始用铜钱占卜。王远知制作玄女课，邵尧夫用拆字和观梅数来占卜。后魏的孙绍开始推算人的禄命，唐代李虚中开始研究一个人出生的年、月、日、时的生死兴衰，又有人说李虚中是从西域来的。

徐子平，名居易，作了《子平》，现在人使用的都是宋末徐彦升整理的《渊海子平》。鬼谷子作了《纳音》。赵达作了《九宫算》。

北齐的祖亘作了《缀术》。

各卜　鸟卜者，东女国初年入山，有鸟飞来停在手掌上，像雌野鸡，剖开肚子看，如果肚子里有粟的话就表示今年丰收，若有砂石就表示有灾害。钱卜，是西蜀严君平用铜钱来占卜的方法。有诗曾说："岸余织女支机石，井有君平掷卦钱。"瓦卜，元稹有诗云"病赛乌称鬼，巫占瓦代龟"。棋卜，是黄石公用它行军打仗的。鸡卜，是柳州洞民用鸡骨来占卜年头的。胡人用羊胫骨卜吉凶。苗人用鸡蛋占卜葬地。响卜，李郭、王建都怀着镜子听卜辞。

为上皇筮　仝寅是山西人。小时候就失明了，学习《京房易》，占卜大多很精准。明英宗被瓦剌俘虏后，派使者让镇守太监裴当来问仝寅，仝寅占卜得"乾之初九"的卦，就上奏说："大吉。龙是君王的象征，四是最初的兆应。龙从下跃上，一定对应秋天，在'庚午浃岁'时更革；龙，是变化莫测的神物，'庚'就是'更'。圣驾会在庚午中秋回来！回来一定会暂时幽闭而不复位。所以说'或跃'应焉。说'或'这个字，就是表示怀疑。但再过七八年一定回复原位。午，是火德之正。丁，合于壬。那一定是丁丑年，壬寅月，壬午日！从现在开始年份改变，'九跃则必飞'。'九'，是乾之用，南面子冲午，所以说大吉大利。"明英宗后来果然复位，就授仝寅为锦衣卫百户。

占与仝合　万祺小时候遇到异人，那人给他相面后说："你有仙骨，不成仙也可大富大贵。"于是给了他一本书，是《禄命法》。之后他开始精研占卜之术。后来以吏员的身份到吏部任职。朝中公卿贵戚都认为他的占卜之术很灵，考核后授他为鸿胪寺序班，后来升任主簿。景泰帝召见他，他的预言都应验了，景泰帝就赐给他白金、文绮。景泰帝身体不好，而太子还没定下来，石亨来问万祺，万祺说："皇帝（指明英宗）就在南宫，还用到别的地方去寻找吗？"他所占卜的复辟时间，与仝寅是一样的。后来他官至尚书。

当有圣母出　《汉书》中记载：王翁孺迁到魏郡的委粟里。元城建公说："从前春秋时有沙麓崩塌。晋国史臣占卜说：六百四十五年后，当有圣母出。王翁孺正好迁到这个地方，时间也与卜辞相符。"后来王翁孺的儿子王禁生下了元后。汉平帝年幼，元后果然上朝听政了。

占定三秦　汉代扶嘉，母亲在万县的汤溪水边，因感应到龙而生下扶嘉。他可以预测吉凶，常常准得出奇。汉高祖还是汉王时召见他，他以占卜的方式劝刘邦平定三秦，所以刘邦赐给他扶姓，就说他有志于扶助王室。后来官拜廷尉，以朐䏰为食邑。

拆字　杂技

朝字　宣和年间，有一个术士因擅长拆字而驰名。宋徽宗写了一个"朝"字，让一个宦官拿着去测试他。术士看到字，再仔细

看了宦官一会儿说："这不是大人写的字。"宦官惊讶地说："那你根据字来说吧。"术士一拍脑门说："'朝'字，分拆开来就是'十月十日'，若不是这一月这一日出生的天子（十月十日是宋徽宗的生日），还能是谁写的呢！"在座的人都大吃一惊，宦官骑马回报。第二天皇帝召见，封官为承信郎，还给很多赏赐。

杭字 建炎年间，有一个叫周生的术士，拆字以断吉凶。当时宋高宗的车驾逃往杭州，被金兵惊吓之余，人心惶惶。执政官叫来周生，宋高宗随便写了一个"杭"字让他看。周生说："恐怕有让人惊慌的事禀报，因为金兵又要进逼了。"他拆解了这个字，把右边那一点配在"木"字上，就成了"兀术"。不到十天，果然就得到金兀术南下入侵的急报。

串字 有一个士人占卜功名，写了一个"串"字问周生，周生说："不但能登科，而且是连连高中。因为'串'字里有两个'中'字。"后来果然应验。下一科有一个人听了这个故事，也来问功名，也写了一个"串"字，周生说："你不但不会考上，还要小心会生病。"那个士人问："为什么同样一个字却有两种完全不同的说法？"周生说："前边那个人写'串'字，是出于无心，所以预言他要连中；现在你写这个'串'字，是出于有心，所以是'患'字了，怎么能没有病呢！"

春字 宋高宗让谢石拆一个"春"字，谢石说："'春'字'秦'头太重，压得'日'没了光芒。"于是他就触犯了丞相秦桧，后来死在了发配地。

奇（qí）字　贾似道有叛乱之心。一个术士能拆字，贾似道就用马鞭在地上写了一个"奇"字让他拆。术士说："大人的事恐怕办不成了！说'立'又不可立，说'可'又不可。"贾似道默然不语，让他走了。

也字　一个朝廷官员，妻子怀孕过月，就手写了一个"也"字，让丈夫拿去问谢石。谢石仔细看了字，对官员说："这是您的夫人写的吧？"官员说："为什么这么说呢？"谢石说："写的是语助词'焉哉乎也'中的字，所以就知道是贤内助所写。"又问："她的年龄是三十一岁吧？因为'也'字上面'卅'（卅为三十），下边是'一'。"官员问："我想升迁，能如愿吗？"谢石说："'也'字加水旁就是'池'，靠着马就是'驰'。现在'池'却没有水，'驰'也没有马，哪里能迁动呢？"又问说："您夫人的父母兄弟应当都不在世了吧，家产也差不多荡然无存了吧。因为'也'字加人字就是'他'，现在只见'也'却不见'人'；加土字就是'地'，现在不见土，所以知道她既无人，也无产业了。"官员说："确实如你所说。不过这些都不是我想问的，我要问的是怀孕过月的事。"谢石说："难道要十三个月吗？因为'也'字中间有'十'字，加上旁边两竖就是'十三'。"谢石又仔细看了看官员说："有一件事我觉得怪异，想不说，但你问的又正是此事，我能直接说吗？"官员请他尽管说。谢石说："'也'字加'虫'就是'虵（shé）'字，您夫人所怀的，恐怕是蛇妖。不过现在不见'虫'，那么就不会为害。我这里有药，可以打下来，也并不痛苦。"官员对他的说法大为惊异，一定要请他到家里，用药来服,果然产下数百条小蛇。京都的人也都惊异,不知道他究竟用的什么方术。

囚字 郑仰田小时很愚鲁,不知道去自营生计,父母都很反感他,他就在荒郊野外哭泣。一个老和尚遇见他,对他说:"我等你很久了。"老和尚带着他入山,向他传授了青囊、壬遁种种法术,于是他预测吉凶祸福没有不中的。宦官魏忠贤召他来问运数,指着"囚"字来问,郑仰田说:"这是国中第一人的意思。"魏忠贤非常高兴。郑仰田出来对人说:"囚就是囚犯!我用假话逃命而已。"

洴(píng)澼𬈉 《庄子》中记载:宋国有人善于做防止手冻裂的药,所以他家世代以洗丝绵为业(洴澼,洗的意思。𬈉,是丝绵。因为有不让手冻裂的药,所以以洗绵为业)。有外地人听到了这件事,就请求用一百金买他的秘方。他召集族人商量说:"我们家世代洗丝绵,也不过能得到几金。现在一下把方子卖了,就可以得到百金,还是卖给他吧。"对方得到这个方子,献给吴王,吴王任他为将,冬天与越国打水战,大败越人,并因此而得到封地。不裂手的药,有人因它而得到封地,有人却用来洗棉布,就是因为用在不同地方啊。

轮扁斫轮 《庄子》中记载:齐桓公在堂上读书,轮扁在堂下削车轮,他放下凿子说:"您所读的,不过是古人的糟粕罢了。我削车轮,不慢不快,心有所得,手里就能做出来,嘴里虽然说不出方法,但却心里有数。我没法教给我的儿子,我的儿子也没法从我这里学到诀窍，我已经七十岁了却还在削车轮子。"

屠龙技　《庄子》中记载：朱泙漫向支离益学屠龙术，散尽了千金家产，用来学习屠龙，三年学成后，却没有地方可以施展他的技巧。

象纬示警　宦官王振力劝明英宗亲征瓦剌首领也先，文武百官在朝堂上叩头恳求皇帝留下，皇帝不听。不久，出居庸关到宣府镇，败报接踵而至，跟从的人接连上奏章恳求皇上回师。王振大怒，让这些人都到军中压阵。队伍到了大同，王振进兵更急，钦天监彭德清斥责王振说："各种征兆都在示警，不可以再往前行。若有疏漏，把万乘之主陷于草莽，谁能承担这个罪过？"王振怒骂他，于是导致了土木之变。

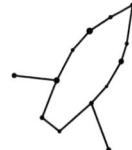

卷十五

外国部

夷语。外译

夷语

撑梨孤涂　匈奴人把天称作"撑梨",把儿子称作"孤涂"。戎索,是夷人的法律。鞮,是夷人乐官的名字。俠,是夷人赎罪的财物。喽丽,是南方夷人的语言。象胥,是翻译的人。款塞,款,是"叩"的意思。驰义,是仰慕仁义而来的意思。区脱,是胡人建造来防备汉人的堡垒。阏氏(读音"烟脂"),是单于的皇后。裨王,是匈奴的小王。藁街,蛮人居住的地方,建立于汉代。羝毼(读音"兜达"),是夷人的服装。谷蠡(读音"鹿厘"),是匈奴的名字。雁臣,北方的酋长秋天到洛阳朝见,冬天再回自己的部落,所以称为雁臣。天兄日弟,倭国之王把天当兄,把日当弟。天没有明就听政,太阳出来就停止理事,所谓委托给弟弟办理。賨(cóng)幏,是蛮夷人的布匹。靲(áng)角,朝鲜的洌水之间叫作靲角。貗(jù)薄,是旄牛。徼(jiào)外,是夷人的地方。绝幕,"幕",就是沙漠,直接穿过叫作"绝"。白题,是国家名。汉代颍阴侯曾斩过白题国一个将领。戎狄荐居,就是聚集而居的意思。魋结,是匈奴捆扎头发的形状。休屠,匈奴的君长。浑邪,也是匈奴的属部。蹛(dì)林,是匈奴的祭祀。龟兹(读音为"纠慈"),是国名(《汉书》写作"丘慈";《后汉书》写作"屈沮")。乌孙,也是国名(《吕氏春秋》

写作"户孙")。辉粥(读音为"熏育"),《史记·五帝本纪》说:"向北追赶辉粥。"冒顿(读音是"幕突"),匈奴名。日䃅(读音是"密底"),人名。令支("令"读为"零"),国名。乌托(读音为"鸦荼"),国名。朝鲜(读音为"招先"),太阳刚出来,就照在他们的土地上,所以叫这个名字。近来读为"潮",是错的。

可汗(读音为"克寒"),匈奴君主的尊号。唐代时匈奴尊称唐代天子为天可汗。弓闾,出自《卫青传》,是穹庐。辎辀,是匈奴的车子。

革笥木荐,《治安策》说"匈奴之革笥木荐",是盾之类的东西。左薁(yù)健,匈奴王号。强犷(guō),"戎夷强犷"。犷,是粗野难看的样子。呼韩邪,汉代单于的名字。屠耆,匈奴俗称"贤"为"屠耆"。赞普,吐蕃国俗称强雄的人为"赞",称丈夫为"普",所以他们称自己的君王叫"赞普"。牙官,戎狄国大官的称谓。叶护,回纥国俗称其太子为"叶护"。南膜,胡人称礼拜为"南膜",就是现在口诵佛号时所说的"南无"。徼人,是界外之人。那颜,就是汉语的"大人"。者,就是汉语说的"是"。身毒(读音"捐烛"),是西域的国名。

燠蠡(读音是"觅螺"),是匈奴的部落。襜褴(读音"担蓝"),又叫临驺,是代北胡人的国名。三表五饵,三表,说的是仁、信、义;五饵,说的是用声色、车服、珍味、房屋、娱乐,来败坏人的耳、目、口、腹、心。二庭,指南北单于。卢龙,就是里永,属于辽西,现在属永平府。北方人称"里"为"卢",称

"永"为"龙"。吐谷浑,是慕容廆(wěi)的族兄,后来也用此称他的国。丐月,突厥国中有丐月城。越裳南蛮,就是九真。殊裔遐圻,是说教化协调各种不同的民族,风气熏染了遥远之地。

竫人("竫"读"净"),就是小人。柳宗元诗中说:"竫人长九寸。"海外有竫人国。月氏(读音"肉支"),西域国名。楼烦、白羊,都是匈奴地名。白登,位于大同,上面有白登台。夜郎,夷人之地,现在属贵州。蛮烟僰雨,指夷地的风景。筰关,指西南的夷地。邛筰(qióng zuó),现在属叙州。冉駹(máng),是指西夷的两个民族。羌棘,指西南夷人的地方。龙城,西边夷人的地方。朔方,现在属于宁夏。大宛,西域国名。于寘(tián),西域国名。越巂,现在属于邛州。玄菟,朝鲜的郡名。受降城,汉武帝派公孙敖在塞外修筑的城池。庐朐,匈奴的山名。渠犁,西域国名。楼兰,西域国名。䩺镂,《匈奴传》中说:"多带大锅和柴禾,重得不可胜任。"比疏,辫子的饰物。径路留犁,径路,指匈奴的宝刀;留犁,是吃饭用的匕首。根肖速鲁奈奈,榜葛剌国唱歌跳舞劝客人喝酒,叫作"根肖速鲁奈奈"。坚昆国,那里人红发,绿瞳仁。李陵曾住在那里,生来黑瞳的,都说是李陵的后代。阴山,汉武帝夺了这块地方,匈奴路过这里的人,没有不哭的。逻些城("些"读"琐"),是吐蕃的都城。徼外("徼"读"教"),东北叫作塞,西南叫作徼。嬴陵(读音为"连篓"),交趾的地名。

外译

朝鲜国 周代时是箕子的封国。秦朝时属于辽东。汉武帝平定朝鲜,设置了真番、临屯、乐浪、玄菟四个郡,汉昭帝合并为乐浪、玄菟两个郡,汉末被公孙度占据。传到公孙渊,被魏国消灭。晋朝永嘉末年,被高句丽消灭。高句丽本是扶余的分支,他们的君王高琏居住平壤城。唐朝征讨高句丽,攻下平壤,设置安东都护府。后唐时,王建代替高氏,并拥有新罗、百济,以平壤为西京,历宋、辽、金三朝,都派使臣朝贡。元朝时,西京纳入版图。明代洪武初年,朝鲜上表祝贺朱元璋即位,朱元璋赐以金印,封高丽王。后来他们君主昏庸,让门下侍郎李成桂主持国事。不久下诏改名为朝鲜,每年进贡不绝。万历年间,丰臣秀吉侵略朝鲜,朝鲜求救于明朝,派兵征伐并协助朝鲜复国。

日本国 古代的倭奴国,他们的国主以王为姓,一直没有改变。从汉武帝时就有翻译来建立外交关系,直到光武帝时才来朝贡。后来他们发生国乱,国人拥立一个叫卑弥呼的女子为王,她的长女又继承了王位,后来又再立男子为王,并领受中国封的爵位,自魏国、晋朝、刘宋、隋朝,都来进贡,并且也稍微学习了些汉语。唐代咸亨初年,因为不喜欢"倭"这个名字,改名国号"日本"，因为国家距离日出的地方近，所以叫这个名字。宋朝时来进贡的，都是僧人。元世祖派使者召唤，却最终没有应召。明代洪武初年，又派使者来朝贡，从永乐以来，他们的国王登基都被明朝册封，他们国土东西南北各有几千里，有五畿七道，和一百多个附庸小国。

琉球国　其国的君主有三个：一个是中山王，一个是山南王，一个是山北王。汉魏以来，不与中华往来。隋朝大业年间，隋炀帝令羽骑朱宽寻访海外异俗，才到这个国家。因为语言不通，他就抓了一个当地人回来。经历唐、宋、元，都没有遣使朝贡。到了明代初年，三个君王都派使者朝贡，后来只有中山王到中国朝见，还让王子和陪臣之子来太学学习，山南、山北的两个王都已被中山王吞并了。

安南国　古代的南交趾，秦朝时属象郡。汉朝初年，被南越王赵佗占据。汉武帝平定了南越，设置了交趾、九真、日南三郡。建安年间改为交州，设置刺史。唐代改为安南都护府，安南的名字就是从这时开始的。唐末被当地土豪曲承美窃据，不久又被汉南的刘隐兼并，没过多久，众人推举丁琏为州帅。宋代乾德初年归顺内地，不久黎桓篡位，李公蕴又篡了黎氏位，陈日煚再篡李氏之位。宋朝以地处偏远，就置之不理，都封为交趾郡王。元代时兴兵讨伐，于是归附，被封为安南国王。明代洪武初年，派使臣朝贡，沿用从前的封号，赐给金印。权臣黎季犛杀君主立儿子为君。永乐初年，明朝发兵征讨，俘虏了黎氏父子，改为郡县，设了十七个府，四十七个州，一百五十七个县。此后经常反叛，宣德年间，陈氏的后人陈暠上表恳请继续做安南王，于是明朝放弃了这个地方，封给了陈氏。陈暠不久去世，黎氏接管。嘉靖中期，莫登庸篡位，乞求归降明朝，于是降为安南都统使司，以莫登庸为都统使。万历年间，黎氏再次当国，莫氏逃到高平，明朝下诏以黎维潭为都统使，莫敬用为高平令，世代守卫朝贡，不要互相侵害。

占城国 古代越裳氏的国界。秦朝时是象郡的林邑，汉代属于日南郡，唐代称为占城。到明代洪武初年开始朝贡，下诏封为占城国王。

暹罗国 原本是暹和罗斛两个国家，暹是汉代赤眉军的后代。元代至正年间，暹向罗斛投降，合并为一个国。明代洪武初年，向明朝呈交用金叶写的表文进贡，明朝下诏赐给印绶，并赐《大统历》，他们也请求也用明朝量衡制度，明朝允许了。

爪哇国 古代的阇婆国。南朝刘宋元嘉年间，开始与中国通好，后来中断了。元代称其为"爪哇"。明代洪武初年开始来朝贡，永乐二年时，赐给他们镀金的银印。

真腊国 原是扶南的属国，也叫"占腊"。隋朝开始与中国通好，分有水真腊和陆真腊，明代洪武初年开始入贡。

满剌加国 以前没与中国通好，从明代永乐初年开始朝贡，明朝赐给金印，并下诏封为国王。永乐九年，其国王率儿子前来朝贡后，进贡不绝。

三佛齐国　南蛮的另一支，有十五个州。唐代开始与中国通好，明代洪武初年开始朝贡，朝廷赐给他们驼纽镀金印。

浡泥国　本来属于阇婆国，统辖十四个州。宋代太平兴国年间开始与中国通好。明代洪武年间，进献金表；永乐初年，其国王率妻儿来中国朝贡，死于南京会同馆。永乐皇帝下诏赐谥号为恭顺，赐葬于石子冈，并遣送他的妻儿回国。

苏门答剌国　明代前无法考证。明代洪武年间，奉上金叶表文，进贡了当地的特产；永乐初年，赐封给金印。

苏禄国　该国分为东西两峒，共有三个王：东王为尊，西峒的两个王次之。明代永乐年间，其国王率妻儿来朝贡，住在德州，死了。中国按王的礼法埋葬他，并赐谥号为恭定，并遣送他的妃妾回国。

彭亨国　此前无法考证。明代洪武十一年，派使者送来表文，并进贡特产。永乐十二年，再次入贡。

锡兰山　古代无法考证。明代永乐年间，太监郑和俘获他们的国王回来，于是封他的族人耶巴乃那为国王，国人认可此人贤良，明朝就册封他。正统、天顺年间，曾派使者来朝贡。

柯支　古代的槃国。明代永乐二年，派使者来朝贡。

祖法儿 又名"左法儿"。此前无从考证。明代永乐年间前来进贡。

溜山 此前无从考证。明代永乐年间，派使者前来进贡。

百花 此前无从考证。明代洪武年间来进贡。

婆罗 又名"娑罗"。此前无从考证。明代永乐年间来进贡。

合猫里 此前无从考证。明代永乐年间，与爪哇国一起来进贡。

忽鲁谟斯 此前无从考证。明代永乐年间来进贡。

西洋古里国 西洋各国的交会处。明代永乐年间，派使者前来朝贡，被封为古里国王。

西番 就是吐蕃。他们的祖先是羌族，共有一百多支，散处在黄河、西宁河、长江、岷江之间。唐贞观年间，开始与中国通好。宋代时，一直朝贡没有间断。元代，曾将吐蕃之地划为郡县。明代洪武初年，下诏各族的酋长，让所有原本就有官职的人到京师来让皇帝授职。从此，吐蕃僧人有被封为灌顶国师及赞善王、阐化王、正觉大乘法王、如来大宝法王的，都赐给银印。三年一朝贡，或者隔一年就到京城朝贡。该地设三个指挥司、一个宣慰使司、六个招讨司、四个万户府，另有两个宣慰使司、十七个千户所。

撒马儿罕 汉代的罽宾国。明代洪武、永乐、正统年间，都曾派使者来中国朝贡。

罕东卫　古代的西戎部族。明代洪武年间与明朝通好并进贡,明朝在那里设置了卫所,任酋长锁南吉剌思为指挥佥事。

安定卫　鞑靼的另一支。从明代洪武年间开始朝贡,明朝赐给他们织金绸缎,设了安定和阿端两个卫所。

曲先卫　古代西戎的部落。明代洪武四年设置了卫所。

榜葛剌国　西边有五个印度国,榜葛剌国在东印度,这个国家最大,明代永乐初年开始朝贡。

天方国　古代的筠冲。又叫西域。明代宣德年间开始朝贡。

默德那国　就是回回的祖国。开始,国王谟罕蓦德出生而受神灵保佑,平定了西域各国。隋朝开国时,与中国通好。明代宣德年间,派使者到天方国,开始朝贡。

哈烈　又名"黑鲁"。四面都是大山。在明代洪武年间,下诏告示其酋长,赐给金币。永乐正统年间,派遣使臣前来进贡马匹。

于阗　地处葱岭以北。从汉代到唐代,都到中国进贡。明代永乐初年,派使臣进贡玉石。

哈蜜卫　古代的伊吾庐领地。地处西域诸国往来的交通要塞,汉明帝在这里屯田。唐代成为西伊州。明代永乐年在该地设置卫所，封安克帖木儿为忠顺王，赐给文书和金印。

火州 本来是汉代时车师前王的旧地。汉元帝时，设置戊己校尉，在这里屯田，名叫高昌垒。前凉时张骏设置了高昌郡，唐改为交河郡，后来被吐番所灭。有回鹘人杂居，所以又叫回鹘。宋、元两朝时都派使者入朝进贡。明朝名叫火州。永乐、宣德年间，都曾派遣使入朝进贡良马。

亦力把力 地处沙漠之中，可能就是焉者，或者龟兹的旧地。从明代洪武年间以来，一直进贡不绝。

赤斤蒙古卫 西戎的领地。战国时为月氏国所居，秦末汉初时属于匈奴，汉武帝时成为酒泉、敦煌二郡的属地。唐代被吐番吞并，宋代并入西夏。明代永乐初年，以前的鞑靼丞相率领部众前来归降。明朝下诏建了千户所，不久又升级为卫所。正德年间卫所遭到废弃。

土鲁番 汉代车师前王旧地。唐代设置了西州交河郡，并分拆为县，有一个安乐城，方圆一二里，地势平坦，四面是山。明代永乐年间朝贡，一直未断。但也曾入侵哈密，并进犯嘉峪关外七个卫所，地广人多，与从前实力悬殊。

拂菻 从前无从考证。明代洪武年间开始朝贡。

鞑靼 种族不一，历代名称也不尽相同。夏代叫"獯鬻（xūn yù）"，周代叫"獫（xiǎn）狁"，秦汉时叫"匈奴"，唐代叫"突厥",宋代叫"契丹"。汉代之后匈奴衰弱,乌桓兴起,鲜卑消灭乌桓。后魏时蠕蠕却独强。蠕蠕灭亡后突厥又兴起。唐代李靖战胜突厥后,契丹又开始强盛。随后蒙古把契丹兼并,就代替了宋朝而改国号为元。到了明代兴盛,元代君主逃回到沙漠,其后裔世代称可汗。永乐初年,马哈木、阿鲁台两处进贡极恭谨,于是封马哈木为顺宁王,阿鲁台为和宁王。正统年间,马哈木的孙子也先大举入侵。成化年间,也先的后人叫小王子的开始通好进贡,他的次子叫阿著,有三个儿子:长子吉囊、次子俺答、第三子叫老把都,俺答最桀骜不驯。隆庆年间抓住叛变明朝的人来进献,被封顺义王,他的儿子黄台吉等人授为都督官,开始通市朝贡。

兀良哈 古代山戎的地界。秦朝为辽西郡北境,汉代被奚族占据,后来归属契丹。元代为大宁路北境,明洪武年间,割让锦义、建利等州隶属辽东,又在惠州设置都司,管理营兴,共有二十多个卫所,属北平行都司管理。后朱元璋的儿子朱权封宁王,建大宁、宽河、会州、富峪四座城池,留重兵居守,后来因为北部讲和并来归降的人太多,明朝就下诏分兀良哈,设置三个卫所:从锦州、义州穿过辽河到白云山叫泰宁;从黄泥洼经沈阳、铁岭到开原叫福余;从广宁前屯过喜峰近宣府叫朵颜。任命其首领为指挥使,这些所部就是东北外藩。靖难之初,朱棣先攻打大宁,就召来兀良哈各位酋长率领各自部落,跟随有功,就用大宁作为三卫的分界,把宁王移封到南昌,把行都司也迁往保定,把藩篱撤了,但朵颜属地险要,他们与北卤互相通婚,暗暗做向导，为外卫，而实际上却是肘腋之患。后来另二卫都衰弱了，只有朵颜卫独强，所以被都称为"朵颜三卫"。

女真 古代肃慎之地。在混同江的东边，开原的北边，是金人的后裔。汉代叫"挹娄"，魏国叫"勿吉"，唐代叫"靺鞨"，元代叫"合兰府"。明代时全境归降，就在其部落所住的地方设置一个都司、一百八十四个卫所、二十个千户所，任命其官长为都督指挥、指挥千百户、镇抚等，给他们官印，让他们依旧统治自己的族人，按时朝贡。共有三十八座城池，二站九口、三河口。

吏部员外郎陈诚记录：洪武年间来朝贡的，有西洋琐里、琐里、览邦、淡巴。永乐年间来朝贡的，有古里班卒、阿鲁、阿丹、小葛兰、碟里、打回、日罗夏治、忽鲁母恩、吕宋、甘巴里、古麻剌（该国国王前来朝贡，到了福州死了。皇帝赐他谥号"康靖"，赐他葬在闽县）。沼纳扑儿、加异勒、敏真诚、八答黑商、别失八里、鲁陈、沙鹿海牙、赛蓝、火剌札、吃刀麻儿、失剌思、纳失者罕、亦思把罕、白松虎儿、答儿密、阿速、沙哈鲁、黑葛达等国。同黑葛达一起来朝贡的共有十六个国家，分别是南巫里、急兰丹、奇剌尼、夏剌比、窟察尼、乌涉剌踢、阿哇、麻林、鲁密、彭加那、舍剌齐、八可意、坎巴夷替、八答黑、日落。到了宣德年间曾经朝贡的，有黑娄、哈失哈力、讨来思、白葛达。

卷十六

植物部

草木。花卉

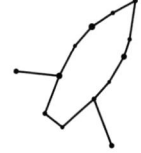

草木

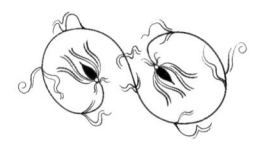

蓂荚 尧的时代,有一种叫蓂荚的草生长在庭院里。每月十五日之前,每天长出一片叶子,十五日之后,每天落一片叶子,如果是小月,就会有一片叶子衰而不落。看这种草就可以知道在一个月的确切日期,所以又被称为历草。

翣脯 尧的时代,厨房里会生长出肉脯来,薄得如同扇子,摇动就会有风,让食物温度降低而不致腐臭。

佳谷 神农在羊头山(位于潞安长子县)得到了上好的谷种。宋真宗开始给民众占城稻的种子(现在的糯米)。

屈轶 尧的时代,庭院里生长一种草,如果有奸人入朝,这种草就会弯曲指向这个人,所以名为"屈轶"。

峄阳孤桐 在峄县的峄山,从三代到现在,只剩下一株了。明代天启年间,妖贼作乱,砍掉烧饭,桐树就绝迹了。

五大夫松 今人称泰山的"五大夫松",都说是五株松树,而不知道的是,秦始皇上泰山封禅,风雨忽至,就在松树下休息,于是封这株松树为五大夫。五大夫是秦朝的第九等爵位。这段话可订正千古相沿的错误。

虞美人草 虞美人自刎之后，葬在雅州的名山县，她的墓中长出一种草，形同鸡冠花，叶子都相向而长，如果有人唱《虞美人曲》，草就会随节拍跳舞，所以俗称虞美人草。

蓍草 蓍草一千年长成一株百茎，下面定有神龟守护，用于占卜。大多生长在伏羲与文王陵上。

挂剑草 季札的墓前长着一种草，形状就像挂着的剑，所以取这个名字。这种草可以治疗心病。

斑竹 尧的两个女儿成为舜帝的两个妃子，叫湘君、湘夫人。舜死于苍梧，二妃哭泣，哭出的泪洒到湘竹上，湘竹尽是斑点，所以又称为湘妃竹。

梅梁 会稽山的大禹庙有一根梅梁，有雷雨的夜晚，这根大梁就会飞出去，到五更又飞回来。早上看，梁上还常带水藻。后来被梅太守换掉了。

萍实 楚王渡江时得到萍实，大得像斗，红得像太阳，剖开食，甜得像蜜一样。

孔庙桧 曲阜的孔庙有孔子亲手种植的桧树，就像降香一样，整株树没有枝叶，坚硬得如金似铁，树纹都向左转，如果有圣人出世，树就长出一个旁枝，这样就可以占卜时世运势。按：桧树经历了周、秦、汉、晋千百余年，到晋怀帝永嘉三年就枯萎了；枯萎三百零九年后到隋恭帝义宁元年又复活；过了五十一年到唐高宗乾封三年再次枯萎；枯萎三百七十四年到宋仁宗康定元年再次繁茂；到金宣宗贞祐三年遭遇兵火，枝叶都被烧了，仅留下树干；后来过了八十一年，元世祖三十一年再次萌发；到明太祖洪武二十二年发了好几枝，极其茂盛，到了建文四年就又枯萎了。

汉柏　泰安州东岳庙的东廊，有汉武帝亲手种植的六株柏树，枝叶茂盛，翠如铜绿，敲它的树干，好像有金属之声。曹操时，赤眉军叛乱，用大斧砍这些树，发现流出了血就停止了。现在还能看见留下的斧头印迹。

唐槐　在峄县的孟子庙中，有唐太宗亲手种植的槐树，枝叶浓密，树干粗壮，但树身较矮。

邵平瓜　邵平是秦朝以前的东陵侯。秦朝灭亡后成为平民布衣，在长安城的东边种瓜，他种的瓜经常会长出五种颜色，味道甘美，世称"东陵瓜"。五代时，胡峤把西域的西瓜引入中国。

赤草　刘小鹤说：未央宫的所在地，有一丈多长的一块地生长的草都是红色的，相传是淮阴侯韩信受刑的地方，他的怨恨之气郁结成了这种草。

桐历　桐树知道日期、月份和闰月。生有十二片叶子，每边有六片，从下往上数一片叶子为一月，若有闰月就有十三片叶子，叶子小就代表闰月。如果不长叶子，那天下就要换君王了。

知风草 南海有一种草，丛生，像藤蔓一样。当地人看它的节来预测这一年的大风，有一节就有一场大风，没有节就没有风，所以称为"知风草"。

护门草 长在常山。取来种在门边，人有从门前过，草就会招呼他。又称"百灵草"。

虹草 乐浪的东边有一个背明国，长着一种虹草，枝干长有一丈，叶子大如车轮，草根大得像车毂，花朵的颜色像早上的彩虹。齐桓公讨伐山戎时，其国人进献这种草的种子并种植在庭院中，用来表示成就霸业者的吉祥之气。

不死草 东海的祖洲上有一种不死草，又名养神芝，生长在琼田中，它的叶子像菰苗，丛生，长有三四尺。如果有人死了，用这种草盖住就可以复活，一株草可以复活一个人，吃这种草可以让人延年益寿。

怀梦草 钟火山有一种红色的香草，长得像蒲，白天缩到地里，半夜抽芽萌发，把这种草放在身上，就可以知道梦的好坏。汉武帝思念死去的李夫人，东方朔献上了这种草。汉武帝把它放在身边，就梦见了李夫人，所以也称怀梦草。

书带草 郑玄字康成，住在城南山中教授弟子。山下有一种草长得像薤，叶子又长又细，异常坚韧，当时人称它为"康成书带"。

八芳草 宋代宫廷寿山艮岳边上长有八芳草，即：金蛾，玉蝉，虎耳，凤毛，素馨，渠那，茉莉，含笑。

钩吻草 钩吻草生长在深山之中，形状像黄精，吃进口中，口会开裂，碰到肉，肉会溃烂，名叫钩吻，吃了立即会死。但这种草的花是紫色的，而黄精的花是白色的；这种草的叶子有绒毛，而黄精的叶子是光滑的，这是它们的区别。

金井梧桐 世人常说："金井梧桐一叶飘。"梧桐叶上的黄圈纹理像井一样，所以叫"金井"，并不是井栏啊。

沙棠木 这种木可以防水，它的果实叫蓣，形状像葵，味道像葱，吃它可以让你解除疲劳，又能让人入水不会溺死。

君迁 《吴都赋》里说到"平仲君迁"，这些都是树木的名字，但没有注释。按：司马光《名苑记》里说，君迁的果实像马奶，俗称牛奶柿。现在制造扇子要用柿油，所以也叫柿漆。

芋历 芋芀结十二个子，到闰月就多结一个。当时人称为"芋历"。

肉芝 萧静之掘地时得到一个"人手"，又光润亮泽又很白，煮来吃，过了一月，掉了的牙齿和头发又长了出来。一个道士说："这就是肉芝啊。"《抱朴子》里说：在山中行走，如果看见有七八寸的小人乘着车马的，那就是肉芝，捉住服用，就可成仙。

桑木 是箕星（二十八宿之一）的精华，是神木。蚕吃了会吐出漂亮花纹，人吃了会返老还童。

肉树 是端山的猪肉子。端山在德庆州，这种猪肉子像茶杯一样大，若烤着吃，味道就像猪肉一样鲜美。

哀家梨 哀仲家有一株梨，品种很好，有一升那么大，入口即化。汉武帝的樊川园有一种大梨，像五升瓶子那么大，落地就碎了。要摘的话先用布囊接着，名叫"含消梨"。

涂林 张骞出使安石国十八年，带回了涂林的种子，即安石榴。又得到胡麻的种子，在中国广泛种植。

阿魏树 出自海外的三佛齐国，这种树上面有树瘿，瘿中的汁液毒性很强，人的身体沾到就会糜烂，人不敢接近。每到采时，把羊拴在树下，骑快马从远处射树，汁液沾到羊身上，羊就烂了。所以称"飞马取阿魏"。

葡萄苜蓿 汉朝将军李广利开始将大宛国（西亚小国）的葡萄和苜蓿引进中国。

甘蔗 宋神宗问吕惠卿说："'蔗'字从'庶'，这是为什么？"吕惠卿答："所有的草木种下后都正向生长，只有甘蔗是横着长，这就叫庶出，所以从'庶'。"顾恺之（长康）吃甘蔗，先从尾部吃起，人问为什么，他说："这样可以渐入佳境。"

乌树 就是柘树。枝条极长而且坚韧，乌鸦停在树上把树枝压弯了，将要起飞时，树枝的弹力把乌鸦弹出去，乌鸦就呼号。用这种树枝作弓，快而有力，所以名叫"乌号之弓"。

共枕树　潘章容貌俊美，他与楚国人王仲先交情深厚，死后就合葬一起。墓上生了树，枝条和叶子都簇拥在一起。所以叫"共枕树"。

木奴　李衡官为丹阳太守，在龙阳洲上种了上千株橘树。临终前，告诉儿子说："我的洲里有千头木奴，不需要你负责衣食，每年给你供应一匹绢，也足够你用了。"

化枳　晏子说："橘生淮南就是橘，生在淮北就变成了枳。只有叶子相似，它的果实味道却大不相同。因为水土不同。"

七星剑草　七星剑草物形状长得像剑，上面七颗星，排列得像北斗七星一样。

骨牌草　骨牌草叶上有一二三四五六的斑点，和骨牌没有什么差别。

刘寄奴草　刘裕贫贱时在新洲砍柴，见到一条长几丈的大蛇，刘裕用箭射它。第二天又到原地，看见几个小孩在捣树叶，刘裕问原因，小孩回答说："我家大王被刘寄奴伤了，现在弄药来治疗。"刘裕说："为什么不杀了仇人呢？"回答说："刘寄奴是要当皇帝的人，杀不死的。"刘裕大喝一声，这些人都跑了。刘裕得到了药，抹刀枪的伤立刻就好。于是就称这种草为"刘寄奴"，"寄奴"是刘裕的小名。

益智树　叶子如同襄荷，树干像竹箭，果实从中心长出。一个树枝有十颗果实，果肉又白又滑。从四面破开把果肉去掉，取外皮，加上蜂蜜煮后包成粽子，有辛味。卢循曾用它款待过宋武帝刘裕，还款待过慧远大师，名叫"益智粽"。

祁连仙树 祁连山有一株仙树，它的果实像枣，有四种味道。用竹刀剖开味道是甜的，用铁刀剖开味道就是苦的，用木刀剖开味道就是酸的，用芦刀剖开味道就是辣的。

桂 《南方草木状》中说：桂树有三种，叶子像柏树叶，树皮红色的是丹桂；叶子像柿树叶的叫菌桂；叶子像枇杷叶的叫牡桂。现在福建一带桂树很多，四季都开花结子，这是真桂。江南那些八九月开花却没有结果的，是木樨。

酒树 《扶南记》中说：顿逊国（东南亚小国）有一种树长得像石榴，采摘它的花将它的汁液放入瓮中，几天就变成酒了，味道很美，所以称它为酒树。

面树 又名桄榔树。树有四五抱那么粗，长有五六丈，树干粗大直立没有枝条，树顶上长有叶子，只有几十片，像栟榈；它的果实带穗，也生在树顶；它的皮可以作绳，遇见水就更加柔韧。胡人用这种绳连接木头做舟，树皮里有像面一样的碎屑，多的会有好几十斛，吃起来，跟正常的面一样。

杨柳 隋炀帝开凿成运河后，内史侍郎虞世基请求在河堤上栽种柳树，一来柳树的根四通八达，可以保护河堤；二来拉纤的女子可以在树荫下休息；三来拉舟的羊也可以吃到树叶。皇帝大喜，下令民间如果进献一株柳树就赐给一匹布；于是百姓争相进献。隋炀帝亲自种了一株，文武百官也依次各种一株。种完后，隋炀帝亲笔赐给垂柳杨姓，所以现在叫"杨柳"。

薏苡 马援在交趾（今越南北部）时，因为薏苡的果实能抑制瘴气，所以回来时，载了满满一车。等到马援去世时，有人上书诬陷他，说他以前回国时车上拉的全是明珠文犀之类的宝物。

橄榄 也叫南威。《金楼子》上记载：有一种树名叫独根，分出两个大枝，其中向东的一枝是木威，向南的一枝是橄榄。这种树高不可攀。在树根下面刻个口子，把盐放进去，一晚上它的果实就会掉落了。这种树可以制作船和桨，因为没到水里就会浮起来。苏轼诗说："纷纷青子落红盐，正味森森苦且严。待得余甘回齿颊，已输崖蜜十分甜。"三国时的吴国开始进贡橄榄，皇帝将它赐给近臣。

瑞柳 唐代中书省有一棵古柳，忽然之间就枯死了。唐德宗从梁归来，树又重新茂盛，人称此树为"瑞柳"。

义竹 《唐纪》中说：唐明皇的后苑有稠密相拥的竹丛，明皇对几个封王的兄弟说："兄弟间彼此亲近，应当像这些竹子一样。"所以称此竹为"义竹"。

椰树 如同栟榈树，高有五六丈，没有枝条，它的果实大如西瓜，外有粗皮，皮下还有壳，壳圆又坚固，剖开有白色的果肉，足有半寸厚，味道像核桃却更为甘美，还有果浆，喝起来有酒气。俗人称它"越王头"。它的果壳可以镶成杯子或水壶，也可以做成水瓢。

文林果　宋代的王谨任职曹州从事时，得到林檎果，进贡给宋高宗，这种果子长得像朱柰。宋高宗大为欢喜，所以赐王谨为文林郎，称这种果为文林果。又有一种说法，广泛栽林檎是从唐高宗时的王方言开始的。

不灰木　《抱朴子》中说：在南海的萧丘上，有自生自灭的火，春天烧起来，秋天就灭了。萧丘上只长着一种树木，被火烧过也只有少许焦黑。有人得到这种木头来做柴禾，只要把饭烧熟了就用水把火浇灭，永远用不完。束晳在《发蒙》中说："西域有用火来洗的布，东海有烧不尽的木头。"

三槐　王旦的父亲王祐积有阴德，曾经在庭院里亲手种了三株槐树，说："我们家后世一定有位列三公的人，我种这三株树来作为标记。"

寇公柏　寇准最初授官为巴东令，所以人们都用"寇巴东"称呼他。他亲手种了两株柏树在院子里，被称为寇公柏，人们把它比作邵伯（周召公）的甘棠。

铁树　广西殷都指挥使司家中，有一株高三四尺的铁树，树干和树叶都是紫黑色，叶子的形状像石榴叶。遇见丁卯年就开花，花有四瓣，为紫白色，就像瑞香，稍圆一点。盛开一次几月不谢，闻着有铁的气味。

莱公竹　寇准（莱公）去世后，归葬于西京（今西安）。需经过荆南的公安县，人人都在路上设祭祀的灵位大哭，折下竹子插在地上以挂纸钱。过了几个月一看，那些枯竹竟然都长出了竹笋，人们称它为"莱公竹"。于是人们在此立了神祠，名为竹林寇公祠。

迎凉草　唐代的李辅国夏天会见宾客，在庭院里种植迎凉草，于是庭院中会有清风徐来。这种草颜色碧绿，枝干类似苦竹，叶子细如杉树。

荔枝　北宋的蔡君谟说：福建的荔枝，以兴化的最为奇特，尤以陈紫荔枝为特别。陈紫荔枝熟得晚，果实上大下圆，直径可达一寸五，香气清新悠远，色泽是鲜艳的紫色，果壳薄而平，果瓤厚而晶莹，果膜像桃花一样鲜红，果核如丁香母，剥开就如同凝结的水晶，口感就像绛雪一样易化，味道甘甜芬芳，好得难以形容。

宋家香　宋氏家族曾经用他们家的香荔枝赠与蔡君谟，蔡君谟写了《诗序》感谢说：世上传承这种植物已经三百年了。黄巢兵过时，想砍伐它，当时它的主人是一个姓王的人，他家的老太太宁愿抱树同死，树才保存了下来。现在这树虽然已经老了，但结的果实却越加繁密了，味道也越加甘甜爽滑了，真是奇异的品种啊。

瑞榴　宋代时邵武的县学门口，有一株石榴，士子们以它结石榴的多少来预测县学考上进士的人数，每次都能应验，所以名叫"瑞榴"。

柯柏 明朝莆田状元柯潜官拜少詹事，亲手种植了两株柏树在翰林苑的后堂，号称学士柏，又建造了瀛洲亭，与柏树相伴。

种松 晋朝的孙绰隐居在会稽山，写了篇《天台赋》，范荣期说："这篇赋掷地会有金石之声。"孙绰在书房前种了一株松树，经常亲手培土浇水。邻居高柔说："你种的松树虽然说不上楚楚可怜，也不是栋梁之材啊！"孙绰说："枫树、柳树即使粗有合抱，又有什么用呢？"

连理木 宋代梁世基家里的荔枝树长成了连理，宋神宗皇帝赐诗给他说："横浦江南岸，梁家闻世贤。一株连理木，五月荔枝天。"

树头酒 缅甸有一种树，类似棕树，高有五六丈，结出的果实如手掌。当地人把酒曲放在罐子中，将罐子挂在果实下。把果实划破取出汁液来就成了酒。它的叶子就是贝叶，是写缅甸文字用的。

嗜鲜荔枝 唐代天宝年间，杨贵妃非常喜欢吃新鲜的荔枝。涪州每年让驿站飞骑传送，七天七夜送到长安，然后人和马都累死了。杜牧诗说"一骑红尘妃子笑，无人知是荔枝来"。

荔奴 龙眼长得像荔枝，但叶子略小一些，冬天也不凋谢。七月结果实，果壳青黄色，有鳞甲一样的花纹，形状圆得像弹丸，肉白而且有浆，味道非常甜美。果实极繁，一串有五六十颗，作穗就像葡萄一样。荔枝才过，龙眼就熟了。南方人把它看作是荔枝的奴仆。

此君 东晋名士王子猷暂时寄住在别人空着的屋子里，就让人种上竹子，有人问他，他说："何可一日无此君！"

报竹平安 唐朝的将军李靖（卫公）说：北都（太原）只有童子寺有一丛竹子，才有几尺长。而寺庙的管理者每天都要向方丈汇报竹子的平安。

蕉迷 南汉王朝的宠臣赵纯卿只喜欢芭蕉，家里凡是轩窗馆宇全种芭蕉。当时人称他为蕉迷。

卖宅留松 海虞的孙齐之亲手种了一株松，珍惜备至。家产已全卖给了别人，却只有松树不肯卖。跟一个卖茶水的邻居约好，每年赠邻居一千钱，请求他在墙上开一个小窗户，不时带着水去浇灌，只要从窗户里看松树上有刺毛，就立刻告诉主人，孙齐之就亲自去清理干净，清理完就走。后来他的儿子孙林和孙森都很孝顺，就努力又把家产买了回来。

青田核 《鸡跖集》中说：乌孙国有一种青田核，不知道树和果实长什么模样，但这种核却大得如瓢，可以装五六升东西，用来装水，一会儿就变成了酒。刘章得到两个，用它招待宾客，一个核中的酒刚喝完，另一个核中的酒又酿好了，可以供二十个客人畅饮。名叫"青田壶"。

桃核 洪武乙卯年展出过元代宫廷内库所藏的巨型桃核，半面长达五寸，宽面四寸七分，前面刻着"西王母赐汉武桃"和"宣和殿"十个字，并涂上金粉，中间画了龟鹤云气图，又刻了"庚子甲申月丁酉日记"字样。皇帝特命宋濂为此作赋。

龙眼荔枝 汉高祖时，南粤王开始进献龙眼树；汉武帝时才得到交趾的荔枝，种在上林苑；魏文帝开始下诏让南方每年进贡龙眼和荔枝。

药名 将要分离时赠给人的芍药，也叫可离。召集朋友就赠文无，文无也叫当归。想让人忘掉忧愁，就赠他丹棘，所以也叫忘忧。想要消除别人的愤怒，就赠他青棠，所以青棠又叫合欢。后来人们在送别时折下柳枝来相赠，也有人折下梅花来寄给远方的游子（参见《古今注》和《董子》）。还有叫帝休不愁的（参见《山海经》），芍药能怡情养性（参见《博物志》），皋苏能释放忿愤懑心情（参见《王粲志》），甘枣可以让人不惑（参见束晳《发蒙记》），树中有可以长生的树（参见《邺中志》），木中有可以辟鬼的无患木（参见《纂异文》）。

碧鲜赋 五代时后周的监察御史扈载去相国寺游玩，看见院中竹子可爱，写了一篇《碧鲜赋》。后周皇帝柴世宗派遣小黄门到墙壁前抄录下来，看后大为称赞。刘宽夫《竹记》说："坚实可以配得上松柏，劲节可以凌霜雪。稠密可以消散清烟，稀疏又可以漏下霄月。"

榕城 福州的榕树，树粗达十围，到了冬天叶子也不凋谢，郡城里的尤其茂盛，所以福州号称榕城。

相思树 潮州的凤凰山有很多相思树，树里有树神，披发光脚。

念珠树 这种树生在大理府，每个穗上能结出一百零八颗果实。从前一位姓李的贤者寓居在大理周城，借住的主人的妻子难产，这位贤者摘下自己身上的一颗念珠让她吞服下去，于是孩子顺利出生，手里还拿着那颗念珠，后来，扔那颗念珠的地方，生长出很多树来，就叫念珠树。

席草 储福是靖难时的守兵，流落在曲靖，不吃东西，饿死了。他的妻子范氏侍奉婆婆非常周到，一天看见河边有一种草长得像苏草，采来织成席子给婆婆用。她的婆婆死后，那种草就不再生长了。

蒌叶藤 叶子像葛叶，但藤蔓缠绕在树上，可以做成酱，就是《汉书》中所说的"蒟酱"，果实像桑葚，皮黑果白、味道辛辣，与槟榔同吃，可以抵御瘴气。

神木 明朝永乐四年，官府在沐川采伐楠木。正要开通道路把楠木运出，一天晚上，楠木自己移动了几里，所以朝廷封这座山为神木山。

独本葱 元代初年，马湖的蛮人每年都来进献独本葱（天麻），沿途郡县疲于运送，元贞初年终于停止了。

邛竹　《蜀记》中说：张骞奉皇帝之命出使西域时，在邛山得到高节竹的种子。现在常用来做手杖，非常雅致。

天符　容子山有一种树木的叶子，名叫天符，叶子像荔枝叶但略长，纹路好像虫蚀的篆文，不知这是什么树木，有人认为这是刘真人的仙迹。

吕公樟　松江的北禅寺，宋代有一个姓回的先生从此经过，亲手种了一株樟树在殿里。过了几年树死了，回先生又来造访，问樟公在哪里，然后从瓢里取了一丸药，埋到树根下，樟树就活了，每片叶子上都显示出瓢的痕迹。人们才明白过来这个先生就是吕洞宾。

陈朝双桧　静安寺里有两株桧树，宋代政和年间，媚臣朱勔把它画成图进献朝廷，朝廷派使者伐取，恰在此时暴雨雷电把其中一株劈碎了，朝廷也就罢休了。

竹诗　胡闰在吴芮祠的墙壁上题诗说："幽人无俗怀，写此苍龙骨。九天风雨来，飞腾作灵物。"明太祖看见后大为赞赏，封胡闰为大理卿。

苦笋反甘　《梦溪笔谈》中说：太虚观有一丛修竹，相传是陆修静亲手种植，生出的苦笋味道反而甘美；归宗寺里造的盐薤味道清淡，都是中山的佳品。

水晶葱　宋孝宗皇帝问左丞相周必大说："你家乡吉安盛产什

么？"周必大回答说："金柑玉版笋，银杏水晶葱。"

巨楠　赤城阁前有一株巨楠，高几十丈，粗三十尺，世人相传是范寂亲手种植的。范寂得到了长生不老之术，蜀汉先主多次征召做官他不去，先主就敕封他为逍遥公。

希夷所种　《方舆胜览》中说：普州土地贫瘠，没有特产，只有铁山枣、崇龛梨、天池藕三种东西，都是希夷先生陈抟老祖种的。

骑鲸柏　大邑凤凰山有一株紫柏，大有十围，树根盘在巨石上，号称骑鲸柏。

芦根　秦始皇因为发现东南有王者之气，所以凿开了连江的九龙山，得到一株芦根，有几丈长，斩断后还有血迹，把这座山命名为获芦峡。

榕树门　是桂林府的南门。唐代修建城门时，有一株榕树跨在城门内外，盘根错节长成城门的样子，车马往来，直接从树根下穿过。杨基写了一句诗"榕树城门却倒垂"，说的就是这个门。

苴草　苴草是广西所产，形状像茅草，吃了会让人长寿。夏天放置在筵席上，苍蝇和蚊子也不敢飞近，食物也不会腐烂，所以又叫不死草。另外还有一种木生子，形状像猪肾，能除药毒，名叫"猪腰子"。

罗浮橘　严州城南，有座山非常险峻，不易攀登，山上有一株罗浮橘，果实成熟时随风飘落在地上，捡到的人都说这是仙橘。

玉芝 会稽山陶堰岭出产一种花生，它叶子下的根每年生出一个舂米的臼来，把它拿来用面裹住煮熟了吃，可以达到辟谷的效果。

百谷 《名物通》中说：梁是小米、粟子之类的总称。稻是水田出产作物的总称。菽是各种豆类作物的总称。三种谷物各有二十种，共六十种。蔬菜、水果也辅助谷物，各有二十种，合起来就称"百谷"。

君子竹 苏轼诗说："惟有长身六君子，猗猗犹得似淇园。"另外，箣筜也属于竹类，生长在水边，高有数丈，粗有一尺五，一节就有六七尺长。

樗栎 《庄子》中说，我有一株大树，人们都称其为樗。它的树干，因过于粗大而无法做成木板；它的小枝又过于弯曲而无法衡量。《通志》中说：南方多有槲树，北方多有栎树，长得像樗，就是柞栎树。古话说："社庙前的栎树因为不成材，所以能长寿。"

梗楠 《文选》中说，梗木、楠木与豫章木都是能胜任大用的木材。

瓜田李下 《文选》上说：君子防患于未然，不处嫌疑间。瓜田边莫提鞋，李树下莫正冠。

薰莸异器　《左传》中说：一薰一莸，十年之后还有臭气。注释里说：薰，就是香草；莸，就是臭草。

蒲柳先槁　《世说新语》中说：顾悦之和简文帝同岁，头发却早已经白了。简文帝问他，他回答说："松柏经霜之后依然茂盛；而蒲柳还没到秋天就已经凋零了。"

余桃　《韩非子》中说：弥子瑕吃一个桃子觉得很甜，就把剩下的半个给卫国国君吃，国君说："他真是爱我啊。"后来弥子瑕犯了罪，国君说："这就是那个把吃剩下的桃子给我吃的货色。"

二桃杀三士　齐国的公孙接、田开疆、古冶子都勇猛却无礼。晏子告诉齐景公，可以赏给他们三人两颗桃，让他们论功来吃。最终三个人都自杀而死。

祥桑　在商朝的亳都，有桑树和穀树共同生在朝堂上，七天就长得有两手合抱那么粗大了。大臣伊陟说："妖异不能胜过德行。"于是商王太戊修行先王德政，养老怜贫、问候病人，清早早朝，很晚退朝。三天后桑树和穀树就死了。

金杏　金杏出产于分流山。比梨子大，比橘子黄。汉武帝寻访蓬莱、瀛洲时，有人进献它，现在被称为汉帝果。

花卉

桂花 一般草木的花是五瓣,而雪花是六瓣,朱文公说这就是"地六生水"的意思。然而桂花只有四瓣,潘笠江先生说,土地上生长的,成数是"五",所以草木的花都是五瓣,只有桂花是月亮中的草木,位居西方,而"四"是西方属金的成数,所以四瓣金色,而且还在秋天开放。

天花 生在五台山,属于草本植物。花像牡丹,更大一些,颜色白得像雪,花下还有白蛇守护,如果有人来摘花,一定会受伤。当地人用巧妙的办法来偷花,蛇看见花没了,就会自己撞死。把花晒干后,大得如同新鲜的牡丹,拿几片花瓣来放到汤里,味道非常鲜美,它的价格非常昂贵。

琼花 王兴在秋长山,看见一种琼花,花茎长八九寸,叶子像白檀叶,花像荷花,花香几里。唐代时有人在广陵的蕃釐观种下过一株,到元代时枯死了,就用八仙花补种在原来的琼花台前。

金带围 江都的芍药,共三十二种,只有金带围这种是最不容易得到的。韩琦当郡守时,金带围忽然开了四朵。当时王珪是副职,王安石是幕官,陈升之以卫尉丞的身份初到,韩琦在花下大摆宴席,并且四人各戴一朵。后来四个人相继拜为宰相,这是"花瑞"啊。

蔓花　胡人把茉莉叫蔓花,宋徽宗时才取名为茉莉。

洛如花　吴兴的山中有一株树,像竹子但却结有果实,果实像皂荚,乡里人看见后,来问陆澄。陆澄说:"这种花名叫洛如花,州郡若有名士,就会长出这种花来。"

王者香　《孔子家语》中说:孔子看见兰花,叹息说:"兰花本来应当是王者之花,现在却只能与众花为伍。"于是操琴创作了《猗兰操》。

伊兰花　金粟花香气浓烈,戴在发髻上,能香闻十步,而且一个月也不会消散。西域以"伊"字为尊,就像中国的"天"字,所以将"蒲"称为"伊蒲",将"兰"称为"伊兰",就是因其尊贵而这样称呼,是说它的香气无花可比。大概就是今天的真珠和木兰吧。

断肠花　从前有个女子思念情人,不能相见就悲伤哭泣,眼泪流到了北墙下。被泪水打湿的地方长出一种草,它开出的花美如女子的面容,它的叶子正面是绿的,但背面是红的,秋天盛开,就是现在的秋海棠。

蝴蝶花　贵州的玄妙观有蝴蝶花,春天开花时娇艳无比。花落时,就变成蝴蝶翩翩飞远了,枝头不留痕迹。

优钵罗花　北京礼部仪制司优钵罗花，每次开放必在四月八日，冬天结果实，形状像鬼莲蓬，剥开果实的外壳，它的核像一尊金佛，形体与相貌都极其相似。

娑罗　夏津当昌化县令时，当地有一株娑罗树，开花时香闻十里。夏津笑着说："这里真是'花县'啊。"

兰花　蜜蜂采花时，采普通的花用脚把花粉沾走。采兰花就背着花粉走，因为这是要献给蜂王的。如果进献其他花，蜂王会赏它蜜，如果进献稻花就会被处死，这就是蜂王的道德准则。

婪尾春　桑维翰说：唐末文人把芍药称为"婪尾春"，因为婪尾酒是宴席上的最后一杯酒，而芍药花开于春末，所以取"婪尾春"这样的名字。唐代留守李迪（编者按：此处李迪应是北宋人，玄宗所指不详。）把芍药装在驿车内进献皇帝，唐玄宗从此将它种植在宫苑之中。

姚黄魏紫　《西京杂记》中说：牡丹花中最为奇异的两个品种，是姚家黄和魏家紫。

木莲　白居易说：我游览临邛的白鹤山寺，看见佛殿前有两株木莲，高达几丈，叶子坚实肥厚好像桂叶，在盛夏开花，形状像荷花，香气也非常相似。寺里的僧人说："折花的响声如同破开竹子的声音。"这样的花一郡也只有两株，不知道从哪里来的。成都多有奇花，但这样的也不常见。世上有木芙蓉，但还没听说过有木莲花呢。

国色天香　唐文宗在内殿赏花，问程修己说："京师传唱的牡丹诗中谁者第一？"程修己答："李正封的诗'国色朝酣酒，天香夜染衣。'"唐文宗就对贵妃说："你在妆镜前用紫金盏喝一杯酒，就正好切合李正封的诗句了。"

茶花　茶花以滇茶为第一，日丹次之。滇茶出于云南，大红色，大小像茶碗，花瓣不多，花瓣中间多有分层和皱褶，红花黄心，模样可爱。

佛桑　出于岭南，枝叶形状像江南的木槿，而花却像中州的芍药，不过比芍药更轻柔。开花在二三月间，婀娜可爱，有深红、浅红、淡红几种，剪下枝条插在地上就可以成活。

花癖　唐代张籍生性极爱花卉，听说贵人公侯家有一株山茶，花朵如盆，他琢磨无法得到，就用心爱的姬妾去换。人称他"张籍花淫"。

海棠　宋真宗时海棠开始与牡丹齐名。宋真宗亲笔写了十首杂诗，《海棠》为第一首。而种植红海棠和红梅是从晏殊开始的，把黄梅命名为蜡梅则是从苏东坡开始的。

花品　周敦颐在《爱莲说》中说：菊花，是花中的隐士；牡丹，是花中的贵人；莲花，是花中的君子。

舍东桑　《三国志·蜀书》中说：先主刘备房舍东边有一株桑树，有一丈多高，枝条垂下来如同华盖，由此经过的人都很奇怪这株树气象非凡,当出贵人。刘备小时候跟一群小孩在树下游戏,说:"我以后一定要乘坐有这样车盖的豪车。"

张绪柳 《南史》中说:齐武帝时,益州进献蜀地的柳树,枝条很长,形状如同丝线。齐武帝把它种植在太昌灵和殿殿前,说:"这株柳树风流可爱,就像黄门郎张绪少年时。"

美人蕉 这种花一年四季都盛开,颜色深红,灿烂耀眼,盛开后一个月都不凋谢。

海棠香国 从前有一个人被调到昌州为太守,但他希望换一个更好的地方。彭渊才听到后就劝他,说:"昌州是个好地方啊!"那个州守问他原因,他说:"海棠的缺点,在于没有香味,但唯独昌州产的海棠香气扑鼻,所以被称为'海棠香国',难道不是个好地方吗?"

思梅再任 南朝诗人何逊任职扬州的法曹,公馆旁有一株梅花树,何逊经常在树下写诗。后来他居住洛阳,想念梅花却看不到,于是请求再次到扬州做官。到任的那天,梅花开满树,何逊遍请宾客到树下赏花喝酒。

榴花洞 唐代一个砍柴的樵夫叫蓝超,在福州东山追一只鹿,鹿跑进了一个石门,里面有鸡犬和人烟。遇见一个老翁,对他说:"我们都是躲避秦时战乱而来到这里的,你留在这里行吗?"蓝超说:"等我回去辞别妻子再来吧。"那个老翁赠他一枝石榴花,他就出来了。后来再去寻找,却迷路了。

桃花山　桃花山在定海,千岁翁安期生就在这里炼丹,把墨汁洒在石头上就成了桃花,下过雨后就更加鲜艳,好像真桃花一样。

攀枝花　产于广州,高达四五丈,很像山茶,颜色像锦缎一样殷红,又叫木棉。

一年三花　在嵩山的西麓,汉代时有道士从外国带了贝多子来这里种植,成活了四株,一年开花三次,花呈白色,香味独特。

白翦　韩愈的诗《古意》中说:"太华峰头玉井莲,开花十丈藕如船。冷比雪霜甘比蜜,一片入口沉疴痊。"

萱草忘忧宜男　《博物志》中说,萱草又称忘忧草,也叫宜男花。孟郊在《百忧》诗中说:"萱草女儿花,不解壮士忧。"

冰肌玉骨　袁丰之品评梅花时说:"冰肌玉骨,世外佳人,只遗憾没有倾国倾城的笑容啊。"

菊比隐逸　菊花不与群花争夺春天的芳香,在百花开过后它才开,所以把它比作隐逸之士。

花似六郎　称赞武则天男宠张昌宗的人说:"六郎貌似莲花。"宰相杨再思说:"其实是莲花长得像六郎啊。"

先后开　南野县大庾岭上的梅花,南枝上的花已经落了,而北枝上的花才刚开放,这是由于冷热不同啊。

卷十七

四灵部

飞禽。走兽。鳞介。虫豸

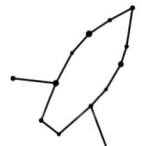

飞禽

鸟社 大禹即位十年后,到东方去巡狩,死在会稽,就葬在那里。后来有一种鸟飞来坟头除草,春天拔草根,秋天啄杂草,所以被称为鸟社。县官严令民众不得加害这种鸟,违犯者绝不轻饶。

精卫鸟 炎帝的女儿淹死在渤海,变成了精卫鸟,每天衔来西山的木头石块,要用来填渤海,至死不倦。

凤 《论语谶》中说:"凤凰有六象九苞。"所谓"六象",就是头像天,眼睛像太阳,脊背像月亮,翅膀像风,足像大地,尾巴像群星。所谓"九苞",就是口包命,心能合度,耳朵聪达,舌可屈伸,色彩光泽,冠为红色,脚有尖钩,声音激扬,腹有花纹。它行走时鸣叫被称为"归嬉",栖止时鸣叫称为"提扶",夜里鸣叫称为"善哉",早晨鸣叫称为"贺世",飞行时鸣叫称为"郎都"。它只吃梧桐和竹子的果实。所以孔子都想隐居到九夷之地去,与凤凰嬉游。

鸾 是一种吉祥鸟。张华注释说:鸾是仅次于凤凰的鸟,刚出生时像凤凰,过段时间身上的五彩会发生改变,它的声音像风铃。周代礼乐完备,法车上系有风铃,就像鸾的声音,所以把法车的名字改为鸾驾。

像凤　太史令蔡衡说：大凡长得像凤凰的鸟都有五色。红色多的是凤凰，青色多的是鸾，黄色多的是鹓雏，紫色多的是鸑鷟，白色多的是鹄。这只鸟是青色的，是鸾，不是凤凰。

迦陵鸟　鸣叫声像笙箫一样清脆悠扬，巧妙地迎合了五音的韵律，可以模仿出百虫的声音。《楞严经》中说："迦陵仙音，遍十方界。"

毕方鸟　《山海经》中说：章峨山有一种鸟，形状像鹤，只有一足，青色的羽毛、红色的花纹、白色的嘴巴，名字叫毕方。它的鸣声就像叫自己的名字。它出现的地方会有磷火。

鸾影　南朝刘宋时的范泰在他所著的《鸾鸟诗序》中说："从前罽宾国王在峻卯山结网，抓了一只鸾，这只鸾三年都不鸣叫。王后说：'曾听说鸟见到自己的同类就会鸣叫，为什么不挂一面镜子让它照照看呢？'国王听了王后的话，鸾看见自己的身影后悲哀地鸣叫起来，然后冲天一飞而死。这样的鸟用情之深，真让人叹息啊！"据说鸾鸟的血可以做胶，用来接续弓箭、琴瑟的弦。

吐绶鸡　形状、毛色都像普通的大鸡。天气晴朗、景色宜人时，它的颔下就会吐出一条绶带，有一尺见方，金碧耀眼，上面的花纹就像蜀锦，中间有一个字，是篆文"寿"字；阴雨天时就不吐。所以也叫寿字鸡，又名锦带功曹。

孔雀　孔雀非常爱惜自己的尾巴，遇见好天气和好景色，听到音乐响起都会展开尾翼，翩翩起舞。本性妒忌，看见女人盛装打扮，会追上去啄她。山中栖息时，会先选择好地方安放尾巴，然后再安置身体。要想活捉它，要等下大雨时。因为尾巴沾水变重，捕鸟人到了，它却还爱惜尾巴，不敢轻举妄动。

杜鹃　蜀地有一个国王叫杜宇，禅让给了鳖灵，隐居在西山，死后变成杜鹃。蜀人听到它的鸣叫，就思念他，所以又叫作望帝。又有人说杜鹃把幼雏生在别的鸟巢里，百鸟帮它喂食。

鸿鹄六翮　刘向说："鸿鹄可以一飞冲天，它所凭借的是两翼啊。至于肚子或脊背上的毛多一把或少一把，也不会让它飞得更高或者更低。"

号寒虫　五台山有一种鸟，名叫"号寒虫"。四只脚，长有肉翅却不能飞，它的粪就是五灵脂。盛夏时，它的羽毛花纹与色彩绚烂，就自鸣得意地说："凤凰不如我。"到了冬天，毛都脱落了，就鸣叫道："得过且过。"

秦吉了　岭南的一种灵鸟。又名了哥。形似八哥，身体黑色，两眉是黄色，头顶上的毛有缝，就像人的头发中分的一样。听力好，心智高，能学人说话。有外国人用几万钱买了一只带走，秦吉了说："我是汉地的鸟，绝不去胡人的地方！"于是在惊惶中死了。

变化　《礼记·月令》中说：三月，田鼠变鴽（rú），八月再变为田鼠。这两种东西互相变化,"䴆"就是现在的鹌鹑。二月鹰变成斑鸠,八月斑鸠再变为鹰,也是互相变化。

赤乌　周武王讨伐纣王,渡过孟津时,有火球从天而降,落在了周武王住的屋上,变成了乌鸦,颜色是红的,发出噼噼啪啪的响声。

布谷鸟　就是斑鸠。杜甫有"布谷催春种"句。张华说:农事方起,这种鸟就在桑间飞鸣,像在叫"谷可布种"了。又说,它的声音像说"家家撒谷",还有人说像"脱却破裤"。都像它的叫声。

蟁（wén）母　这种鸟像鸡一样大,黑色,生长在南方池塘沼泽的芦苇丛中,它的声音就好像人呕吐的声音,每叫一声,嘴里就吐出一二升的蚊子。

稚子　又名竹豚。喜欢吃竹笋,善于隐蔽,不让人发现自己。所以杜甫有诗"笋根稚子无人见"。

鹢　是一种水鸟,能镇住水神,所以画在船头,船也称为彩鹢。

捕鹯（zhān）　魏国的公子无忌正与客人喝酒。忽然有鹯鸟追击一只斑鸠,斑鸠躲到了公子的案底,鹯鸟追赶,并在公子面前杀了斑鸠。公子觉得羞愤,让人设网,抓了十几只鹯鸟,斥责它们杀斑鸠的罪名,并说:"杀斑鸠的要处死。"有一只鹯鸟低下头不敢仰视;其他的都拍着翅膀鸣叫。于是公子就杀了那只低头的,把其他的都放了。

鹁鸽井 汉高祖的庙在临城的鹁鸽井旁,庙里《碑记》上说:"沛公刘邦曾在井中避难,有两只鸽子停在井上,追兵就不疑,沛公得以逃脱。"

雪衣娘 唐明皇时,岭南进献了一只白鹦鹉,聪慧能言,皇上称它为"雪衣娘"。皇上常与诸王、贵妃玩博游,如果皇帝要输了,左右宫女就会呼叫"雪衣娘",它就在博局上乱飞,把博局弄乱。有一天它竟然说:"昨夜梦见被猛禽搏杀。"后来,果然被鹰杀死,死后埋在宫苑中,称"鹦鹉冢"。唐代李繁说:"东都有人养鹦鹉,因为很聪明,就施舍给僧人。僧人教它诵读佛经。它时常在架上不语也不动,问它为什么,它回答说:'身心俱不动,为求无上道。'等它死时,火化后有舍利。"

白鹇 宋末皇帝跑到厓山,被元兵追赶,丞相陆秀夫抱着皇帝跳海而死。当时御舟上有一只白鹇,奋击哀鸣,然后也投海殉死。

鹁鸽诗 宋高宗喜欢养鸽,亲自放飞。有一个士人题诗说:"鹁鸽飞腾绕帝都,朝收暮放费工夫。何如养个南来雁,沙漠能传二帝书。"宋高宗听到这首诗后,召见士人,当即赏予官职。

长鸣鸡 宋处宗曾买到一只长鸣鸡,放在窗前。后来鸡竟然开始说人话,与宋处宗终日谈论,宋处宗因此而学业大进。

宋厨鸡蛋 宋文帝的尚食厨在准备御膳时,要煮鸡蛋,忽然听到锅里有很细微的声音,原来是这些鸡蛋在叫观世音,凄怆异常。当值的人将此事报告宋文帝,宋文帝亲自去验证,果然如此,叹息说:"想不到佛家的神力竟然能达到这种地步!"就下令以后不许再煮鸡蛋,还禁止杀生。

雁书　苏武出使匈奴,匈奴把他扣留并流放北海牧羊。汉朝派使者寻找他,匈奴谎称苏武已死。常惠教使者对奴王说:"天子在上林射雁时,发现雁脚上绑着一封书信,说苏武在某某大泽之中。"单于听后非常惊讶,慌忙谢罪,并让苏武还朝。《礼记》中有"鸿雁来宾"的话(先到的是主人,后到的是宾客)。

孤雁　张华说:大雁夜里栖息在大河或沼泽中,千百成群,一定会让一只孤雁巡逻守夜,如有警报就鸣叫告诉众雁。所以师旷在《禽经》里说:"群栖独警。"

飞奴　宰相张九龄家里养了一群鸽子,每次与亲朋好友写信,就把信系在鸽子的脚上让鸽子去送,称之为"飞奴"。

鸩(zhèn)毒　《左传》中说:"宴安鸩毒,不可怀也。"鸩,一种有毒的鸟,身体是黑的,眼睛是红的,它爱吃蝮蛇,所以用鸩毛蘸过的饭菜,可以毒死人。

周周鸟　名字叫周周。因为头重尾曲,想在河里喝水,就会一头栽到河里去,所以要用嘴衔着尾巴来喝水。

金衣公子　唐明皇在禁苑游玩,看见一只黄莺羽毛鲜艳光洁,就称呼它为金衣公子。

戴颙（yóng）在春阳高照时带着两个柑子和一斗酒出门，有人问他去干什么，他回答说：去听黄鹂声，这是治疗俗耳的良药，激发诗兴的仙音。

养木鸡 《庄子》中说：纪渻子帮宣王养斗鸡，十天后，宣王问："鸡可以战斗了吗？"他回答说："还不行，它还虚浮骄矜，自恃意气。"又过了十天问他。回答说："差不多了，如果有别的鸡挑衅，它已经没有什么反应了。看上去像木头做的，如此一来它的战斗能力就完美了。与别的鸡斗，没有敢来挑战的，都逃走了。"

季郈斗鸡 《左传》中说：季平子和郈昭伯氏斗鸡，季氏在鸡的羽毛中洒上芥粉，郈氏给鸡的爪子装上了金距。刘孝威写诗说："翅中含白芥，距外曜金芒。"

乘轩鹤 卫懿公喜欢鹤，以至于王宫里的鹤有乘坐轩车的。等到狄人来讨伐卫国时，那些兵士都说："鹤身居高位，为什么不派鹤去打仗呢？"于是卫国就灭亡了。

翮成纵去 高僧支道林喜欢鹤。有人送给他一双鹤，支道林剪去了它们翅膀的羽毛，鹤常低头看自己光秃秃的翅膀，看上去苦恼疼惜。支道林说："鹤有冲天之志，哪里愿意成为人们身边观赏的玩物呢！"就把它们翅膀的羽毛养出来，让它们飞了。

羊公鹤 从前羊叔子养的一只鹤擅长跳舞，他曾向客人夸耀，客人让他把鹤叫出，却羽毛松垮，不肯跳舞。所以人们用"羊公鹤"来比喻有名无实的人。

斥鷃笑鹏　《庄子》中记载：在草木不生的极北之地，有一只鸟名叫鹏，乘着云气直上可飞九万里，它要去南溟，小麻雀嘲笑它说："你到那里干什么去？我向上飞腾跳跃，不超过几丈就落下来，最多在蓬蒿之间翱翔。你没事干为什么要飞到南海去呢？"

打鸭惊鸳　吕士隆任宣州太守时，喜欢鞭打官妓。恰好一个杭州的官妓来到宣州，吕士隆很喜欢她。一天，一群官妓小有过失，吕士隆又要鞭打她们。那些官妓说："我们不敢推卸罪责，只是怕让杭州来的那位官妓心里不安。"吕士隆就宽恕了她们。梅尧臣听说此事后写了一首《打鸭诗》："莫打鸭，惊鸳鸯。鸳鸯新向池中落，不比孤州老鸹（guā）鸽。鸹鸽尚欲远飞去，何况鸳鸯羽翼长。"

乌　燕国太子丹在秦国做人质，秦王对待他无礼，太子丹就想回国。秦王不允许，就托词说："等乌鸦的头变白、马生出犄角来，就可以回国。"太子丹仰天叹息，乌鸦的头就变白了，马也生了犄角，秦王不得已，只好放他回国。

乌伤　颜乌是一个孝子，父亲死后，他一点一点背土来筑坟，一群乌鸦也衔土相助，结果乌鸦的嘴喙都受伤了，因此将此地命名为"乌伤"。《广雅》中说："纯黑色并且懂得反哺的叫乌；小一些肚子下为白色，不会反哺的叫鸦。"

燕居旧巢　武瓘在一首诗中说:"花开蝶满枝,花谢蝶还希。惟有旧巢燕,主人贫亦归。"另外,唐诗中说:"旧时王谢堂前燕,飞入寻常百姓家。"

斗鸭　陆龟蒙在水边养有一群花鸭。一天,驿使乘舟经过陆龟蒙所居之地,用弹丸击毙了一只绿头鸭,看见的人告诉了陆龟蒙,于是他告诉驿使说:"此鸭乃非常之鸭,它会说人话,我正准备献给皇上,你为什么要把它杀死?"驿使听后既震惊又惭愧,送上身上的所有钱财,临走时询问道,这鸭子会说什么话。陆龟蒙答道:"常常叫自己的名字罢了。"驿使又好气又好笑,甩了甩袖子,上马要走。陆龟蒙把钱还给他,说:"开玩笑罢了。"

孝鹅　唐代天宝末年,长兴的沈氏养了一只母鹅,马上要病死了,小鹅悲伤地鸣叫,不再吃食;母鹅死后,它用嘴衔来破席子把母鹅盖住,又衔了刍草列在前边,好像祭祀的样子,然后向天长号叫着死去了。沈氏大为惊奇,将它埋在蒋湾,取名孝鹅冢。

蔡确鹦鹉　蔡确贬到新州,有一个侍妾名叫琵琶,她养的鹦鹉非常聪慧,常为蔡确呼唤琵琶。琵琶死了后,鹦鹉还不时唤她的名字。蔡确写了一首诗来凭吊。

雁丘　金代的元好问路过阳曲,看见一个猎人说:"捕获了两只大雁,其中一只死了,另一只逃脱网罗,但在空中哀鸣很久后来也撞地而死。"元好问就用钱赎回了两只大雁,把它们埋在汾水岸边,垒土做坟。就是现在的雁丘。

见弹求鸮 《庄子》中说,长梧子说:"你计划得太急了,看见鸡蛋就想着夜里打鸣,看见弹弓就要烤好的鸡腿。"

燕巢于幕 季札出使晋国,准备在戚邑住宿。忽然听到音乐声。季札向晋国人询问,得知是晋国大臣孙文子在欣赏音乐。季札对身边人说:"真奇怪呀!我听说人若是有辩才而没有德行,必将遭到杀戮。晋国的这个孙文子就因为有辩才而没有德行被晋国国君治过罪,他做事小心谨慎尚嫌不够,怎么还能沉溺于靡靡之音呢?孙文子在这里,就像燕子在帷幕之上筑巢那样危险。晋国刚刚死去的国君的灵柩还没有安葬,他怎么可以演奏音乐呢?"说完,季札就离开了戚邑。《吕氏春秋》说:燕雀住在堂上,母子之间相亲相爱,但是如果灶起了火烧了房子,它们却还不知大祸临头。

禽经 金子沾上伯劳的血就会变暗,铁器得到鹈鹕(tī)的油就光洁,石头沾上乌鹊的骨髓就化,银子沾上雉的粪就色泽干萎。翡翠可以粉碎金子,鹡鸰(jiāo jīng)鸟可以将火扑灭。

风雨霜露 《禽经》上说:"风翔则风。"风,是鸢鸟。"雨舞则雨。"雨,是商羊。"霜飞则霜。"霜,是鹡鸰。"露濡则露。"露,是仙鹤。又说:"以豚可预测风,用鼍(tuó)可预测雨。"豚,就是江豚。喜鹊能预知风,蚂蚁能预知雨。

禽智 工部郎中陈所敏说:鹈鹕鸟能在水中自由行走,所以水中的动物无法伤害它。啄木鸟遇见蠹(dù)虫的洞穴,能用嘴画出符咒，蠹虫自己就出来了。鹤能走天罡之步，蛇就不敢动。乌鸦有隐秘的巢穴，所以猛禽看不见。燕衔泥筑巢时一般会避开戊己日以免犯土，所以巢不会倾倒。鹳有一种长水石，这样在自己巢里养鱼，水就不会干。燕子不喜欢艾草，雀鸟想占有它的巢，就衔来艾草放在燕巢里，燕子就只好躲开。这都是飞禽的智慧。

大鸟悲鸣　东汉名臣杨震下葬的前几天，有只大鸟，高一丈多，飞到杨震停丧的地方悲鸣，葬完后才离开。皇上听说，才醒悟到杨震是蒙冤而死的，特派使臣去祭祀，并封他的儿子为官。

化鹤　《职方乘》中说：南昌有个洗马池，曾经有个少年人看见七个美女，把五彩衣脱在岸边，到池中沐浴。少年想戏弄她们，藏了一件彩衣，美女们沐浴后穿上衣服，就变成白鹤飞走了。只有丢失衣服的那位留了下来，随少年到了他家，结为夫妇，约定三年后归还她的彩衣。三年后，她也穿上衣服飞走了。所以又叫浴仙池。

化为大鸟　王次仲把仓颉的旧字体变成现在的隶书。秦始皇征召王次仲为官，他屡次推辞不就，秦始皇大怒，下诏用囚车把他送来。王次仲就变成大鸟飞走了，落下两根翮毛在延庆州，现在还有大翮山。

五色雀　生长在广东罗浮山。有贵人到来，它会先飞舞。

骏鹀鸟　生长在广东肇庆，形状像山鸡，羽毛有光泽。汉代以它的羽毛来装饰侍中的官帽。

凤巢 隋代时有两只凤凰来永福安巢，宋代初年又来了，当地长官向朝廷报告，宋太宗派使者开凿巢下的石头，竟然得到一块美玉，就把这座山叫"凤巢山"。

群乌啼噪 海盐有个乌夜村，晋朝时何准寓居在此。一天晚上，一群乌鸦一直乱啼叫，这时何准生了女儿。后来乌鸦又在晚上啼叫，正是晋穆帝立何准的女儿为皇后的日子。

问上皇 郭浩到兰州巡查，看见有一红一白两只鹦鹉在林间鸣叫，问他："上皇可好？"郭浩询问原因。原来兰州向朝廷岁贡鹦鹉，宋徽宗将它们放在安妃阁。后来送回了本土，两只鸟一直感恩不忘。

凤历 凤凰知道天时，所以用"凤"字来称历法。凤凰一鸣天下的鸡都会跟着鸣叫。凤凰的尾巴有十二根翎毛，到闰年还可生出第十三根翎毛。现在乐府调尾声有十二板，是模仿凤凰之尾，所以叫尾声。有人再增加四个字，同时再加一板，以模仿闰年。

鸡五德 《韩诗外传》上说："头上戴着鸡冠，有'文'。脚上有搏斗的距，有'武'。看见敌人敢战斗，有'勇'。看见食物相互呼唤，有'义'。守夜从不误时，有'信'。"所以鸡又叫作德禽。

陈宝 秦穆公时，陈仓有人挖地时得到一个东西准备进献，在路上遇见两个童子，说："这个东西是媪（yūn）。"媪说："那两个童子叫陈宝，得到雄的就可以称王，得到雌的就可以称霸。"这个陈仓人就舍弃媪而去追那两个童子，童子变成野雉，飞进了树林。陈仓人把这事告诉了秦穆公，穆公就发动大规模围猎，果然得到了一只雌的，但却变成了石头，穆公把它放在汧河与渭河之间，并建了陈宝祠，于是秦国称霸西戎。

腰缠骑鹤　从前有人各言其志。一个希望做扬州刺史，一个希望有很多财产，一个希望乘鹤飞升以成仙。还有一个人说："我希望能腰缠十万贯，骑鹤上扬州。"

隋珠弹雀　古话说，用隋侯珠去打千仞高山上的麻雀，世人一定会笑话的。因为他所使用的东西很贵重，希望得到的东西却微不足道。

雀跃是说人在喜悦时，像麻雀一样跳跃。

爱屋及乌　《诗经》上有"瞻乌爰止，于谁之屋"的句子，是害怕因打乌鸦而伤到了房屋。

越鸡鹄卵　《庄子》中说："越地的鸡不能孵化鸿鹄的蛋。"是说其体形太小了。

燕贺　《淮南子》中说：大厦将落成时燕子和麻雀都会相互庆贺。

贯双雕　《唐书》中说：高骈看见天上有两只大雕飞过，心中祈祷说："如果以后会大贵的话就保佑我一箭射中。"却一箭双雕，所以被称为双雕侍郎。

鹊巢鸠占　《诗经》中说："喜鹊建巢，斑鸠居之。"

闻鸡起舞　祖逖与刘琨晚上睡在一张床上,半夜鸡叫,祖逖就把刘琨踢醒说:"这个声音不难听!"就起身舞起剑来。

走兽

药兽　神农时,有人进献了一头药兽。如果有人生了病,就摸这个兽,对它说话,说完,它就到野外去,衔回一株草来,把草捣出汁喝了病就好了。神农命令风后记住它衔回来的什么草治什么病。时间久了,这些方子都得到了验证。虞卿说:"神农以药兽为师,精通了医术。"

夔　黄帝在东海流波山得到一只奇兽,形状像牛,浑身黑色,没有犄角,一条腿,能入水,它吐水的话就会下雨,目光如同日月,声音仿佛雷霆,名叫夔。黄帝让人杀了它,用皮做成战鼓,并用它的骨头做鼓槌来敲打,鼓声能传五百里远。

獬𧳖(zhì)　皋陶判案时,就有獬𧳖(一种独角兽,也就是现在所画的獬豸)在法庭上走过,遇到罪行疑而不决的人,就让它来判断,有罪它就会用角来牴,没有罪它就不牴,就凭此断案。

黄熊　舜帝将鲧流放到羽山。鲧变成了黄熊,并进入羽泉。所以大禹庙里严禁用熊作祭品。

白狐 大禹三十岁没有娶妻，行经涂山时，有一只九尾白狐来拜访大禹。涂山有民谣唱道："白狐绥绥，九尾庞庞。成子家室，乃都攸昌。"于是大禹就娶她为妻，称她为女娇。

野兔 周文王被囚禁在羑里七年，儿子伯邑考去探视父亲。纣王叫伯邑考围棋，伯邑考态度无礼，纣王怒杀了伯邑考，并把他剁成肉酱，让人送给周文王吃。周文王吃完再告诉他真相，文王痛哭后呕吐出来，呕吐出的东西全部变成野兔跑了。

麟绂 孔子的母亲怀孕时，有一只麒麟来孔子家吐出一本玉书，玉书上的文字说："水精的子孙，维系衰弱周朝的无冕之王。"孔子的母亲就用绣了花纹的丝带系在麒麟的角上，麒麟连住两晚后离开了。到了鲁定公时，鲁国人在大泽耕田时捕得一只麒麟，让孔子看，绑在角上的丝带还在。孔子知道自己的生命将要结束了，抱住麒麟解开丝带，泪水横流。

白泽 东望山有一种野兽叫白泽，能通人言。如果君王有德，能察微知著，恩德广布，白泽就会自己到来。

昆蹄 昆蹄是大地上的神兽，英明灵秀，能说人言，是因大禹治水有功它才出现。

角端 元太祖把军队驻扎在东印度时，发现一只很大的野兽，高几丈，一只角，像犀牛一样，用人话说："这里不是帝王的世界，您最好赶快回去吧。"耶律楚材进言说："这只野兽名叫角端。有圣人在位的话，就会奉书前来。能日行一万八千里，像鬼神一样灵异，不可冒犯。"

彖　是猪一类的动物。张开嘴就会把五脏都露出来，所以叫"彖"。《易经》用"彖曰"，也正是用的这个意思。

狮子　又叫狻猊。《博物志》中说：魏武帝曹操讨伐匈奴，经过白狼山，遇见狮子，让人猎杀，却被它咬死咬伤很多人。忽然有一个生物从树木里出来，像狸猫一样，跳上魏武帝的车辕。狮子攻到这里时，它就跳到狮子头上，狮子就趴下不敢动，这样才杀了狮子。带着狮子回到洛阳时，方圆三十里内的鸡犬没有敢叫出声的。

酋耳　身体像虎豹，尾巴长度是身体的三倍，能吃虎豹。如果君主可以威服四夷，它就会出现。

虎伥　如果人被虎吃了，他的魂魄就会成为虎的仆役，为虎作前导。所以凡是被虎咬死的人，他的衣服、帽子、鞋都脱在地上，不是老虎的威风可以使人自己脱下，实际上是鬼魂脱的。

虎威　老虎身上有一根骨头，形状像"乙"字，长过一寸，位于两胁旁的皮肤里，尾巴尖上也有，名叫"虎威"，如果佩带它当官，可以威服众人。又：老虎能夜视，一只眼睛放光，一只眼睛来看万物。猎人伺机射杀它，箭刚射到，虎眼放出的光就让箭掉在地上变成白色石头，并深入到地下一尺多。若记下白石掉落的地方，将其挖出来，可以用来抑制小孩的哭闹。

仓兕　尚父为周朝司马，率领大军讨伐纣王。到了孟津渡口上，举着斧钺军旗，号令部下说："河中有仓兕。"仓兕是一种水中的兽类，善于弄翻人乘坐的船，神异多变。尚父的意思是让大家赶快渡河，否则，仓兕就会祸害你。

斗榖於菟　《左传》中说：斗伯比奸淫了邧（yún）子的女儿，生下子文。邧夫人因子文是私生子，弃之于梦泽荒野中，老虎喂养他。邧子打猎时，看见老虎在喂养一个孩子，很害怕，回来后，夫人告诉了他实情，于是把孩子收养了。楚语把"乳"叫"榖"，称"虎"为"於菟"，所以就给孩子起名为"斗榖於菟"。

貘　长着大象的鼻子，犀牛的眼睛，牛的尾巴，虎的爪子，喜欢吃铁，生长在南方的山谷。睡在它的皮上可以防潮，画它的图形可以辟邪。

穷奇　西北有一种野兽叫穷奇，又名神狗。它的形状像虎，还有翅膀可以飞，会吃人，会说人言。遇见忠诚正直的人，就咬死吃掉；遇见奸邪的小人，却抓捕飞禽走兽送他吃。

梼杌　西方边荒之地的野兽，形状像虎，毛有三尺多长，长着人脸虎爪，口中的牙有一丈八尺长，好争斗，到死不退却，是最凶恶的野兽。

山都　山都极像昆仑奴，遍体是毛，看见人就闭上眼睛，张开嘴像在微笑，喜爱在深洞里翻石头找螃蟹来吃。

饕餮　长着羊身人面，眼睛在腋窝下面，还有老虎一样的牙齿和人一样的手，声音像婴儿，住在钩玉山里。

狼狈　这是两种野兽的名字。狼前腿长，后腿短；狈前腿短，后腿长。狼要没有狈就立不起来，狈要没有狼就无法行走。如果它们分开了，就会进退两难。所以人们遇事不顺，就说"狼狈"。

风马牛　马喜欢逆风奔跑，牛却喜欢顺风奔跑，因此吹北风时，牛向南跑而马向北跑，吹南风时则牛向北跑而马向南跑。所以说"风马牛不相及"。

种羊　西域有种羊的风俗。初冬时，选择一个未日，杀一只羊，把肉切成方寸大小埋入土中。来年春季，选择上未日，请一个僧人来吹奏胡笳，念咒语，土里就会冒起一个泡，像鸭蛋一样。几天之后，风吹破这个泡，就会有小羊从土里生出来。这是在胎生、卵生、湿化和化生之外，又有一种诞生生命的方式。

猫　出产于西方天竺国，唐三藏把它带回来用以保护经书，防止老鼠来咬，这才开始在中国繁衍。所以"猫"字在经传上没有记载。《诗经》有"猫"字，《礼记》中的"迎猫"，都不是指这种猫。

万羊　大臣李德裕召来一个僧人询问吉凶，僧人说："大人是万羊丞相，现在已经吃过了九千六百只了。几天后会有人送给大人四百只羊，正好满一万。"李德裕大吃一惊，不想接受。僧人说："羊到了，已经是大人的了。"果然十几天后就被贬为潮州司马，又贬为连州司户，不久就去世了。

艾豭（jiā） 卫灵公的夫人南子与宋国公子宋朝通奸，宋国的老百姓唱歌说："既然已经满足了你们的娄猪，为什么不归还我们的艾豭呢。"（娄猪就是母猪，艾豭就是公猪。）

辽东豕 辽东有一只猪，生的小猪头是白的，主人觉得很奇异就打算进献给皇帝。走到河东，发现这里的猪头都是白的，就惭愧地回家了。现在彭宠邀功，与这有什么不同的呢？

李猫 李义府外表温和恭敬，但其实狡猾阴险又妒忌刻薄，当时人叫他"李猫"。

麋鹿触寇 秦始皇想要扩大皇家园林，一个叫旃的优伶说："太好了，多养禽兽在园林里，如果贼寇从东面来侵犯，我们让麋鹿来抵抗，就足够了！"

犹豫 犹这种野兽，生性多疑。一听到声音，就先爬上树，观顾四周，没有人才敢下来。过一会儿又上去，像这样反复好多次。所以现在有人考虑事情无法决定，就被叫作"犹豫"。

沐猴 一种小猴，出自阇宾国。史书中有"沐猴而冠"，把"沐"当作"沐浴"的"沐"，是错的。

刑天 一种野兽的名字，就是"浑沌"，见于《山海经》。能挥舞盾、斧。陶渊明有诗句"刑天舞干戚"，现在写成"刑天无干戚"。是错的。

獝 形状像猪，经常在地下吃死人的脑髓。如果要杀掉它，就要用柏树插在坟墓上，所以现在坟墓上多种柏树。又叫蝹。秦缪公时，陈仓人挖地时得到一个猾。

猾 这种野兽没有骨头，到了虎的嘴里，虎也无法咬，进入虎腹，还会从里面咬出来。《尚书》说"蛮夷猾夏"，就是取的这个意思。

犀角 又名通天，也名分水，还有名叫骇鸡。叫"通天"是说用它做簪子，就会做梦登上天府，而知天上诸事；叫"分水"是说把它刻成鱼形，衔着进入水中，水就会分开三尺，可得呼吸之空气；叫"骇鸡"是说鸡看见它，就会被吓得落荒而逃。

驯獭 永州驯养水獭，用来代替鸬鹚入水捕鱼，经常一次能捕到几十斤，可以供应一家之需。有重达一二十斤的鱼，可以用两只水獭一起抬出来。

明驼 骆驼卧着时，腹部不会贴在地上，而是屈着脚。这样腹部下面就会漏光，可以行走千里，所以叫明驼。唐代规定，驿站有明驼使，不是边塞的军情，就不能擅自使用。杨贵妃私下派遣明驼，赐给安禄山荔枝。

瘈（zhì）狗 《左传》中说："国狗之瘈，无不噬也。"杜预注释说："瘈，就是狂犬。"也就是现在说的疯狗。《宋书》上说："张收被疯狗咬了，吃蛤蟆后才疾愈。"另外，还可以把杏仁捣碎放到伤口处，会立即疾愈。

畜犬 《晋书》中说：养一条浑身白色头为黑色的狗，能发财；养一条浑身白色尾巴是黑色的狗就会世代做高官；养一条浑身黑色但耳朵是白色的狗，会得到富贵；养一条浑身黑色但两条前腿是白色的狗，会给子孙带来好运；养一条浑身黄色但耳朵是白色的狗，会世代为名门望族。

风生兽 生于炎州，大如狸，黑色。堆几车木柴烧它，木柴都烧尽了也不会死，连毛都不会焦，刀斧伤不了，打它就像打在囊袋上一样，用铁锤打它脑袋几十下才会死，如果它张着嘴朝着风，一下就会复活。用石头上的菖蒲塞住它的鼻子，就会立刻死掉。取出它的脑子与菊花一起吃，吃上十斤，就可以活到五百岁。

月支猛兽 汉武帝时，月支国进献一头猛兽，体形像生下来五六十天的小狗，模样像黄色的狸猫。汉武帝很轻视它，使者说："野兽的能力不在于大小。"于是指着那只野兽，让它叫一声。那只野兽舐着嘴唇好久，忽然吼叫了一声，响声大如霹雳，两只眼睛有像闪电的光芒。汉武帝当时就被震得战战兢兢，不能自已。连那些卫士也都吓得扔掉仪仗趴在地上，所有的野兽都吓跑了，就连老虎也吓得屈服在地。

舞马 唐玄宗有舞马四百匹，分为左右两部，有的名叫某家骄。舞蹈时的乐曲叫《倾杯乐》。马身上都穿上锦绣，佩戴金银饰物，音乐一响起，就扬头甩尾，踏着节拍起舞。

舞象 唐明皇有几十头舞象。安禄山叛乱，占据了长安，放出舞象，命令左右的人教它们向自己朝拜。舞象都怒目不动，安禄山大怒，下令把舞象全部杀了。

弄猴　唐昭宗逃离长安，有一只供把玩的猴子也跟随着皇帝的车驾，随着文武百官一起朝拜。唐昭宗赐给它绯红的官袍，号为供奉。罗隐的诗句"何如学取孙供奉，一笑君王就著绯"，说的就是这只猴子。后来朱全忠篡位立后梁，得到猴子，令它在殿下朝拜。猴子一见朱全忠，直接跑到前边来，跳起来奋力袭击他，于是就被杀了。

忽雷驳　是秦叔宝所乘的马。喂草料时，常让它喝酒。秦叔宝常在月光明亮时试骑，它能一步跳过三个毡房。秦叔宝死后，这匹马悲鸣不已，最后绝食而死。

铁象　南宋的曲端入狱后，自知会死，仰天长叹，指着他乘坐的那匹名叫铁象的马说："老天爷不想让我收复中原吗？可惜啊！"铁象也流下了几行眼泪。

铸马　慕容廆有匹骏马，叫赭白，卓尔不群，耐力持久。到了光寿元年，马已经四十九岁了，但仍然奔驰如飞，慕容廆很是惊异，把它比作鲍宣那匹著名的骏马，命人为它铸一个铜像，并亲自为它写了铭文赞美，刻在铜像旁，像铸成后，马就死了。

白獭　魏国的徐邈善于绘画，魏明帝游洛水，看见一只白獭，非常喜爱，却得不到。徐邈说："白獭特别嗜好鲻鱼，为了吃鲻鱼死都不避。"于是画了一条鲻鱼悬在岸边，一群白獭竞相跑来，一下子就抓住了。魏明帝赞叹："爱卿的画太传神了！"

赎马　周代的田子方出门，路上见一匹老马，一问才知是一只家畜，叹息说："它年轻时使用了它的力气，老了就将它抛弃，这不是仁义之人做的事啊。"就把它买了回来。

袁氏　后唐有个人叫孙恪，娶了袁氏为妻。后来到峡山寺进香，袁氏拿了一个碧玉环献给老和尚。不一会儿，有野猴数十只，攀着藤萝跳跃而来。袁氏就拿笔题诗，然后变成猿猴走了。老和尚才醒悟，这个袁氏就是以前寺庙里养的一只猿猴，那个碧玉是戴在它脖子上的旧物。

果下马　罗定州出产一种马，高不过三尺，奇异之处是有两条脊梁骨，又叫双脊马，体格强健，善于奔驰。因为它能在果树下走，所以名叫果下马。

秽鼠易肠　唐公房全家升天，连鸡、狗都成了仙，只有老鼠不干净，不能去。老鼠非常后悔，每天吐三次，想换掉肠子，让自己清净一些。

八骏　周穆王有八匹骏马，第一匹叫绝地，奔跑时足不践土；第二匹叫翻羽，跑得比飞鸟快；第三匹叫奔宵，能夜行万里；第四匹叫超影，能追着太阳跑；第五匹叫逾辉，毛色灿烂发亮；第六匹叫超光，因为跑得太快，所以一个马身会有十个影子；第七匹叫腾雾，可以乘着云雾奔跑；第八匹叫挟翼，身上长有翅膀。又有一匹骅骝，也是古代的良马。

黑牡丹 唐末的刘训，是京师富人。京师的春游，以观看牡丹为最佳节目。刘训邀请客人赏花，就把上百头水牛绑在门口。人们都指着水牛说："这就是刘训家的黑牡丹。"

辟暑犀 《孔帖》上记载：唐文宗延请学士到朝廷内殿。李训给学士们主讲《易经》，时值盛夏，唐文宗命人拿辟暑犀赐给李训。

辟寒犀 《开元天宝遗事》中说，交趾进贡了一只犀牛角，颜色如黄金。冬天放在宫殿里，温暖得就像在熏笼里一样。唐玄宗问使者，回答说："这是辟寒犀。"

养虎遗患 汉王刘邦想要东归，张良说："汉已经占据了大半天下，而楚兵饥饿疲劳，现在放松不去攻击的话，就是养老虎给自己留祸患。"刘邦听从了他的建议。

狐假虎威 楚王问群臣："北方诸侯害怕我的大臣昭奚恤，这是为什么呢？"江乙回答说："老虎抓到一只狐狸，狐狸说：'你不要吃我，天帝让我掌管百兽，如果不信，我先走，你跟在我后边看。'野兽看见的都跑了。老虎不知道这些野兽害怕的是自己，还以为是害怕狐狸。现在北方诸侯也不是害怕昭奚恤，他们害怕的是大王的军队啊。"

狐疑 "狐疑"的意思是狐狸生性多疑，所以把心中无法决断叫作狐疑。

黔驴之技 柳宗元在《黔之驴》中记载：黔地没有驴，有一个多事的人用船运来一只驴，放在山下。老虎看见这个庞然大物，就在树木间环绕着窥视它。驴叫了一声，老虎大惊，以为它要咬自己。但又反复仔细看，似乎也没有什么特殊本领。渐渐习惯了它的声音，就敢离它近一些，碰倚撞冒挑逗它。驴非常生气，用蹄子来踢老虎。老虎非常高兴，心里想："原来驴的技艺也就这样了。"就跳起来攻击，咬断了驴的喉咙，吃光了它的肉，才离开。

马首是瞻　晋国大将荀偃对部下说："鸡一打鸣就出兵，填井平灶，全军都看我的马头所向行事！"

不及马腹　楚国攻打宋国，宋国向晋国告急。晋侯想出兵相救，伯宗说："不可。古人曾说：'马鞭虽然长，但够不着马肚子。'上天正保佑楚国，所以不可以与他们为敌。"

塞翁失马　《北史》中说：塞上有一位老翁，他家一匹马跑到胡地去了，人们都来安慰他。老翁说："怎么知道这不是福气呢？"后来那匹马领着胡人的骏马回来了。人们又来祝贺他，老翁说："怎么知道这不是祸呢？"后来他的儿子骑这匹马，摔断了腿。人们又来慰问他，老翁说："怎么知道这一次又不是福气呢？"后来发生战争，每户都要出壮丁，他儿子却被免了兵役，因为跛脚得以保全性命。

弃人用犬　晋灵公请赵盾喝酒，预先埋伏士兵想要杀他，赵盾的护卫提弥明发现了情况，就快步上堂，扶赵盾下堂。晋灵公放出猛犬，提弥明徒手搏击猛犬，把它打死了。赵盾说："弃人而用犬，虽然很凶猛但又有何用？"

跖犬吠尧　汉高祖刘邦杀了韩信后，下诏缉捕蒯彻。捕获以后，汉高祖说："是你让淮阴侯韩信反叛的吗？"蒯彻回答说："是的。秦朝失了统治地位，天下人都可以去争。只是才能高跑得快的人先得到罢了。盗跖的狗对着尧帝吠叫，不是尧帝不仁，是因为他不是自己的主人。"

指鹿为马　秦朝的赵高想专权，先作了一个试验，他把一头鹿献给秦二世，说："这是马！"秦二世大笑说："丞相错了，把鹿当作马。"问左右，有的人沉默，有的人说话。赵高暗中陷害了那些说是鹿的人。

守株待兔　《韩非子》中说：宋国有一个人在耕地，田边有株树，一只兔子跑来撞到树上，折断脖子而死，于是这人就不再耕地而守着树，希望能再捡到兔子，成为宋国的笑话。

多歧亡羊　《列子》中说：杨子的邻人丢了羊，邻人不但率领自己的家人，还请来杨子的仆人一起追赶。杨子说："丢了一只羊，为什么要这么多人去找呢？"邻居回答："因为有岔路。"后来回来了，杨子问："追到羊了吗？"邻居说："已经不见了。"杨子说："为什么找不见了呢？"邻居说："岔路中又有岔路，我不知道该向哪条岔路去追，所以只好回来了。"

飞越峰　洪武初年，有夷人进献良马十匹，其中有一匹白色的，是在贵州养龙坑得到的。坑边的水非常深远，下面有灵物。春天天气晴朗时就在坑边拴一些母马，一会儿云雾弥漫，就有灵物来与马交配，产下的都是龙驹。所以这种马头高九尺，身长一丈余，无法驾驭。皇帝下令让养马的人准备四百斤的沙袋，压在马身上然后骑它，奔跑起来仍然像闪电一样迅速，连一粒尘土都不会惊动，皇帝赐名为飞越峰，并命学士宋濂写了一篇赞美的文章。

燧人氏开始给物、虫、鸟、兽命名。鯀开始驯服牛。相士开始乘马。伏羲开始用牺牲来祭祀。夏后氏开始吃蛋。汉文帝开始在养六畜时进行阉割。后魏开始禁止屠宰牛和马。唐高祖开始禁止屠宰一切动物。

黄耳 陆机养有一只跑得极快的叫黄耳的狗，非常聪慧，能听懂人言，跟随陆机到了洛阳。因为很久没有家书，陆机就写一封信用竹筒装着戴在狗的脖子上，令它跑回去，还能带了回信再回来。现在还有黄耳冢。

白鹿夹毂 汉代的郑弘做淮阴太守时，有一年大旱，郑弘行走在田间，突遇大雨。当时有白鹿在路上行走，紧挨着郑弘的车轮。主簿祝贺他说："听说三公的车轮上画着鹿，大人一定会官拜三公！"后来果然应验了。

麈 出自终南山。鹿中体型大的叫麈，群鹿都跟着它，以麈的尾巴作向导，所以古代聊天的人用手拿着麈尾来挥动。

飞鼠 这种动物可以在飞着时产子。如果有人难产，用飞鼠的皮盖住就会容易生，所以飞鼠又叫催生。

糖牛　最早出于桂平。当地人知道糖牛喜欢吃盐,就用皮裹住手,把盐涂在手上,伸到洞穴里去抓它。它的角像玉,取来可以制成器皿。

射鹿为僧　陈惠度在剡山射鹿,这只鹿已经怀孕,被箭射伤,生下小鹿后,用舌头舐小鹿,舐干后母鹿就死了。陈惠度就去寺庙里出家为僧了。后来那只鹿死的地方长出一种草,名叫鹿胎草。

野宾　宋代王仁裕曾经豢养过一只猿猴,取名野宾。一天,把它在嶓冢山放生了。后来王仁裕路过这里,看见一只猿猴在道旁相迎,随从说:"这是野宾啊。"它跟随了几十里,最后哀伤地叫着走了。

凭黑虎　卓敬十五岁时,在宝香山读书,一个风雨之夜回家时迷路,看见一只兕牛,卓敬尾随着它才回到了家,进入家门时,才发现那原来是一只黑虎。

题《虎顾众彪图》　明成祖拿一幅《虎顾众彪图》,让解缙题诗。解缙的诗是:"虎为百兽尊,谁敢撄其怒?惟有父子恩,一步一回顾。"明成祖对这首诗大有感触,当即命令夏原吉把太子从南京接回来。

熊入京城　弘治年间,一只熊进入西直门,何孟春对同僚们说:"熊是一种征兆,要小心失火。"没多久,几处都出现火灾。有人问何孟春:"这个预测出自哪本占卜的书呢?"何孟春说:"我曾看过《宋纪》上说:永嘉大火前几天,就有熊到城下,当时永嘉太守高世则对通判赵允绍说,'熊'这个字是'能火',郡中要小心火。后来果然烧掉了十之七八的地方。我想起这件事,不料真的应验了。"

不忍麑（ní） 孟孙猎获一只麑,让西巴带回。母麑跟着哭泣,西巴不忍心,放了它。孟孙大怒,驱逐了西巴。不久又请他做自己儿子的老师,对左右的人说:"他天性对麑都不忍心伤害,何况我的儿子!"

的卢 刘表赠给刘备一匹马,名叫的卢。一天,遇见伊籍,伊籍说:"这匹马的面相凶恶,必然害主人。"刘备不信。刘表的妻子蔡氏忌恨刘备,叮嘱弟弟蔡瑁设筵暗害他。刘备发觉后,骑马逃跑,被檀溪挡住去路,后有蔡瑁的追兵,只好入水打马,说:"的卢的卢,今日害吾。"的卢在急流深处,一跳三丈远,跃到了西岸。蔡瑁惊骇不已,只好退兵。

获两虎 《史记》中记载,陈轸说:"卞庄子准备杀虎,馆竖子阻止他说:'两虎正在同吃一头牛,牛肉味美它们就会争斗,争斗起来大虎会伤,小虎会亡,随后杀它,一举两得。'果然抓获了两只虎。"

牛羊犬豕别名 《礼记》中说:牛叫太牢,羊叫少牢。又,牛也叫一元大武,羊叫柔毛,又叫长髯主簿。猪叫刚鬣,又叫乌喙将军。韩獹是六国时韩国的黑狗。楚犷、宋猎,都是上等名犬。又说:"大夫之家,无故不杀猪狗。"家豹、乌圆,都是猫的美称。

鹿死谁手　石勒说:"假使我遇见汉高祖,只能臣服。但假使遇见光武帝,我就可以和他并驱中原,不知会鹿死谁手。"

续貂　《晋书》中说:赵王司马伦篡位,奴仆兵卒都封了官,满座官员都佩戴貂尾。当时流传:"貂不足,狗尾续!"

拒虎进狼　《鉴断》中说:汉和帝十四岁时,就能抓捕窦氏,足有继承汉昭帝的威猛刚烈。可惜他常与宦官一起商量大事,这也开启了中常侍灭亡汉朝的开端。俗话说:"前门拒虎,后门进狼。"说的就是这样的事。

焉得虎子　《三国志·吴书》中说:吕蒙想要跟随姐夫出征,他母亲训斥他。吕蒙说:"不入虎穴,焉得虎子?"另外,班超出使西域,鄯善王对他礼数周全。但匈奴的使者来了,就马虎怠慢起来。班超集合手下的三十六人,说:"不入虎穴,不得虎子。"于是夜里攻击敌人的营寨,斩杀了匈奴的使者。

羊触藩篱　《易经》上说:"公羊若强行去撞藩篱,角就会被缠住。"

制千虎　《宋史》中记载,常安民给吕公著的书信里说:"送走小人很容易,要战胜小人却很难。我曾经见过猛虎负隅顽抗,却最终还是被人战胜了,因为人多而虎少。现在怎么凭几十个人去打上千只虎呢?"吕公著看了这封信,默然无语。

搏蹇兔　《史记》中记载,范雎对秦昭王说:"以秦国的强大来对付诸侯，就犹如放出猛犬韩卢去追击跛足的兔子。"

瞎马临池 《世说新语》中说，顾恺之和殷仲堪比试谁说的事惊险，有一个参军也在旁边，他说："盲人骑瞎马，夜半临深池。"恰好殷仲堪有一只眼看不见。

教猱升木 猱，属于猴类，生性善于爬树，不用教就有这个能力。《诗经》中就说"毋教猱升木"。

城狐社鼠 《韩诗外传》有"不要打社庙里的老鼠，不要烧城墙上的狐狸"的话，是害怕毁坏城墙和社庙。

陶犬瓦鸡 《金楼子》中说：用陶土做成的狗不能守夜，用泥土做成的鸡不能报晓。

羊质虎皮 《杨子》中说：羊披上虎皮，看见草仍然高兴，看见豺狼仍然战栗，它已忘了披着老虎的皮。

九尾狐 宋代的陈彭年阴险奸诈，当时人称九尾狐。

猬务 刺猬像豪猪但比较小，它的毛竖立着像利箭一样，人们说，事务繁多如刺猬的毛。所以事情多又难处理称作猬务。

鳞介

龙有九子 第一子叫赑屃（bì xì），形状似乌龟，喜欢背负重物，所以被立为碑座；第二子叫螭吻，喜欢远望，所以装饰在屋脊上；第三子叫蒲牢，像龙但要小一些，喜欢吼叫，所以刻在钟纽上；第四子叫狴犴，形如猛虎，有威力，所以立在牢狱门边；第五子叫饕餮，贪婪好吃，所以刻在锅盖上；第六子叫趴蝮，生性好水，所以立在桥柱上；第七子叫睚眦，嗜好杀戮，所以刻在刀环上；第八子叫金猊，形似狮子，喜欢烟火，所以刻在香炉上；第九子叫椒图，形似螺蚌，喜欢紧闭，所以刻在大门上。

尺木 龙头上有一个东西，形似博山炉，名叫尺木。龙没有尺木，就不能升天。

攀龙髯 黄帝采铜，在荆山铸鼎。鼎造成后，有条龙垂下胡须，迎接黄帝让他骑在龙身上，群臣和后宫跟着一起上去的有七十多个人，有一些小臣上不去，就抓住龙的胡须，胡须被拔下，黄帝的弓也掉了下来。小臣抱着那张弓大哭。后来就把那个地方叫鼎湖，把那张弓叫乌号。

龙漦（chí） 夏后把龙的唾沫藏在宝匣中，周厉王打开观看，龙涎洒流到廷外,化为一只"玄鼋(yuán)"爬进王府,一个小妾碰上了这只鼋,就受了孕,生一女婴。女婴被扔弃道旁,被褒人偷偷捡回家养大。后来褒人获罪,将她献给周幽王,她就是褒姒。

痴龙　从前有人掉到洛中的一个洞穴中,看见有宫殿和人物共九处,抓住大羊的胡须,取得一枚宝珠,就吃了。出洞后请教张华,张华说:"那是九仙馆,那只大羊就是痴龙。"

龙看不见石头,人看不见风,鱼看不见水,鬼看不见地。

梭龙　陶侃小时,曾在雷泽捕鱼,得到了一枚铁梭,回家后挂在墙上。过了一会,雷雨大作,铁梭变成一条赤龙,腾空而去。

画龙　叶公子高喜欢龙,家里到处都画着龙。有一天,真龙来到他家,叶公却被吓跑,失魂落魄。所以说叶公不是真心喜欢龙,他喜欢的是像龙而不是真龙的东西。

行雨不职　唐代的普闻法师聚集徒弟说法,有一个老人在旁边,别人问他,他回答:"我是这座山上的龙,因为病了,所以行雨不力而受罚,求大师救我。"普闻法师说:"你可以变身再来。"过了一会儿,他变成小蛇,普闻法师把他引进了净瓶,再用袈裟盖住。忽然阴云密布,雷电交加,然后停了。小蛇出来,再变回老人致谢说:"要不是大师的法力,我就会死在这里,沾污此地了。"作为报答,它引来一泓泉水。

金吾　也是一种龙。形体像美人,头尾像鱼,有两个翅膀,秉性通灵，能整晚不睡，所以用来巡逻警戒。

螺女　福建人谢端得到一个田螺，其大如斗，养在家里。每次回家，饭都做好了。他就偷偷查看，发现原来是一个很美的女子。问她，回答说："我是天上银河中的白水素女。天帝派我来给你做饭。今天要走了，把壳留给你吧。"谢端用这个壳来储藏粮食，粮食一直是满的。

射鳝　越王郢在福州的小溪中，看见有一条长有三丈的鳝鱼，郢射中了它，但鳝鱼用尾巴把越王郢和马都缠了起来，连人带马都被拖到溪水里。

鲙残鱼　出自松江。从前吴王在江上航行时吃鲙鱼，把吃剩的鲙鱼扔水里，就变成了鲙残鱼。

横行介士　《抱朴子》中记载，山林中有在辰日那天自称是无肠公子的，就是螃蟹。《蟹谱》中也说：出兵安营扎寨时，如果忽然看见螃蟹，要称它为横行介士。

蛟龙得云雨　周瑜对孙权说："刘备有关羽、张飞这样的虎狼猛将，怎么肯长久地屈居人下呢？恐怕就像蛟龙得到云雨的帮助，终究不会是池中之物。"

生龟脱筒　金华俞清老说：王安石想劝我脱去儒生的服装，穿上僧人的袈裟，这样就可以摆脱家室妻子的拖累，但这就好像把活着的乌龟剥去壳一样，是很难忍受的啊。

杯中蛇影 乐广任河南尹时,有次宴请宾客,墙壁上挂的弓弩的影子映照在杯子里,就像蛇一样,客人还以为蛇在杯中并且喝进了肚子,因此得了病。后来再到原处,知道是弓影,病就好了。

率然 《博物志》中说:常山有一种蛇名叫率然,一个身体有两个头,要是攻击其中一个头,另一个头就会来反击;攻击中间的话两个头会一起来反击。所以行军打仗的阵法有长蛇阵。

鱼求去钓 汉武帝想要讨伐昆明,凿池练水军,把石头刻成鲸鱼的样子,每到打雷下雨时,这石鲸就会鸣叫,胡须和尾巴都会动。曾经有人在这里钓鱼,鱼挣断钓丝跑了。有鱼托梦给汉武帝,请求帮它去掉鱼钩。第二天,汉武帝在池上游玩,见一条鱼衔着钩,汉武帝说:"这难道就是昨晚梦到的那条鱼吗?"于是为它把钩去掉放了它。后来汉武帝再到池边游玩,得到一双明月珠,感叹说:"难道是那条鱼的报答吗?!"

打草惊蛇 王鲁任当涂县令时,以搜刮民财为要务。正好辖区内百姓递上状子告县里的主簿受贿,王鲁判案时说:"你们虽是打草,但已惊吓了我这条蛇。"

干蟹愈疟 《梦溪笔谈》中说:关中没有螃蟹,有人收得一只干蟹,当地人惊奇于螃蟹的形状怪异,每每有人家里患了疟疾的,就借去挂在门上,病人就痊愈了。这说明不但是人不认识它,连鬼也不认识它。

鱼婢蟹奴 《尔雅》中说,鱼婢是小鱼,也叫妾鱼。大螃蟹肚子下面的几十只小螃蟹,叫作蟹奴。

画蛇添足 陈轸对楚国使者说,有三人一起喝酒,约定在地上画蛇,先画成的人先喝酒。一个人先画好,就把酒拿了起来,说:"我先画成了,让我再给它添上几只脚。"另一人夺过酒就喝,说:"蛇无脚,你添上脚,就不是蛇了。"

髯蛇 长十丈,粗有七八尺。常在树上等鹿一类的野兽经过,就低头缠绕它,一会儿,鹿死了,就先用唾沫把鹿弄湿,然后就把它吞吃了,鹿的头、角、骨头都会钻出蛇的皮肤。

珠鳖 广东电白的海里出产一种珠鳖,形状像肺,有四眼六脚,还能吐珍珠。又叫文魮,头像鸟而尾像鱼,鸣叫像磬敲击的声音,并且还能生出美玉。

鯈(tiáo)鱼 建昌的修水出产鯈鱼。郭璞说:"有水名修,有鱼名鯈。天下大乱,此地无忧。"一般把修水称为西河。

墨龙 抚州的学馆有右军墨池。韩子苍在《杂记》中记载,墨池中的水会突然变黑,称为墨龙。要是出现此种迹象,应试的士人高中的就居多。这个预言屡屡应验。

飞鱼 晋朝的吴隶在湖中修筑了一条鱼塞,忽然听空中有人说:"今晚上会有大鱼冲过鱼塞,不要杀它。"过了一会儿,果然有大鱼游来,后面还跟着一群鱼。吴隶误杀了大鱼,当晚风雨大作,湖中的鱼都飞到了树上。

咒死龙 石勒当政时天大旱，高僧佛图澄在石井冈掘到一条死龙，念着咒语祭奠它，龙就腾空而上，立刻天降大雨。现在还有龙冈驿。

四蛇卫之 开州有一座鲋山。《山海经》记载：颛顼葬在此山的南面，他的九个妃子葬在山的北面，有四条蛇在这里守卫着陵墓。

白帝子 汉高祖还是平民时，看见有条白蛇当道，就仗剑杀了它。后来见一个老太婆哭着说："我儿子是白帝子，变蛇挡住道路，却被赤帝子杀了。"

唤鱼潭 青神县的中岩有唤鱼潭，有人到这里，只要拍手，潭中的鱼就成群结队地游出。

斩蛟 隋朝的赵昱做嘉州太守。犍为县的水潭中有一条老蛟作恶，赵昱拿了刀跳进水中，一会儿潭水变红，老蛟已被他斩杀了。一天，他弃官而去。后来嘉陵水涨，有人看见赵昱在云雾中骑着白马，宋太宗赐封他为"神勇"。

孩儿鱼 磁州出产一种鱼，四脚、长尾，声音像娃娃的哭声，所以取名叫孩儿鱼，如果用它的膏点灯，长明不灭。

黄雀鱼 出于广东惠州。八月时变成雀，十月后入海变成鱼。

五色鱼 陇州的鱼龙川中有一种鱼，身上有五色，人们都不敢去抓它。杜甫有诗句"水落鱼龙夜"，说的就是这种鱼。

视龙犹蝘蜓　大禹去南方巡猎，在涂山会见诸侯，拿着玉帛来进贡的上万计。大禹渡江时，有黄龙游来拱起船，船上的人都很害怕。大禹仰天长叹说："我受上天之命，竭力为天下苍生辛苦。活着不过像暂寄于世一样，死了才是归于家乡，又怎么会害怕龙呢？"看着龙就像看见壁虎，脸上毫无惧色。过一会儿，黄龙低头隐尾而去。

双鲤　萧山县城有座城山，山顶有一口泉，泉中出产一种上好的鱼。吴王阖闾侵犯越国，越王勾践退守此山，吴王以为山上肯定缺水，就赠给勾践大米和盐。勾践从泉中取出一对鲤鱼来回报，吴国当天晚上就退兵了。

石蟹　生在崖山（属海南岛）的榆林中，海港内有半里左右的土地，土壤细腻，性亦寒，螃蟹一来就不能运动了，过一会儿就冻成了石块，人们得到后，称此为石蟹。放在桌子上，能明目。

鲥鱼　又名箭鱼。肚子下有像箭一样的细骨，这就是彭渊材说的"鲥鱼多骨之恨"处。这种鱼味道最鲜美的地方在鱼皮和鱼鳞之间，所以吃时不能去鳞。肋鱼很像鲥鱼但稍小一些，身体单薄，鱼骨也细，冬天抓住的叫雪肋，味道最好。到了夏天，味道就差些了。

龟历　尧帝时，越裳国进献一只千岁的神龟，有三尺左右，龟背上有文字，都是蝌蚪细文，记录了开天辟地以来的事。尧帝命人抄录下来，称为龟历。

元绪 孙权时,有个永康人进山,遇见一只大乌龟,就把它用船运到吴地,夜晚船泊在越里,把船系在大桑树下。到了半夜,大桑树对乌龟说:"辛苦了元绪,你要做什么呢?"因此人们把乌龟叫元绪。

河豚 形状像蝌蚪,腹部白色,脊背青黑色,有黄色的纹理,眼能闭合,一碰到东西就发怒,肚子就鼓得像球,浮在水上,人们就可以去捕获了。河豚的毒在于它的眼睛、它产的鱼子还有血液这三个地方。中毒的人,会感到血麻、子胀、眼睛酸,用芦笋、甘蔗、白糖可以解毒。

集鳣 杨震聚集门徒讲学,有鸟衔着三只鳣鱼停在讲堂前。大家都说:"鳣鱼是卿大夫所穿官服的图案。有三只,则是三公的意思。先生从此要高升了。"后来果真如此。

子鱼 宋代显仁太后对秦桧妻子说:"子鱼很少有块头大的。"秦桧的妻子说:"我们家的鱼就有大的。"秦桧听说后,斥责她说错了话,就拿了上百头青鱼进献给太后。显仁太后笑着说:"我说这个村妇没见过世面吧,果然如此!"

鳛鱼 长达两丈,鱼皮可以用来打磨东西。它的幼鱼早晨从它的嘴里出来,晚上从它的肚脐眼进去。它肚子里有两个洞肠,里面装着水用来养育后代,一个肠子可以容纳两条小鱼,两个肠子就可以养四条小鱼。

岩蛇 有乌龟的身体、蛇的尾巴、鹰的嘴、鼍的外壳,下面有四只脚，脚上有五爪，大小像癞头鼋，坚硬如穿山甲，它的壳非常硬，爪子非常锋利，竹子、木柴到嘴里就碎了，咬人的肌肤，足以把骨头咬穿。台州和温州一带的山下，这种动物很多。

懒妇鱼　江南有一种懒妇鱼，就是现在所说的江豚。这种鱼多脂肪，把它的油熬出可以用来点灯。用这种灯照纺织物很暗淡，照宴会就很明亮，所以被称为馋灯。

脆蛇　这种蛇没有胆，害怕人。产于昆仑山下。听到人的声音，身体就断为小截，过一会自己再续上，重新变回为原来的模样。凡是患上色痨病的人，因为惊恐伤胆，吃它可以续命，它还兼治恶疽、大麻疯和癫痫。腰以上有病服用它的头，腰以下吃它的尾巴。

瓦楞蚶　宁海的沿海处有蚶田，把大蚶捣成汁，用竹刷子蘸汁洒出，一点水就变成一只蚶，它的形状像荸荠，再用缸砂遮盖起来，就会变肥大。

蝤蛑（yóu móu）　陶谷出使吴越，忠懿王钱俶设宴招待，席上他吃到蝤蛑蟹，问它的名字和种类，忠懿王命人把蝤蛑到彭琪，罗列了十几种让他看。陶谷看后，笑着对忠懿王说："这就是所谓'一蟹不如一蟹'啊。"

牡蛎　又名蠔山。《本草衍义》中说：牡蛎附在石头上生活，一块一块的连在一起像房子一样。刚开始生在海岸，身体像拳头那么大，然后慢慢地向四面生长，有长到一两丈长的。一个小房里有蠔肉一块，肉的大小，随房子的大小而定。每到海潮来时，每间房子都打开，有小虫子进入，就立刻合上，用来充饥。

绿毛龟 蕲州出产绿毛龟。龟背部有绿毛，长有一尺多，浮在水中，它的毛会自己漂起来。把它压在墙壁之间，几年都不会死，还能驱除飞蝇。

蛤 隋炀帝好吃蛤蜊，吃过的蛤蜊数以千万计。一次把一只蛤蜊放在几案上，一夜发光。到了天明，蛤蜊的肉自己脱落了，里面却有一个佛像和两个菩萨像，炀帝从此后再也不吃蛤蜊了。

蚌 沈宫闻在栖水游玩，得到一只蚌。煮好准备要吃时，发现中间有一颗珠子，有半寸长，俨然是观音菩萨的像，可惜煮熟后失了光彩。被一个徽商买去。

舅得詹事 燕文贞公张说的女儿嫁给了卢氏之子，一次为公公求官。张说下朝，她来打探结果。张说没说话，指着支床的乌龟示意。女儿拜谢而回，并对其丈夫说："公公得到詹事的职位了。"

三足鳖 黄庭宣在太仓做知府，有人吃了三只脚的鳖，就化入地里了，只留下一缕头发和衣服，好像蜕壳一样，人们说是他的妻子杀了丈夫并报了官。黄庭宣命人捕到三足鳖，招来那个妇女按照此前的方法烹调，然后让一个重刑犯吃，吃过后竟然也化去了。

鱼羹荆花 襄毅公许进在山左为官，有百姓耕田，他妻子给他送食物，他吃完后就死了。许进问了她丈夫吃的食物以及经过的道路。那个妇女说:"是鱼汤和米饭,从荆林过来。"许进就买了鱼来做饭,并把荆花放入,让狗和猪试吃,果然吃了都死了。

毒鳝　铅山一个卖柴的人特别爱吃鳝鱼。有一天,买了鳝鱼回来,煮熟了吃,吃过后肚痛而死。张昺来判这个案子。他招来渔夫打捞几百斤鳝鱼,其中有七条长两三寸的鳝鱼,昂着头在水面上,把它们煮熟了给死刑犯吃,吃过后也都肚痛而死。

两头蛇　孙叔敖小时在路上遇见一条两头蛇,就把蛇杀死埋在地里。传说见到两头蛇的人都要死,他回来哭着告诉母亲。母亲说:"那条蛇在哪里?"他回答说:"我担心它再害别人,已经杀死并埋了。"他母亲说:"你能替他人着想,上天会保佑你的!"后来果然没有什么灾难。

筝弦化龙　唐代的刺史韦宥,在永嘉江边的沙洲里得到了一根筝上的弦,扔到江里,忽然看见它变成一条白龙腾空而去。

牒蚌珠之仇　夏原吉治理浙西的水灾,借宿于湖州的慈感寺,夜里一个老妇人带着一个女孩来说:"我久住潮音桥下,每年豪强的邻居都要夺走我女儿,乞求大人写幅字来镇住他们。"夏原吉就写了一首诗给她。夏原吉到了吴淞江,梦见一个金甲神来告诉他说:"我给一个邻居的女儿下聘礼很久了,但他耍无赖哄来了大人的手笔,抵赖不肯嫁过来,还请大人改判。"夏原吉瞪大眼睛盯着他,那个金甲神很害怕地躲避。夏原吉突然回想起来:"这就是慈感寺那个蚌珠的仇人啊。"就给海神下了一道命令。第二天，风雨大作，上天在钱溪的北边震死了一条蛟龙。

与蛇同产 窦武出生时，同时也生出一条蛇，家人在树林把蛇放生了。后来窦武的母亲死了，有一条大蛇直接来到停灵的地方，用头撞棺材，好像在悲伤地哭泣，过一会儿了才离开。当时人说这是窦氏的祥兆。

得鱼忘筌 《庄子》中说："鱼篮是用来捕鱼的，捕得鱼后就忘了鱼篮。"比喻受到恩惠而不知报答。

鱼游釜中 广陵叛乱的张婴听了张纲的劝说后哭泣着说："我们这些边荒之地的愚民，举兵叛乱不过是苟且偷生，就像鱼在锅里游泳，自己也知道不能长久。现在见到大人，正是我们的重生之时啊。"

巴蛇 《山海经》中记载："巴蛇吞吃了大象，三年后把它的骨头吐出来。"

虫豸

鞠通 孙凤有一把古琴能自己弹奏，一个道士指着琴背的蛀孔说："这里面有虫子，如果不除去的话，琴很快就会朽烂的。"他

从袖子拿出一个竹筒，倒了一点黑色的药，放在蛀孔边，一条绿色虫子就出来了，虫背上有金线一样的花纹，道士把虫子放到竹筒里就走了。从此以后，琴就不再自己弹奏了。有见识的人说："这个虫子名叫鞠通，有人耳朵聋了，放在他耳朵边，一会儿，耳朵就能听到了。这种虫子喜爱吃古墨。"孙凤这才明白那个道士的黑药其实就是古墨的碎屑。

蝗虫 蝗虫有四种：吃花蕊的叫螟，吃叶子的叫蚕，吃根的叫蟊，吃枝干的叫贼。赵抃做青州太守时，有蝗虫从青州、齐州飞来，遇见大风就向后飞，都掉在水里淹死了。马援任武陵太守时，当地接连蝗灾，马援赈济贫困，减低赋税，蝗虫飞到海里，变成了鱼虾。孙觉任合肥主簿时，令百姓捕蝗虫，官府用米来交换，于是蝗虫竟然没有损害庄稼。宋均任九江太守时，蝗虫到九江就散去了。贞观二年，唐太宗祈求上天吞灭蝗虫，于是蝗虫就不能为害。

水母 东海有一种动物，形状像凝结的血块，大有几尺，正方形或圆形，名叫水母，俗名海蜇，又叫虾蛇（读音为"射"）。没头没眼，它停留的地方有无数的虾跟着它，它把虾当作自己的眼睛。它的颜色呈淡紫色。《越绝书》说："水母以虾为目，海镜以蟹为肠。"

海镜 广东的海中一种带圆壳的动物，中间晶莹润滑，光照上去就像云母。圆壳里有少许像蚌一样的肉，肚子里有小的螃蟹。如果饿了，螃蟹就出去觅食，吃饱后回到海镜肚子里，海镜也就饱了。如果用火来烤，螃蟹就会爬出，这种动物就会立刻死去。

百嘴虫　温会在江州看鱼，看见有一个渔夫忽然上岸狂奔。温会问他怎么了，渔夫只能反过手指着脊背，却说不出话。他的头和脸都变黑了，仔细看，有一种像荷叶一样的东西，一尺见方，上面到处都是眼睛，咬住人就取不掉。温会让人用火烤它，这个东西才掉下来，每一只眼下都有一张像钉子一样的嘴。渔夫的背上流了几升血后就死了。还是没人认识它是什么动物。

自缢虫　汉光武帝六年，山阴出现了上千万的小虫子，都像人的形状，第二天都悬挂在树枝上，自缢而死。

螟蛉　《诗经》里说："螟蛉有子，蜾蠃负之。"螟蛉，是桑虫。蜾蠃，是蒲芦蜂。蒲芦蜂偷去桑虫子，背着回去，养大后当作自己的子女。所以世人把养子称为螟蛉。蒲芦蜂背着幼虫，祈祷说："像我，像我！"七天七夜后就变得像它了，所以又称为"速肖"。

萤火虫　是腐烂的草变化而成的。隋炀帝在景华宫时，下令征求萤火虫，得到几袋子，就用大纱囊装着，夜里出游，这些纱囊就像散布在山谷中的火光一样。

怒蛙　越王勾践受吴国侮辱后，想要复仇。有一天出去游玩，看见一只鼓着气的青蛙，就向它敬礼，左右随从问为什么这样做，越王说："它能如此争气，我怎么能不向它敬礼呢！"士兵们听了都斗志高昂，帮助越国反击吴国。

守宫 用容器把蜥蜴养起来，喂它吃丹砂，吃满七斤时，把它捣烂，点在女子身上，终身都不会消失，如果有了越轨的性行为就会消失。号称可以防止女人淫邪，所以被称为"守宫"。

绿螈 《二酉余谈》中记载：有一个人被蛇咬伤，痛苦得要命。遇到一个小孩说："可以用两把刀在水里相磨，然后喝磨过的水，有奇效。"说完，就变成绿螈，钻到墙壁的小洞里去了。那个人就照方子服药，立刻就好了。所以称绿螈为蛇医。还有一种说法：蛇医形体很大，颜色为黄色，如果蛇身上有伤，这种虫子就衔草给蛇敷药，所以有"蛇医"之称。

蜥蜴噙油 钱镠王的宫中，让一个老婆婆守夜。一天晚上，有一只蜥蜴沿着灯盏偷油喝，喝完油后却突然不见。第二天钱镠王说："我昨天晚上梦见喝芝麻油喝得极饱。"守更的老婆婆大吃一惊。

寄居虫 形体像蜘蛛，脚更长一些。本来没有壳，就钻进空的螺壳里背着壳走。一触碰它，它就像螺一样把脚缩进壳中，用火烤才会出来。

蟫虫 有一种蟫虫，一个身体却有两张口，为争食相互撕咬对方，自取灭亡。臣子之间互相争斗，并导致国家灭亡的，都是蟫虫。

螳臂 螳螂，一名刀螂。两只前足像刀一样并有很多锯齿，能捕蝉。看见动物就想用两只前足去抓扯，遇见车轮也想用前足来抵挡，所以叫螳臂当车。

蚬 又名缢女。长一寸多，头呈红色，身体呈黑色，喜欢吐丝自悬。据说是以美色祸乱齐国的东郭姜自缢而死后变化而成的。

恙 这是一种毒虫，能伤人。古时人们住在草地上露天而卧，早起相见问候时一定会说："无恙吗？"又有人说，恙是忧愁的意思。还有人说，是一种食人兽。

泥 南海有一种虫，没有骨头，名叫泥。在水中能活，离开水就像醉了一样，像一堆泥。所以东汉时，有人讽刺周泽说"一日不斋醉如泥"。

蜮 一名短狐，生活在江水里，能含着沙子射人，被射中的人会头痛发热，严重的还会死。又名射影，凡是被射中的人，就会生出疥疮。四月一日开始射人，八月一日停止，人眼看不见它，但鹅能吃它。有人说被射中后用鸡肠草捣烂涂于患处，一天就好了。

蚁斗 殷仲堪的父亲患了疟疾，听到床下有蚂蚁在打斗，非常害怕，说是牛在打斗。

书押 米芾任无为州太守时，池塘里的蛙声吵人，米芾拿了瓦片写了一个"押"字扔进池中，青蛙就不再叫了。这个池塘上还有米芾写的"墨池"匾额。

白虾 赵抃镇守蜀地时，给妻子余氏寄去白虾。这白虾养在池子中,就可以活下去,养在其他地方,颜色就变白。虾池位于开化县。

西施舌　像车螯,但稍扁,生在海泥中,经常会吐出一寸多长的肉,如同舌头。世人因其味甘美,因此取名为西施。

蛛鹰　方宽做淮安太守,有人被强盗所杀,不知道凶手是谁。正好有蜘蛛掉在几案上,又见有鹰停在庭院中。方宽说:"凶手难道是叫朱英吗?"就按户籍查访,果然。

五蜂飞引　万鹏举任万安县丞时,有一个妇女来告状说自己的丈夫和五个孩子被强盗所杀,不知尸体在哪里。一天,有五只蜜蜂在万鹏举跟前盘旋,万鹏举说:"你们如果真的是死者的魂魄,就请在前面带路。"蜜蜂就将人带到了埋尸体的地方,在死者身上发现了几个买布人的名字,将这些人抓来审问,果然真相大白,为死者申了冤。

水虎　沔水里有一种动物名叫水虎,就好像三四岁的小孩,身上的鳞甲就像穿山甲一样,用箭都射不进去。七八月的时候喜欢在石头上晒太阳。膝盖像老虎,而爪子经常藏在水下,只露出膝盖。如果小孩子不认识它,想拿来玩耍,就会被它所杀。

商蚷　《庄子》中说:"就好像让蚊子背起大山,让商蚷渡过河,肯定无法胜任。"商蚷,就是马陆。

偃鼠　《庄子》中说:"鹪鹩在深林筑巢,只占用其中一个树枝;

偃鼠在河中饮水，也只把肚子喝饱。"

谢豹　虢郡有一种虫子名叫谢豹，看见人就用前脚交叉起来盖住头，好像害羞的样子。所以得罪人时，说"负谢豹之耻"。

玄驹　就是蚂蚁。唐代安南河内有一人曾看见有数万兵马，却只有小米粒那么大，往来奔驰，从早到晚。家人拿火来烧，人全变成了蚊子，马全变成了蚂蚁。所以现在人们还把蚊子叫黍民，把蚂蚁叫玄驹。

鼫鼠五技　《荀子》中说："鼫鼠有五种本领但仍常陷入窘境。"说的是它会飞，但飞不上屋；会爬树，但爬不到树顶；会游泳，但渡不过溪河；会挖洞穴，但自己的身子都藏不住；会跑，但跑不过人。

飞蝉集冠　梁代的朱异官为通事舍人，后来官拜中书郎。当时中书郎的任命要到秋天才出，就有飞蝉停在朱异的帽子上，有人说这是做高官的兆头。

群蚁附膻　卢垣在一封信中说："现在的人为区区一点俸禄而奔走，为毫毛的小利而追逐，就像一群蚂蚁附于膻腥之味，飞蛾投向炬火一样，取不怕丑，贪不避亡。"

萤丸却矢　萤，又名宵烛、丹凤。《艺文类聚》中记载：用萤做弹丸可以挡弓矢。汉代的武威太守刘子南用这个方法合成弹丸佩带在身上，曾经与胡虏交战，被敌人包围，箭来如雨，但离他还有一段距离时就纷纷落地，无法伤害他。胡虏觉得太神异，就惊奇地散去了。

丈人承蜩 《庄子》中说：一个驼背的人粘蝉，就像拾取东西一样容易。孔子说："你是有技巧呢，还是得道了呢？"驼背的人回答说："我是得道了。经过五六个月的练习能在竿上累两个弹丸而不掉，那么粘蝉就很少失手；如果能累三个弹丸而不掉，失手的机会只有十分之一；如果累五个弹丸而不掉，粘蝉时就好像在地上捡东西一样容易。"孔子说："用志不分，乃凝于神。"

以蚓投鱼 陈朝派傅縡出使北齐，北齐让薛道衡来接待他。傅縡给薛道衡赠诗五十韵，薛道衡也和诗一首，一时间南北赞美。太子太傅魏收说："傅縡这是所谓的'以蚓投鱼'啊。"

投鼠忌器 贾谊在《治安策》中说："谚语云'欲投鼠而忌器'，老鼠接近于瓷器，就心有顾虑不敢打，何况那些地位高贵的臣子离皇上那么近！"

蝶庵 后梁时代的李愚嗜好睡觉，一直想要建一座蝶庵，以庄周为开山第一祖师，陈抟在旁边一同供奉，宰予、陶渊明等人就供在廊屋里。

箠敛蜂窠 皇甫湜曾经令他的儿子皇甫松抄录几首诗，一字抄错，就跳脚大骂，来不及拿手杖来责打，就用牙齿咬得皇甫松的手腕鲜血直流。他还曾被蜂螫了手指，也勃然大怒，散钱给乡里小孩和奴仆，让他们把蜂窠弄到庭院里，命人把它捶碎成汁，以偿还螫痛。

石中金蚕　丹阳有个人在积石中找可以制碑的石材，得到一个拳头大的石头。把石头打破，里面有一只小虫，像金龟子，还能蠕动，没人知道是何物，就随手扔掉了。后来听有人说："如果要富贵，不如得到石头里的金蚕，养一只金蚕，那财宝就会自己进门。"询问金蚕的形状，正是他在石头中看见的小虫。

凤子　这是一种大蝴蝶，韩偓的诗中写到过。《异物志》中记载：从前有人出海，看见一个怪物，貌似一张蒲草帆，快到船前了，大家竞相用船桨打它，终于打落在地，仔细一看，原来是只蝴蝶。渡海的人们去掉它的翅膀和爪子，剩下的肉足有八十斤，吃了，味道鲜美。

蜈蚣　葛洪在《遐观赋》中说，最大的蜈蚣长有一百步，头就像马车的车厢，如果杀死它并割取它的肉，会发现它的肉雪白如西葫芦。《南越志》中说，大蜈蚣的皮可以拿来蒙鼓，把它的肉晒成肉干，比牛肉还好吃。

蝶幸　唐明皇春天在宫中大摆宴席，让嫔妃都在头上插满鲜花，唐明皇亲自捉了一只蝴蝶放飞，蝴蝶停在哪个妃子头上皇帝就临幸哪个妃子。这就叫蝶幸。后来杨贵妃专宠，就不再玩这个游戏了。

蜀　《埤雅》中说，蜀，是一种大青虫，像指头又像蚕，又叫厄。而《韩非子》中说，鳝鱼像蛇，蚕像大青虫，人们看见蛇就害怕，看见大青虫就汗毛直竖。但女子拿蚕，渔夫抓鳝鱼都毫不畏惧，所以说只要为了利益，人人都会变得像古代勇士孟贲和夏育一样。

蟸 《广雅》中说：这是能懂声音的一种虫子。《埤雅》记载说：蟸，能让人不迷路，所以它的字从"嚮"字而来。左思在《蜀都赋》中有"景福肸蟸而兴作"的句子，说是的福气总像虫一样成群降临。

蟋蟀 贾似道在《促织经》里说：蟋蟀，白色不如黑色，黑色不如红色，红色不如青麻头。青色脖子、金色翅膀、额头上有金银丝的，是最上等的；黄麻头的是次等；紫金黑色的是再次等。蟋蟀的形状以头和脖子肥，腿长、身体和背部宽阔为优，头和脖子很紧，脚瘦腿薄的为劣。蟋蟀的毛病有四种：一是仰头，二是卷须，三是练牙，四是踢脚。如果得了其中任意一种，就不能用了。蟋蟀又名促织，意思是督促织布。所以说"促织鸣，懒妇惊"。袁瓘在《秋日诗》中说："芳草不复绿，王孙今又归。"人们都不理解是什么意思，施荫看后说："王孙，就是蟋蟀啊。"

虱 苏隐夜卧在床，听到被子下有一群人一齐诵读杜牧的《阿房宫赋》，声音既快又小，急忙打开被子一看，发现只有十几只大虱子。

蠛蠓 又名醯鸡，属于蜉蝣之类的昆虫。郭璞说："蠛蠓飞的样子如果像研磨，就会有风，如果像舂米，就会有雨。"

虮虱 《东观汉记》中说,马援攻打寻阳山的盗贼,但盗贼躲在竹林里,难以抓捕。于是上书朝廷说:"准备把山上的竹子全部砍掉,好比婴儿头上长了很多虱子,只要把头发剃了也就没了一样,因为虱子就没有可以依附的地方了。"书奏上后,皇上看了大喜,把小宦官拉出来,凡是头发上有虱子的都把头给剃了。

蚊 从前传说有个女子和嫂子路过高邮,离城三十里远,天阴,蚊子多,路边有农夫田舍。嫂子想要与她一起留宿,女子说:"我宁被蚊子咬死也不能失节呀。"于是就露宿一夜,结果被蚊子咬死了,身上衣不蔽体,青筋暴露。人们为她立了祠庙,名叫露筋庙。

当蚊 鲁国司寇展禽,小时候就没了父亲,与母亲相依为命,给人做工以赡养母亲。蚊子很多时,就躺在母亲床下,用自己的身体喂蚊子。

为官为私 晋惠帝曾在华林园,听见蛤蟆叫,对左右的侍从说:"它在这里鸣叫是为官,还是为私?"

卷十八
荒唐部

鬼神。怪异

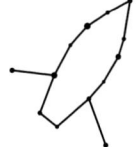

鬼神

伯有为厉　郑国的子晳杀了伯有,伯有化为了厉鬼。赵景子很惊讶,问郑国的子产:"伯有真能变成厉鬼吗?"子产说:"能啊。人刚死去被称为魄,变成魄之后,阳气被称为魂。活着时衣食精美的人,魂魄就强健有力,因此能现形,可以达到神明的境界。普通男女若不能善终,他们的魂魄还能附在别人身上,惑乱他人,何况伯有家族(良宵)三世执政,却不得善终,他能成厉鬼,不是合理的吗?"

豕立人啼　齐襄公在贝丘打猎,见到一头大猪,随从说:"这是被主公杀死的公子彭生。"那头猪就像人一样站起来叫喊。

披发搏膺　晋侯杀了赵同和赵括,后来他生了病,梦见一个厉鬼披头散发,捶着胸脯跳跃,说:"杀了我的孙子,这是你的不义,我已经请求上天为我申冤了。"

何忽见坏　王伯阳在润州城的东边租借了一块地埋葬妻子,忽然看见一个人乘着轿子前呼后拥而来,说:"我是鲁子敬,葬在这里二百多年,为什么忽然把我的墓地毁坏?"说着命随从让王伯阳看刀,王伯阳就死了。

墓中谈易　陆机刚去洛阳时，路过河南，进入偃师。夜里迷了路，到一个旅舍投宿。旅舍主人是个少年，邀请陆机坐下，与陆机谈《周易》，言语精妙玄微，第二天一早，陆机先告别了。到一个村子里租马，向人询问那个旅舍主人的情况，村人回答说："从这里往东并无村落，只有山阳郡王家的墓。"陆机非常惆怅，这才明白昨晚投宿之地，是玄学大师王弼之墓。

生死报知　王坦之与佛门中的竺法师关系亲密，每每谈阴阳轮回及因果报应之事，双方约定先死的人要给活着的人报告阴间的消息。后来过了一年，竺法师来拜访王坦之，说："贫僧已经死了，阴间的罪福奖惩都不是假的。只有勤勉修积道德，才能上升神明。"说完，就消失不见了。

乞神语　宰相赵普病了很久，眼看生命将尽了，就解下自己所珍爱的双鱼犀带，派家臣小吏甄潜到上清宫去拜祭神明。上清宫的道士姜道玄为赵普而叩求神灵的指示。神说："赵普是开国勋臣，奈何冤家不肯饶恕。"姜道玄又叩问冤家是谁。神用淡墨写了四个字，但浓烟笼罩墨迹，只能看见最后有一个"火"字。姜道玄把这些告诉赵普。赵普说："我知道了，一定是'秦王赵廷美'。"后来就撒手而去了。

无鬼论　从前阮瞻一直秉持无鬼论，自称这个道理可以辨明阴阳。有一天，忽然有个客人送上名帖要拜见阮瞻，阮瞻与他谈论鬼神之事，互相辩论了很久。客人忽然变脸说："鬼神是古今圣贤都承认的，为何你偏说没有？我就是鬼！"说完就变身，转眼间就消失不见了。

魑魅争光 嵇康（官至中散大夫）在灯下弹琴。有一个人进入屋中，刚来时，脸很小，一会儿就变大了，身高一丈多，脸色很黑，穿着单衣，系着皮带。嵇康仔细看了良久，就把灯吹灭了，说："我耻于和鬼共用一盏灯光！"

厕鬼可憎 阮侃曾经在厕所中见到一个鬼，身高一丈多，颜色很黑，眼睛很大，穿着黑色的单衣，戴着平头巾，与阮侃近在咫尺。阮侃缓缓地看着他，笑着说："人们都说鬼令人厌恶，果然如此。"那个鬼羞愧地走了。

大书鬼手 享有少保高位的马亮小时候，夜里读书，忽然见一只大手从窗子上伸了进来，冯亮就用笔在他手上大大画了一个押。窗外大声喊一声："快给我洗掉！"冯亮并不理睬倒头睡去。天快亮了，只听到窗外还在哀鸣，并且说："大人将要显贵了。我开玩笑冒犯于您，您又怎么忍心置我于绝境呢！您难道没听说过温峤燃犀照水而死的故事吗？"冯亮醒悟，就用水将鬼怪的手掌洗了字迹，鬼怪态度恭谨地谢恩而去。

司书之鬼 管书籍的鬼被称为长恩。除夕时叫它的名字祭祀它，那么你的书老鼠就不敢咬，也不会生书虫。

上陵磨剑 汉武帝驾崩了，后来却突然现形，对守墓的官员薛平说："我虽然不复在位，但还是你的君主。你为什么让士兵在我的坟上磨刀剑？从今以后要禁止这样的事。"薛平磕头谢罪，汉武帝才消失不见。薛平仔细查看，发现墓边上果然有一块方石可以当磨刀石，士兵曾经偷着在这上面磨刀剑。霍光知道后准备把磨刀的士兵斩了，大司马张安世说："神道茫茫不可知，不应该因此乱处罚。"霍光于是放弃了处罚。

见奴为祟　宋代武臣石普喜欢杀人，从来没有后悔过。有一次喝醉了，绑了一个奴仆，下令把他扔到河里去。手下人可怜这个奴仆就放了他。石普酒醒后颇为后悔。但手下人因为害怕他的残暴，不敢如实相告。过了很久，石普病了，总看见那个奴仆的鬼魂，以为自己必死。这时手下人把那个奴仆叫来，鬼魂就不再出现了，石普的病也痊愈了。

再为顾家儿　唐代诗人顾况死了一个十七岁的儿子，这个儿子的灵魂不愿离家而去。顾况悲伤不已，就作诗来哀悼他说："老人苦丧子，日夜泣成血。老人年七十，不作多时别。"他的儿子听了，发誓说："如果有轮回，我要再当您的儿子。"后来顾况果然又生了一个儿子，到了七岁还不会说话，他的哥哥们开玩笑地拍打他，他忽然说："我是你们的兄长，怎么竟敢打我。"家人都很惊异。他就讲述自己的从前经历，一点都没错。

鬼揶揄　晋朝时襄阳有一个人叫罗友。有人要赴任做郡守，桓温为他设宴送行，罗友来得最晚，桓温问他，他回答说："早上出门，遇见一个鬼揶揄我说：'我总见你送人去做郡守，却没见过人送你去做郡守。'我觉得羞惭。"

鬼之董狐　晋朝时干宝的哥哥曾因病而死，过了很多天身体都有余温。后来竟然又醒了过来，说见识了天地间各种鬼神的事，就好像做梦醒来一样，不知道自己死了一回。所以干宝就把古往今来鬼神灵异及人物变化的事编成一本书，名为《搜神记》，他把书送给刘惔。刘惔说："你可谓是写鬼的董狐先生啊。"

昼穿夜塞　　吴王孙皓要开凿一条运河，白天挖开了晚上却又被堵上了，几个月都不能完工。一个工人晚上在运河旁睡觉，夜里看见鬼怪把白天挖开的运河填上了，还叹息说："为什么不用布袋装土扔在江里呢，也让我们免去每夜这样堵塞的辛苦！"工人第二天早上把这个情况告诉了长官，长官照鬼怪说的去做，运河才得以建成，这条运河长达十四里。

舌根生莲　　西晋时，有个地方长出两朵青莲花，报告给官府，官府在这里挖掘出一个瓦棺。开棺后，发现里面有一个老和尚，莲花从他舌头根部经过头顶长出来。问这里的父老乡亲，有人说："从前有一个和尚诵读《法华经》上万次，临死时留下遗言，要用瓦棺埋在这里。"现在，在这里已经建了一座瓦棺寺。

卞壶墓　　东晋的尚书令卞壶父子二人死于苏峻之乱，葬在金陵（南京）。曾经有盗墓贼打开了他们的墓，发现他的脸色像活人一样，指甲长得环绕手背。晋安帝赐了十万钱把这个墓又完好地封上了。后来明高祖朱元璋想要把这个墓迁走，夜里发现一个白衣妇人守在井边哭泣，哭过又大笑说："做父亲的尽忠而死，做儿子的尽孝而死，难道还保不住三尺大之墓吗？"说完，就跳到井里去了。朱元璋就放弃了迁墓的想法。

酒黑盗唇　李克用墓里的金钱被盗贼偷走了，当地的郡守梦见李克用告诉他说："墓里有酒，盗贼喝了，嘴唇就会变黑，可以用这个证据来抓获他们。"第二天，就抓住了盗贼，其中一半是庙里的和尚。

为医所误　颜含的哥哥颜畿客死他乡，他的妻子梦见颜畿说："我被医生误诊，命不该死，快打开棺材。"颜含当时还小，竭力请求父亲开棺，开棺后果然发现他哥哥还有呼吸。颜含早晚照顾，足不出户达十三年，后来颜畿才死。嫂子双目失明，颜含寻求蚺蛇胆医治却一直没有得到。忽然有一个少年送给他一个青囊，打开一看，正是蛇胆。那个少年变成青鸟飞走了。

柳侯祠　韩文公韩愈在《柳州罗池庙碑》中记载：柳宗元与部将欧阳翼等人在驿亭饮酒，柳宗元说："明年我就要死了，死后会变成神，你们要建一座庙来祭祀我。"一年后柳宗元果然死了，欧阳翼等人就为他建了一座神庙。过客李仪因为醉酒，在庙里说了侮辱不敬的话，就得了病，刚扶出庙门，即不治而死。

义妇冢　四明的梁山伯、祝英台两人，小时候是同窗，梁山伯不知道祝英台是女子。后来梁山伯官至鄞县县令，死后葬在鄞县。祝英台来墓地凭吊，坟墓忽然裂开，祝英台就死了，于是人们把他们合葬一起。谢安向朝廷上奏封这座墓为义妇冢。

三年更生　梁代的主簿柳芳死了，葬在江西九江。三年后，下大雨，坟墓崩毁，他的儿子柳褒安排移葬。打开棺木时，却发现柳芷睁开了眼，对柳褒说："九江神知道我是意外致死，就派地神用乳汁养着我，所以能够复活。"柳褒把父亲接回了家，又过了三十年才死。

开圹棺空　米芾写的《颜鲁公碑》中说：吏部尚书颜真卿以代宗皇帝使者的身份去劝降叛将李希烈，他知道此行凶险莫测，对饯行的人说："我从前在江南遇见道士陶八，陶八给了我少许仙茶，说服了可以不死。还说我七十岁后有大难，应当与我在罗浮山相会。大概就是这一次了。"后来他果然被叛军所害，埋葬在偃师的北山。有一个商人途经广东罗浮山，看见有位道士在道观里下棋，托他带一封书信到偃师的颜家。等这位商人来颜家拜访时，却只看见了颜真卿陵墓。守陵的仆人认识这是颜真卿的笔迹，大吃一惊。颜家人于是选择一个日子打开坟墓，发现棺材里已是空空如也。

婢伏棺上　干宝的父亲有一个宠妾，干宝的母亲非常妒忌。所以在埋葬丈夫时，把这个小妾也推进墓里。几年后干宝的母亲也死了，打开墓，却看见那个小妾伏在棺材上，还有呼吸，抬回家，又复活了。问她情况，她说干宝的父亲和她一起饮食，还把家里的事巨细无遗悉数告诉了她，与平常没有什么不同。

海神　秦始皇在海里建造石桥，海神帮他竖起桥柱。秦始皇请求与神相见。海神说："我样貌丑陋，不要画我的形状，就可以与你相见。"于是秦始皇向海中行了四十里，终于见到了海神。一些画工夹杂在随从中，暗中用脚画出海神的形状。海神发怒说："皇帝不守约定，快回去吧。"秦始皇转过马往回走，前脚还能正常着地，后脚却在崩塌，勉强登上了岸。而画工却淹死在海中。又传说：文登的召山，是秦始皇要造桥渡海去看日出的地方。有神人召来巨石相随而行。石头如果不走，就用鞭子打它打得出血。现在山下的石头还都是红色的。

黄熊入梦　晋侯生了病，梦见了一头黄熊。当时子产受聘晋国顾问。晋侯派韩子问子产说："梦到黄熊是什么厉鬼作怪呢？"子产回答说："从前尧帝流放鲧到羽山，他的神灵变成了黄熊，进入到羽渊，而他神灵受到夏朝郊祭，甚至三代一直祭祀他。现在晋国为盟主，也许是因为没有祭祀他吧。"晋侯于是赶紧在夏至日到方泽祭祀，晋侯的病就慢慢好了。

搴沙为阜　秦始皇到了孔林，想要打开孔子的墓。进入大堂，发现一个孔子留下的陶瓮，里面一纸丹书上说："后世一男子，自称秦始皇。入我室，登我堂，颠倒我衣裳。至沙丘而亡。"秦始皇大怒，就把孔子的陵墓打开了。墓中有一只兔子跑了出来，让人去追，过了曲阜十八里就不见了，掘地三尺也没能找到，因此把这里叫兔沟。然后就到了一个地方，让人再开一条路。看见有一群小孩把沙子堆成小丘，问这是什么地方，回答说是"沙丘"。秦始皇从此得病，就死了。

钟馗　唐明皇白天睡觉，梦见一个小鬼，穿着红色的短裤，一只脚光着，一只脚穿鞋，腰里挂着一只鞋，插着一把竹扇，偷取杨贵妃的绣香囊。明皇责问它是谁，小鬼说："小臣就是虚耗啊。"明皇大怒，正准备叫高力士，忽然看见一个大鬼，戴着破帽，穿着蓝袍，系着鱼带，倒拖着朝靴，直接来捉小鬼。先剜它的眼睛，然后把它劈开吃掉。明皇问："你是谁？"他进奏说："臣是终南的道士钟馗。"

藏璧　东汉永平年间，钟离意做了鲁王的相国，自己拿出三千文钱给户曹孔䜣，让他修缮孔子的车。他还亲自进入孔庙，把孔子的桌子、席子和鞋都擦了一遍。又让男子张伯清除院子里的杂草，张伯在院子的土里捡到了七枚玉璧。他暗藏了一个在怀中，把剩下六枚交给了钟离意。钟离意让主簿安放在孔庙的桌子上。孔子寝室的床头挂着一个瓮，钟离意召来孔䜣，问："这是什么瓮？"孔䜣回答说："这是孔夫子留下的瓮。里面装有丹书，人们不敢打开。"钟离意打开，得到一纸素书，上面写的是："后世修吾书，董仲舒。护我车，拭吾履，发吾笥，会稽钟离意。璧有七，张伯藏其一。"钟离意当即召张伯来问，张伯果然招认了。

灶神　姓张名禅，字子郭，又名隗。又有一种传说赤帝祝融主管火，所以认他为灶神。郑玄认为被称为灶神的祝融是一个老妇，这是错的。灶神在己丑日的卯时上天，汇报人的罪过，这一天祭祀他会得到福气。《五行书》说："在五月的辰日，用猪头来祭祀灶神，做生意会有万倍之利。"

祠山大帝　祠山大帝的父亲张秉是武陵人，有一天行走在山间，遇见仙女，仙女对他说："上帝因为你对吴地有功，所以派我来与你结为夫妻。生下的长子以木德而在吴地称王。"并约定一年后再来相会。张秉如约而去，果然遇见上次的仙女并一同回家，仙女说："以后会世代传承，并享受吴、楚之人的祭祀。"后来生下了一个儿子，成为祠山神。祠山神从长兴开山治水疏浚圣泽，想要将水通到广德，就变成猪，并派出阴兵。后来被他的夫人李氏看见了，工程才停了下来，所以他们都避食猪肉。

泷冈阡表 欧阳修写刻了《泷冈阡表》碑，雇船运回去。到鄱阳湖，船停泊在庐山下，夜里有一老人领着五个人来到船上，拱手说："听说您文章盖世，龙宫里想借去欣赏。"就背着碑下到水里，转眼间就不见了。欧阳修惊恐惋惜不已。天亮后，泰和县令黄庭坚来了，说起这事，黄庭坚当即写了文章声讨。刚把檄文投到湖里，忽听空中有人说："我是天兵，押解骊龙到永丰去。"欧阳修回家扫墓，看见水洼中云雾迷漫，有一只大龟背着碑出来，转眼间又不见了，只有碑上的龙涎还留着。

五百年凤愿 张英去仪陇任职，途径采石江，遇见一个绝色女子，对张英说："我们有五百年的凤缘，应当在大仪山相会。"张英呵退了她。到达仪陇任职半年，每天都能听到有织布机的声音。一天，他率领部下循着织布机声去寻找，到了大仪山，见洞门半开，半年前遇见的那个女子出来迎接，两人携手入洞，洞门立刻关上了。只见圆石一对，从门缝里伸出来，众人取了圆石。半路上抬不动了，就建了座塑有张英像的神祠，把圆石放在了塑像的肚子里。

芙蓉城主 石曼卿死后，他的朋友还见过他，仿佛在梦游，说:"我现在成仙了,主管芙蓉城,希望与老朋友一起游玩去。"他的朋友不去,他就怂然骑着一头白驴走了。

文山易主 赵弼写的《文山传》中说:文天祥就义那天大风扬沙,天昏地暗,咫尺不能辨物,城门白天也只能关着。从那以后连续几天都天气阴暗,皇宫里都掌蜡烛,群臣上朝,也都点着火把开道。元世祖询问张真人之后就感到后悔,下令封赠文天祥特进金紫光禄大夫、太保、中书令平章政事、庐陵郡公,谥号为忠武。命令王积翁写牌位,洒扫柴市,设坛祭祀。丞相孛罗行礼初奠,忽然狂风大起,飞沙走石。转眼之间把神主牌位卷上了天空,空中隐隐传来雷声,好像怒吼,天色更暗。于是只好把牌位改为"前宋少保右丞相信国公",天空才晴朗起来。到了明朝景泰年间,信国公又被赐谥号为忠烈公,人们大多不知,所以附记在此。

杜默哭项王 和州士人杜默,多次科举不中,他的性格潇洒不羁。路过乌江时,去拜谒项王庙。当时喝得微醉了,就直接登上神座,坐在项羽脖子上,抱着他的头大哭说:"天下的事如此不公,像您这样的英雄却得不到天下,像我这样的好文章却得不到一官半职!"说完,又泪如泉涌。庙里的人怕他得罪神灵,把他扶出去,举着蜡烛查看神像,发现神像竟然也泪如雨落,擦拭不尽。

天竺观音 五代石晋时,杭州天竺寺僧人,夜里看见山涧有一片奇木放光,就让匠人用这块木头刻成观音菩萨的像。

弄潮　吴王赐伍子胥死后，把他的尸体装进皮袋里，浮在钱塘江上。伍子胥凭流水扬起波涛，依潮水而来，依潮水而往。有人见他坐着素车白马踏浪弄潮，就为他立了神庙。每年的八月十五潮头最猛烈，杭州人用旗鼓来迎接。弄潮的节庆，大约是从这时开始的。

黄河神　黄河福主金龙四大王，姓谢名绪，会稽人，宋朝末年以宋朝儒生的忠烈死节，投苕溪自尽，死后水高了几丈。后来，明太祖与元将蛮子海牙作战，有神来为明太祖助阵，黄河水向北倒流，元兵于是被打败。明太祖夜里得到梦兆，封他为黄河神。

木居士　韩昌黎在《木居士庙》诗中说："偶然题作木居士，便有无穷求福人。"

显忠庙　吴主孙皓病得很重，有神附体于一个小宦官说："金山咸塘有风潮为害，海盐县城差点被淹没。我是霍光，一直统率众人在那里镇守。"第二天，孙皓的病就痊愈了，于是就立了座显忠庙。

毛老人　南京后湖，一名玄武湖。明朝时在湖上立了赋役黄册档案库，户科给事中、户部主事各出一人来掌管，严禁烟火。明太祖时有一个毛老人进献赋役黄册，明太祖说仓库中正闹鼠患，很高兴这个老人姓毛，与"猫"同音，就把他活埋到档案库里，让他来镇老鼠。后来仓中果然片纸只字都无损。明太祖命人为毛老人立了祠，春秋两季都来祭祀他。

怪异

贰负之尸　《山海经》中说:"神灵贰负的大臣叫危,与贰负一起杀死了吃人怪兽窫窳(yà yǔ)。天帝就把他囚禁在疏属山,捆住他的右脚,用他自己的头发反绑上他的双手,并系上一块石头。"汉宣帝曾经去疏属山,见到一个赤身裸体的尸体,披头散发,被反绑着,一只脚被捆着。汉宣帝询问群臣,都不知道是谁。刘向以《山海经》的记载禀报,汉宣帝不信,认为他妖言惑众,把刘向关到狱中。刘向的儿子刘歆为救父亲,他说:"用七岁女孩子的乳汁来喂那个人,立刻就会复活。"汉宣帝就命令女子去喂他,果真复活了,能说话交流,与刘向说的一样。汉宣帝大为高兴,封刘向为中大夫,刘歆为宗正。

旱魃　南方有一种怪物长得像人,长有三尺,眼睛在头顶上,行走如风。它出现就会有大旱,千里之地都会歉收。它大多躲藏在古墓中。现在山东人一遇大旱就遍搜古墓,如果得到这种怪物,把它焚烧了就会下雨。

两牛斗　李冰,秦昭王任命他为蜀地太守,开凿了成都两江,让万项田都能得到灌溉。江神每年要娶两个少女为妻。李冰就把自己的女儿派去与江神结婚,直接送到江神祠,劝江神喝酒,酒杯一直在晃荡。李冰大声斥责江神，之后忽然消失了。过了良久，人们发现有两头牛在江边打斗。又过了一会，李冰回来了，大汗淋漓，对下属说："我打斗太累了，你们得助我一臂之力。面朝南腰中间有白色的，是我的绶带。"主簿帮助他刺杀了面朝北的那头牛，江神就死了。

随时易衣 卢多逊被流放而死，朝廷允许其归葬原籍。卢多逊的儿子卢察护丧，暂且停灵于襄阳的佛寺里。准备换一个大棺材，开棺后发现，他的尸体并未腐坏，宛如活着时一样。于是就不时给他换衣服，直到大中祥符年间仍然如此。难道因为他是五月五日出生的吗？要是让那些佛门中人遇见这样的事，又该大张旗鼓，就像现在所说的无量寿佛一样了。

钱镠异梦 宋徽宗梦见钱武肃王向他讨还两浙的旧地，态度恳切，并说："因为交好所以前来朝见，为什么把我羁留在此？我要派我的第三个儿子来住在这里。"醒来后就对郑皇后说了，郑皇后说："我也做了同样一个梦，这到底是什么兆头呢？"过一会，韦妃处来报说生了个儿子，就是后来的宋高宗赵构。到了第三天，宋徽宗去看，很高兴把儿子抱到膝盖上，与韦妃开玩笑说："长得像浙江人呢。"大概因韦妃籍贯开封，但她的原籍在浙江。难道他的出生确有来历吗？后来宋室南渡，其疆界都是钱武肃王的版图，而且钱镠生前活了八十一岁，宋高宗也活了八十一岁，以梦来预测，看来是真有其事。

马耳缺 欧阳修说：丁元珍曾经梦见和我一起到一座庙里，出庙门就看见有匹马只有一只耳朵。后来丁元珍做了峡州通判,我做了夷陵县令。一天,与丁元珍一起同游峡,拜黄牛庙。刚进庙门,觉得好像在梦中见过,门外有一匹石马,果然缺了一只耳朵,我们二人面面相觑,大吃一惊。

见怪不怪 宋代的魏元忠一向正直宽厚,不信鬼邪。家里有鬼在暗中作弄他,他也不以为怪。鬼既尊敬又佩服他,说:"真是一位宽厚长者,能把他当常人对待吗?"

苌弘血化碧 苌弘的陵墓在偃师。他本是周灵王的贤臣,无罪被杀。他的血被收藏了起来,三年后变成了碧玉。

二尸相殴 贞元初年,河南少尹李则死了,还没入殓。有一个穿着红衣的人来吊唁,自称苏郎中。进屋后,悲伤痛哭。过了一会,尸体站起来了,与这人搏斗,家人都吓跑了。两个人关上门斗殴,斗到晚上才停下。大家发现两具尸体一起躺在床上,长短、形状、姿貌、胡须、衣服都一模一样。全族人都不能分辨,于是放在一个棺材里下葬了。

冢中箭发沙射 刘宴的判官李邈有一个奴仆,曾开过一座古墓,古墓非常壮观,进入松林两百步,才能到墓前。墓边有一块墓碑,断在荒草里,字已磨灭,不可辨识。开始掘几十丈,遇见一扇石门,因为是用铁汁浇铸的,所以好几天才打开,一打开就飞矢如雨,射杀了几个人,众人都害怕得想要出去,有一个人说:"这只不过是个机关。"就往里扔石块,扔一块就会有箭射出来,扔了十几块,箭就不射了。于是大家又打着火把进去,开了第二道门，又有几十个人瞪着眼睛挥舞利剑，又伤了几个人。众人拥上去攻打，才发现都是木头人，它们手上的兵器都被打掉了。但四面墙上画的卫兵却好像跃跃欲动。中间用铁索悬挂着一个很大的漆棺，棺材下堆放的金银珠宝不计其数，众人正害怕，没来得及去取。这时棺材两边忽然起了大风，有沙子向众人的脸扑来，一会儿风声更急，沙子射出来就像大雨一样，转眼之间就淹没了膝盖。众人仓惶逃走，刚出大墓，门就关上了，大家发现一个人已被埋在墓中。

公远只履 罗公远的陵墓在辉县。唐明皇请他传仙术，他不答应，唐明皇一怒之下便把他杀了。后来有使者从蜀地回来，说看见了罗公远。罗公远还告诉使者说："我在这里候驾。"唐明皇让人挖开罗公远的陵墓，打开棺材后，发现里面只有一只鞋子。还有，道士叶法善下葬后，过了一个月，棺材忽然打开，里面只有一把剑和一只鞋子。

鹿女 梁代时，在甄山一侧，有个樵夫看见鹿生了一个女孩，就收养了她。等到长大了，让她当了女道士，名叫鹿娘。

风雨失柩 汉代阳羡县令袁玘常说："我死后会成神灵。"一天晚上，大醉之后死了，一场风雨后他的灵柩不见了。夜里听到荆山有几千人宴席的声音，乡人去看，发现他的棺材已经下葬并隆起一座陵墓。世人称这座山为铜棺山。

留待沈彬来 沈彬有道术，曾经在沈山下种了一株树，让他的儿子把他埋在这里。等到挖墓时，发现一块铜牌，上面有漆篆文写道:"漆灯犹未灭,留待沈彬来。"

辨南零水　李秀卿到维扬,遇见陆鸿渐,派一个士兵到江中去打一桶南零水来煮茶。等水打到后,陆鸿渐用木勺舀水说:"这确实是江水,但却不是江中南零的水,是在岸边打的吗?"然后他把桶里的水倒出,倒了一半,又拿木勺舀水说:"这好像是南零水了。"取水的人大为惊讶说:"我取了南零水快到岸边了,却不小心倒落一半,只好用江水补充。先生真是明察若神啊!"

试剑石　徐州汉高祖庙旁有一块高达三尺多的石头,中间像破竹一样裂开寸许。老人们说:"这是汉高祖的试剑石。"另外,漓江伏波岩洞旁,悬着一块石头像柱子一样,离地有一条缝。相传这是伏波将军马援试剑所砍。

妇负石　世人相传汉兵入大理府城南时,观音变成了一个妇人,用稻草捆着一块巨大的石头,背着行走,汉兵将士看见后都吓得瞠目结舌说:"连妇女都这么大力气,何况男子呢!"于是就退兵了。

燃石　这种石头出自瑞州,颜色黄白色,纹理稀疏,用水浇它就会发热,把锅放在它上面,就可以做饭。雷焕曾经拿着给张华看,张华断定说:"这是燃石啊。"

他日伯公主盟　隋末的温陵太守欧阳祐耻于向新朝投降,于是拉着夫人投水自杀了。后人为他们立了一座祭祀的神庙,来此神庙祈祷都很灵验。宋代的大臣李纲曾经宿于这座庙中,梦见有神灵邀请自己上座，李纲坚决推辞，神灵说："以后还要仰仗大人来主盟写匾呢。"等到李纲官拜丞相，正值此神受到加封，果然由李纲来题写匾额。

天河槎 横州横槎江有一个旧木筏，枝条茂盛，坚如铁石，颜色像漆一样，黑光照人，横在河滩上。传说是从天河上来的，又名槎浦。

愿留一诗 陆贾庙在肇庆的锦石山下，宋代的梁竑在这里停舟夜宿，梦见一个来客拜访，自称是陆大夫，说："我在这里抑郁无聊已有千年之久了，今天幸而有先生路过，希望能留诗一首。"梁竑就为他在墙壁上写了一首诗。

请载齐志 元代的司马于钦曾经梦见一个姓赵的先生对他说："听说先生要编修《齐志》，我有一个好友葬在齐地的安丘，这人的节操与仁义高冠天下，当世已经没有这样的人了，请把他记载下来以激励俗人。"于钦醒来后大为惊奇，等到读《后汉书·赵岐传》，才醒悟说的是孙嵩。赵岐避祸逃亡时被孙嵩藏匿在墙壁的夹层里，后来写出《孟子章句》而闻名后世，自然也算是奇人，但如果不是孙嵩的情谊，他的志向怎么能实现呢？于钦的梦，不也是很惊异吗！

三石 永安州这个地方，在伪汉时，有军队要进入靖江，从此经过。黎明时分军队发现一个猎人牵着黄狗追一头鹿，士兵用枪刺那头鹿，仔细一看，发现原来是石头。过一会，人、狗和鹿都

333

变成了石头，立在路边。现在有一块石头上面还有枪刺的痕迹。

悟前身　焦竑奉命出使朝鲜，停泊在一个小岛，看见一座茅舍，大门紧闭，询问旁边的僧人，僧人回答："从前有个老和尚在这里修行，偶然看见天子的册封使臣路过这里，是位及第状元，并官拜侍郎，老和尚感慨再三又羡慕不已，然后去世了。这是他的塔院啊。"焦竑命人打开门，室内的桌椅和摆放的经书，都像曾经见过一样，于是豁然醒悟，才明了那个老和尚就是自己的前身。

告大风　宋代的陈尧佐曾经把船停在三山矶下，有一个老人说："明天午时有大风，应该躲避呀。"到了时辰，所有的行船都翻了，只有陈尧佐的幸免于难。又见那个老人来说："我是长江中的巡逻兵，因为大人是未来的贤明宰相，所以先来告知。"

追魂碑　叶法善曾经请求刺史李邕为他的祖先叶国重写一篇碑文，文章写成后，再请求李邕写到碑上，李邕不答应。叶法善就准备好了纸和笔，夜里摄来李邕的魂魄，让他写完，第二天拿给李邕看，李邕大吃一惊。世人称为追魂碑。

牛粪金　东吴时，有一个道士牵牛渡江，对船家说："船里有牛拉的粪，算是对你的酬谢。"船家一看，全是金子。后来就把这个地方叫金石山。

谓琯前身　房琯任桐庐县令时，仙人邢和璞曾经来拜访过他。房琯与他一起到外面散步，遇见一座破庙，松树与竹子都很茂盛，邢和璞坐在树下，用手杖敲地，让侍从挖地几尺，得到一只瓶子，瓶里都是娄师德给永公的书信。邢和璞对房琯说："认识这个吗？"因永公是房琯的前身。

木客　兴国上洛山有木客，属于一种鬼怪，形状很像人。自称是秦朝时建造阿房宫的伐木人，因吃了树上的果实而能长生，还能作诗，偶尔到民间来找饮食。

铜钟　宋代绍兴年间，兴国大乘寺的一口钟有天晚上丢失了，被文潭的渔夫得到，卖给了天宝寺，大乘寺的僧人到处寻访终于找到了，请求让他们赎回去，但天宝寺不允许，就相互约定说："如果敲不响，那就不是本寺的东西。"天宝寺的僧人多次敲击都不响，大乘寺的僧人一敲就响，于是运回了大乘寺。

驱山铎　晋朝时，在分宜县，雨后有一口大钟从山洪中出现，从钟上的铭文来看，竟是秦朝铸造的。又有一个渔人得到一口钟，像铎，把它举起来，声音像雷一样响，草木都会震动。渔人很害怕，就把钟扔到水里。有人说，这就是秦朝的驱山铎。

旋风掣卷　王越中了进士，在朝廷对策的那天，一阵旋风吹走了他的卷子。到了秋天，高丽的使臣来进贡，带来一份卷子，说是有天国王正坐在朝廷上，卷子就落在书案上，读后异常惊异，所以这次进贡，一起送了回来。

风动石　漳州鹤鸣山上，有一块石头高达五丈，周长十八丈，天生一块大盘石做它的底座，风吹来就会动，名叫风动石。

去钟顶龙角　宋代灵觉寺的大钟一天晚上忽然飞走了，等到天明时，又从空中飞了回来。住在附近的人都说江湾中每夜都能听到钟声，想必一定是钟去与龙搏斗了。于是寺里的僧人把钟顶上的龙角削去，大钟就不再飞走了。

投犯鳄池　《搜神记》里记载：扶南王范寻曾经养了十头鳄鱼，如果谁犯了罪，就扔到鳄鱼池里，鳄鱼不吃他，就赦他无罪。受牵连定罪的都不吃。

雷果劈怪　熊翀少年时求学南坛，有天晚上见一个美女立在松树上，众人都惊慌四散，熊翀不以为意，用刀削下松树皮，在树上写道："附怪风雷折，成形斧锯分。"到了半夜，松树果然就被雷劈了。

飞来寺　在梁代，峡山有两个神灵变成道士，前往舒州延祚寺，夜里拜见真俊禅师说："峡山居于清远的上流，要建一座寺庙，可以作为当地的胜迹，师父允许吗？"真俊禅师答应了。半夜，风雨大作，天明开门一看，整座寺庙和塑像都已经被神运到了峡山。真俊禅师就坐下来说了一句偈语："此殿能飞来，何不飞回去？"忽然听见空中有人说："动不如静。"于是得名"飞来寺"。

橘中二叟　《幽怪录》中记载：巴邛人剥橘子吃，发现橘子里有两个老人在下棋。一个老人说："橘中的乐趣，不减于商山的乐趣。"另一个老人说："你输给我瀛洲玉尘九斛，龙缟袜八双，后天在青城草堂还我。"还从袖中抽出一根草，吃了草根，说："这是龙根脯。"吃完后，用水喷那根草，草就变成了龙，两个老人就骑着龙飞走了。

牛妖 天启年间，沅陵县农家一头母牛生了小牛犊，有一只眼睛、两颗头、三条尾巴，把它杀死剖开后发现，它有一颗心，三个肾。

猪怪 有个人家的猪生了四只小猪，最小的一只长着很长的嘴、猪的身子、人的腿、一只眼睛。

陕西怪鼠 天启年间，有一种老鼠长得像会捕鸡的狸，长有一尺八寸，宽有一尺，两旁有肉翅，肚子下没有脚，脚在肉翅的四角上，前爪有四趾，后爪有五趾，毛细长，颜色像鹿，尾巴奇大，如果有人追，跑得极快。专吃谷子和豆类，剖开肚子，里面约有一升小米。

支无祁 大禹治水时，到了桐柏山，捕获了一只名叫支无祁的水兽，形似猕猴，力气比九头大象还大，人不敢看它。于是命令庚辰把它锁在龟山下，淮水才不再泛滥。唐代永嘉初年，有渔人到淮水中捕鱼，发现一根大铁索锁着一只青猿，昏睡不醒，涎沫腥臭难闻，不可靠近。

饮水各醉 沉酿埭在绍兴的柯山前，郑弘要去洛阳参加科举考试，亲友在这里与他设宴送别。把钱扔到水中，按照市价量水来喝，各自大醉而去。所以把这个埭叫作沉酿埭。

林间美人 罗浮山飞云峰旁有个梅花村，赵师雄有一天傍晚路过这里，在树木间看见有一个美女化着淡妆，穿素服，走上前来与赵师雄说话，芳香袭人，赵师雄于是叫上她到酒家去一起喝酒。过了一会，一个绿衣童子出现了，边唱边舞。赵师雄大醉入睡。过了很久，天色微明，赵师雄看见大梅树下，有一只翠鸟在欢叫，赵师雄抬头见参横月落，惆怅不止。

变蛇志城　晋代永嘉年间，一个姓韩的老太婆偶然拾到一个巨蛋，回家孵化它，蹦出一个小孩，取名韩橛。四岁时，刘渊修筑平阳城不能成功，招募能修城的人。于是韩橛变成蛇，让婆婆拿着灰在他后边做记号，说："按灰做的记号来修城，可以立即修成。"果不其然。刘渊觉惊奇，就把它放到山中的洞穴，尾巴还露几寸时，忽然有泉水涌出成为池塘，于是命名金龙池。

有血陷没　硕顶湖在安东，秦代时有童谣说："城门有血当陷没。"有一个老婆婆担心害怕，每天早上就去城门那里看。守门的士兵知道原因后，就故意把血涂在门上，老婆婆看见后，立刻跑走。转眼之间，大水就来了，城池果然被淹没了。到北齐时，湖曾经干涸了，但城池还在。

张龙公　六安的龙穴山有个张龙公祠，《县志》上说：颍上人张路斯，在唐朝当官，做宣城县令，生了九个儿子。曾经对妻子说："我是龙，蓼地的人。郑祥远也是龙，他占据了我的池塘，我屡次与他搏斗，都不能取胜，明天我们要决斗。到时叫儿子们放箭射他：鬣毛上系着青绢的是郑祥远，系着红绢的是我。"他的儿子就射中了系青绢的，郑祥远大怒，跑到合肥的西山后死了，这就是今天的龙穴。

城陷为湖　巢湖在合肥，世人传说有次江水猛涨，沟里留下一条重达万斤的大鱼，三天后死了，全合肥的人都去分吃它，只有一个老婆婆不吃。忽然来了一个老人，对她说："这条大鱼是我儿子，你不吃他的肉，我怎么能不报答呢？东门石龟的眼睛如果变红了，这座城就会陷没。"老婆婆每天就去看那只石龟，有小孩故意把石龟眼睛涂红。老婆婆看见后，急忙跑到山上，这座城池就陷没为湖，方圆达四百多里。

人变为龙　元代时，兴业的大李村有一个姓李的人，常常修炼道术。一天，他与妻子从娘家回来，走到半路，对妻子说："我想到前边小溪中洗个澡，你暂且等我一会。"过了一会儿，突然风雨大作，他的妻子赶紧去看，发现他浑身布满鳞片。他跟妻子说："我每年会回家一次的。"然后就忽然变成龙，腾空而去。后来果然每年回家一次。他家乡的人称他住的地方叫李龙宅。

妇女生须　宋徽宗时，一个卖酒人的妻子朱氏，四十岁忽然长出了六七寸长的胡须。朝廷下诏让她去做女道士。

男人生子　宋徽宗时，有一个卖菜的男人怀孕生下了个孩子。

童子暴长　元代枣阳的张氏生了一个男孩，刚到四岁的时，忽然长了四尺多，容貌异常，挺着硕大的肚子，就像大家传说的布袋和尚一样。

男变为妇　明代万历年间，陕西的李良雨忽然变成女人，并与一起经商的人偷偷结成了夫妇。他弟弟李良云把这事上报给了官府。

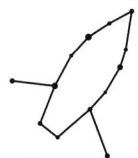

卷十九

物理部

物类相感。身体。衣服。饮食。器用。文房金珠。果品。菜蔬。花木。鸟兽。虫鱼

物类相感

磁石能吸住铁针。

琥珀能吸住芥子。

把螃蟹的蟹黄放到漆里,漆就会变成水。

把皂角放到灶里,可以让烟囱里的煤灰脱落。

把核桃带壳烧红,里面的火可以几天不灭。

把醋倒进坛子,可以清除水垢。

灯芯可以让中药乳香破碎。

把盐撒到火里,炭就不会爆裂。

碾花椒时放点盐,花椒的味道好。

四川花椒很麻,用水就可以解除麻味。

用带壳的核桃煮肉,可除腥臭。

瓜遇见白梅就会腐烂。

栗子遇见橄榄就会更香。

用猪油炒榧子,外皮就会脱落。

芽茶中放点盐,就不会苦反会甜。

井水洗螃蟹可以把螃蟹身上的沙子洗净。

石灰可以用来储藏铁器。

用草结成的绳索可驱苍蝇。

燃烧后的木炭可以隔断蚂蚁的道路。

香油可以杀死各种虫子。

狗粪里的米,鸽子吃了就会死。

桐油能杀死荷花。

江荼可以让菱角枯萎。

蜘蛛害怕花椒。

蜈蚣害怕油。

松毛可以杀死米虫。

麝香可以驱除墙壁上的虱子。

马吃了鸡粪，就会长骨眼。

苍蝇叮了桑蚕，就会生肚虫。

三月三日那天收集荠菜花的杆放在灯盏上，飞蛾和蚊虫就不会来扑。

五月五日那天抓到的蛤蟆，能治疟疾，还能治小儿疳积。

香油抹在乌龟眼上，它在水中就不沉。

把唾沫喷到蝴蝶翅膀上，它就可以当空高飞。

乳香放久了，能生出舍利。

用羚羊角可以打碎佛牙。

用柿子煮螃蟹可以让螃蟹不红。

把橙子放到酱里酱就不酸。

麦麸遇见肥皂就不好了。

荆叶可以驱蚊，台葱可以驱蝇。

唾液可以溶解水银，茶叶末可以凝结水银。

薄荷可以除鱼腥味。

荸荠在铜器里煮会变软，甘草在铜器里煮会变硬。

蝎子害怕蜗牛。

磐石害怕慈菇，斧头害怕肥皂。

螺蛳害怕下雪，螃蟹害怕起雾。

河豚能把树杀死，但狗胆能让树再生。

灯芯可以用来煮江里的泥鳅。

麻叶可以驱逐蚊子。

如果酒点着的火发青的话，用衣服扇一下就可以止住。

琴瑟的弦长久不弹的话，用桑叶抹一遍，就会响亮如初。

黑鲤鱼是老鼠变的，鳜鱼是由蛤蟆变的，鳝鱼是人的头发变的。

燕子害怕艾草，麻雀衔来艾草就可以夺走燕子的巢穴。

骡马的蹄子晒干研成细末，放在酒里，酒就会变成水。

柳絮过一晚上，就会变成浮萍。

杜大黄的嫩子扔在水里就会变成浮萍。

庚午、癸卯两天舂米，米就不会生蛀虫。

柳叶落到水里，就变成杨叶丝鱼。

人参和细辛放在一起就不会坏。

槿树叶掺些石灰捣烂，用来敷酒醋的缸就不漏。

寻找泉脉，用竹子火把往地上照，如果有气把火焰冲起来，这下面一定有泉水。

要试卤的盐味，把十个石莲子扔到卤里，浮起五个的话就是五成，六个六成，七个七成。五成以下，味道就淡薄少盐了。

用生锈的铁钉加醋磨墨写字，再用浓墨刷在纸的背面，叫顷刻碑。

用乌贼的墨汁来写文书，时间久了墨就脱落变成白纸了。

灯盏里加一点盐，灯油就不会很快烧干。

一斤油里扔进一个捣碎的核桃，可以省油。

制造油烛时，先用麻油浸泡灯芯，梅雨天气也不会发霉。

蜡烛被风吹后会流下烛泪，用少许盐堵住流泪的缺口，泪就会停。

点蜡时如果有缺口，嚼一些藕渣补上，缺口就不再漏了。

在绢上写字，用姜汁代替水来磨墨，写的字就不会沁漏到背面去。

用蒲花掺石灰来敷墙壁或者水缸、坛子，效果胜过纸筋。

用蓖（bì）麻子加水研磨后写字，看上去就像一张空纸，但只要用灶里的煤灰或者红丹染它，字就会显现出来。

鸡蛋清调石灰，粘接瓷器，效果非常好。

粘接山石，用生羊肝研细再和到面里然后粘，就很坚牢。

如果池水浑浊，在瓶子里装上粪，再用竹叶包住扔到水里，水就会变得清澈。

金子遇见铅就会破碎。

把核桃和铜钱放在一起嚼，铜钱容易碎。

水银洒了，用一块青石来吸引，洒了的水银就会上到石块上来。

三伏天不可铸造钱币，因为铁汁不消，被称为炉冻。

菟丝子没有根却能生长，蛇没有脚却能行走，鱼没有耳朵却能听到声音，蝉没有嘴却能鸣叫。龙用角来听，牛用鼻子来听。

中药石脾是含矿物质的咸水蒸发后凝结而成的，入水后就变干，出水后却显得湿。中药独活有风时不动，无风时却自己摇摆。

鸺鹠（小猫头鹰）白天看不见，晚上却能看见。老鼠夜里行动，白天却在休息。日本南海滩上的蚌如果有泪滴上就会有颜色，而这颜色白天看不见，晚上才能看见。沃山石滴水就有颜色，却是白天能看见，晚上看不见。

睡莲白天开放，夜晚就缩入水底。蔓草白天缩入地下，夜里再出来。

用身体变化的例子是春秋时的牛哀变成老虎；用魂魄变化的例子是商朝时蜀国的君主望帝变成了杜鹃，炎帝的小女儿变成精卫；用血变化的例子是苌弘的血变成了碧玉，人的血竟然变成了磷；用头发变化的例子是梁武帝的宫女头发变成蛇；用气变化的例子是蜃龙用气变成楼台；用眼泪变化的例子是湘妃的泪变成了斑竹；无情之物变有情之物的例子是，腐草变成萤火虫，朽麦变成蝴蝶，烂瓜变成鱼；有情的之物变成无情之物的例子是，蚯蚓变百合花，望夫女变石头，燕子变石头，螃蟹变石头；事物互相变化的，有麻雀变蛤蟆，野鸡变蜃龙，田鼠变鹌鹑，鹰变斑鸠，鸠鸠变鹰，蛤蟆再变麻雀，松树变石头；人互相变的有：武都的妇人变男子，广西的老人变老虎。

如果人吃了矾石就会死，但蚕吃了却可以充饥。鱼吃了巴豆会死，但老鼠吃了却会变肥。

风生兽被菖蒲塞鼻就会死。鳖遇到苋菜就会活。蜈蚣遇见蜘蛛会腐烂。猫头鹰吃了桑葚就会醉。猫吃了薄荷会醉。虎吃了狗就会醉。橘子碰到糯米就会腐烂。荷花碰到油就会败谢。香蕉碰到铁器就会繁茂。金块碰到翡翠就会成为金粉。

犀角碰到人的气息就会破碎。漆碰到蟹黄就会败落。

萱草可让人忘却忧愁，合欢可以让人平息怒气。仓鹒可以治疗女人嫉妒，鹆鹆鸟可以治疗噩梦，橐萉（tuó féi）鸟可以让人胆大。

金刚石碰到羚羊角会碎裂。龙的唾沫碰到烟煤就不会流散。

把雀芋放在干燥的地方它会显得很湿，放在潮湿的地方反而显得很干燥。飞鸟若碰到它会落下来，走兽碰到它就会僵硬。

如果终年不见乌鸦，那就一定有强盗。

如果鸡无缘无故自己飞走，那就是家里有人被下了蛊。

如果鸡在中午时候还不下树，那是妻妾有奸情。屋子里的柱子无缘无故长了芝草，如为白色即会有丧事，红色会见血，黑色会有贼，黄色会有喜事。

鸡进门会受穷，狗进门会富，猫进门开当铺。

如果狗生了猿猴，家就会富足。

乌鸦叫，会刮风；喜鹊叫，会下雨。

猫生小猫，如果正赶上天德和月德，那么万事可成。但忌讳让寅年生的人看见，也忌讳让生人看见。

老鼠咬发巾和衣服，次日会有喜事降临。

鹳鸟忽然移巢，会有火灾。

鸡上鸡窝时发出"啾啾"之声,第二天定会有雨。

如果鸡回来得早,第二天会天晴;回来得晚,第二天会有雨。

乌鸦夜里叫,预示米价会跌。

乌鸦叫声缓慢预示吉祥,叫声急速预示不祥。叫一声不祥,叫两声吉利,叫三声会有酒席。如果点着头摇着尾朝着人叫,就会有口舌之祸。

如果鸡孵出的小鸡是公的居多,家里会有喜事。

半夜鸡叫,一定有让人担心的事发生。

燕子在人家里做巢,巢户向内,且长度超过一尺,人家吉祥。

如果下雨时有斑鸠鸣叫,有应和的天就会晴,没有应和的就还会继续下雨。

蚂蚁无故聚集在一起或者挪窝的,就一定会有暴雨。蚯蚓若出来,也是这样。

有白蚁虫出现,这一天是吉日良辰。凡看见蛇交配的,则有喜事。

遇见蛇聚会,赶快下拜,祈求富贵一定如意。

遇见蛇蜕皮,赶快脱衣服盖住,谋划的事情一定大吉。

把生鳖甲弄成一寸长的小段,用红苋盖住,就会变成小鳖。

如果水里虾太多，会是荒年。螃蟹太多，会发生动乱。

用麻秆插在竹园里，四周的竹子不会长出园外去。用芝麻秆也是一样的。

梓木作屋柱，如果放在下首，木柱就会有响声，说是要争座位。

杉木烧成炭再研成细末，放在门臼里，能自己发出响声。

钉楼板时，用蹇漆树削成木钉，再用淘米水浸泡，放干后，钉子很容易钉进楼板，坚硬如铁。

把荷花梗塞入老鼠洞里，老鼠自己就会离开。

黄蜡和果子一起吃，蜡会自动化掉。

用萝卜提炼硝，硝会洁白光润。

灯芯蘸点油，再蘸上白矾末，就能粘起炭火。

鸡蛋顶上凿一个小孔，把蛋黄和蛋清倒出来，灌些露水，再用油纸把小孔糊上，在太阳下晒，可以自己升起来，离地可达到三四尺。

夏天收集松木，劈碎后用黄泥水泡到掉皮，再晒干，冬天烧时，会没有烟雾。青竹子也一样。

竹篾片用石灰水煮一下，可用来代替藤条。

身体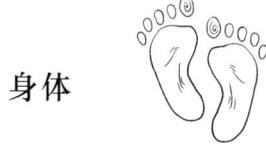

若身上长出肉丁,可用芝麻花擦拭。

飞丝迷眼并肿起来的,用头上的皮屑少许揩下即可。又有人说用珊瑚更好。

有人见漆树就生疮,用川椒三四十粒,捣碎后涂在口鼻上,漆就不能为害了。

指甲里有污垢,用白梅和肥皂一起洗就干净了。

弹琴的人若嫌指甲太薄,可用僵蚕烧烟熏指甲即可变厚。

染头发秘法:用乌头、薄荷加入绿矾。

吃梅子时牙软,但吃藕牙不软,用铅粉一擦即可。

油手用盐洗,可当肥皂。也有人说顺势洗亦可干净。

脚跟有厚皮,可用有布纹的瓦或钟乳石磨去。

干洗头的秘法:用蒿草根、白芷等研成粉末,晚上涂在头上,次日早上梳头,脏东西就没了。

除狐臭的秘法：将白灰和陈醋掺一起涂在腋下。还有一个秘方是以烧过的明矾擦拭，效果更妙。

女孩缠足，先以杏仁、桑白皮放入瓶子熬汤，然后放入硝和乳香，把脚放到瓶口蒸熏。待水温了，再倒在盆里泡洗，骨头就会柔软如绵。

用山芋煮汁洗澡，可去除身体和脸上的风尘，不过洗后半天不可见风。

梳头头发不掉的秘法：用侧柏的叶子两片，核桃两个去壳，榧子三枚，一起研成碎末，用来擦头皮，或蘸着水经常搽亦可。

去掉黑痣的秘法：将桑树灰、柳树灰、小灰、陈草灰、石灰共五种灰，以水煎成浓汤，再放入浓醋，用它点痣即可。

人们鼻子里的气息，阳盛时在左，阴盛时在右，阴阳交换时两边的气息都微弱。

女人月经停止后三天或五天同房会生男，两天或四天同房会生女。

夏天脸最热，以扇子扇脸身体也觉得凉快；冬天脚最冷，用火烘脚身体也觉得暖和。

嗜睡的人可以把淡竹叶晒干研成细末，取二钱，用凉水一杯冲服，就能整夜不睡，可以防贼。若用热水冲服，就可以一觉睡到大天亮。

取附子末几钱，用两碗水煎沸后洗脚，走远路，脚不疼。

安徽宣州产的木瓜可治脚气，用它来煎汤洗脚即可。

脸上长疮，怀疑因漆过敏，用生姜来擦拭，若感觉发热就可确定是因漆而起，如果不热，就不是。

如果总是打嗝，屏住呼吸一会儿即可。

如果腿脚麻木，把草芯贴在眉毛中间即可，左脚麻木贴右眉，右脚麻木贴左眉。

如果岔气了感觉筋、骨牵扯疼痛，可先坐正，在疼痛那一侧，把脚放在膝盖上立刻就好。

男人脚抽筋，如果是左脚就抓起右边的睾丸，如果是右脚就抓起左边的睾丸，立刻可以止住。

如果身上刚生疮毒，用半夜睡觉没说话前的唾沫涂抹几十次，就会逐渐消失。

左边鼻子流血，用一根带子绑住七里穴就好。

脚转筋了，慢慢攀住大拇指，一会儿就会停止。

刚成为僧人或道士，熬些猪油来涂抹以前戴网巾的痕迹，几天后头皮就变一色了。

衣服

夏天衣服发霉,用冬瓜汁浸泡后再洗,那些发霉的痕迹就消失了。

北绢变黄,用鸡粪来煮就立刻变白,用鸽粪煮也可以。

墨汁污染了丝绢,调些牛胶涂抹,等干了揭起,墨迹就会与牛胶一起脱落,凡是绢类都可用此法。

血弄脏衣服,以尿液烧开的蒸汽熏衣服,隔一夜用水洗,就可以清洗干净。

绿矾或百草的汁液弄脏衣服,可用乌梅清洗。

鞋里放樟脑,可治脚气。用椒末可除风邪,不会疼痛。

洗头巾时,用开水放盐来漂洗,污垢就会脱落。还有一种说法是用热面汤来漂洗,效果亦好。

槐花弄脏衣服,用酸梅可以洗净。

用绢作布的夹里,若先用杏仁来浆洗,就不会脱绢。

夏天缝制绵布衣,棉花不起球;而秋、冬季节缝制时就会起球。

在棉布上放少许灯芯，就不会起球。

茶弄脏衣服，现出白斑，用乌梅熬浓汤，再用新毛笔蘸了涂在白斑处，立刻可恢复原色。

酒、醋、酱弄脏衣服，用藕擦拭就没有痕迹了。

如果衣服发了霉，可以把枇杷核研成细末洗衣服，霉斑就可消失。

毡袜用生芋头擦拭一遍，就会耐久而且不会被虫蛀。

用红苋菜煮生麻布，布的颜色就会洁白如苎麻。

杨梅或苏木弄脏衣服，可以用硫黄烟熏，然后再用水洗，那些红颜色就会消失不见。

油弄脏衣服，可用蚌粉或用滑石粉、图书石灰熨，都不错。

膏药的痕迹，可用香油搓洗，然后再用萝卜汁洗去香油的痕迹。

墨汁弄脏衣服，用杏仁嚼烂擦拭即可。

洗毛衣或毡衣，用猪蹄熬的汤趁热洗，脏迹就可洗去。

葛布衣折好，用蜡梅叶熬汤，放在瓦盆里浸泡拍打，污垢就会脱落，把梅叶揉到水里浸泡，衣服就会变得柔软。

油弄脏衣服，用白面水涂在油迹上盖一夜，油斑会消失。

要去除墨迹,用饭粘住搓洗就掉。

罗绢质地的衣服受污,叠起放在瓦盆里,用温水泡后再用皂荚汤清洗,提起、按下、翻转,浸泡拍打,污垢就会洗掉。倒掉脏水,再用温水浸泡,再搓洗、拍打,别展开,干了后就折叠收藏,无须上浆熨烫。

被有颜色的水染脏后,可用牛胶水浸泡半天,再用温水洗。

清洗白色衣服,将白菖蒲用铜刀切为薄片,晒干研成细末,放到瓦盆里用水搅匀,提着衣服在里面晃荡,污垢就消失了。

清洗绸绢质地的衣服,可用萝卜汁来煮。

清洗黑色的衣服,可用煎熬较浓的栀子汤。

黄泥弄脏了衣服,先用生姜汁搓一遍,再用水清洗即可。

被油弄脏的衣服,用滑石粉、天花粉,不论多少研成细末,将弄脏之处用炭火烘热,以粉末擦拭污点。还不干净,可再烘一回,再擦拭,最脏的也不用五次。

漆弄脏衣服,以等量杏仁和川椒研烂涂在脏污处,用水清洗即可。

墨汁弄脏衣服,把杏仁去皮和尖,再以等量的茶子一起研成细末敷在脏污处,温水漂洗。要去掉字迹的话,把杏仁的油压出,研磨过滤成细末,涂在字上,用火熨下。以白梅捶洗亦可。

蟹黄弄脏衣服，用蟹脐擦拭，就可除去。

血弄脏衣服，立刻用冷水洗，就可洗掉。

洗有油污的帽子，先把芥末捣成膏，糊在帽子上，待它干了，再用冷水淋洗。

饮食

烤肉时，把芝麻花研成末，放在肉上，肉里的油就不会乱流。

糟蟹的时间久了就会变沙，见到灯光也会变沙。把一寸长的皂角放在瓶子底，就不会变沙了。

煮老鸡，加些山楂煮就可煮烂，或用白梅煮，也很好。

用枳实煮鱼，鱼刺会变软，也有人用凤仙花子。

酱内生蛆，把马草乌切碎放进去，蛆就全死了。

糟茄子时放孔雀石，茄子切开不会变黑。

糟姜时，瓶里放些蝉壳，就是老姜也不会有筋。

吃了大蒜后,把生姜和枣子放在一起吃少许,就不会有臭味。

蒸米饭时放些盐硝,米饭就不会粘在一起。

米醋里放炒过的盐,就不长醋花。

用盐洗猪的内脏就不臭。

用矾和盐一起腌鱼,可以去腥。

杂色羊肉里放些松子,就可以去毒。

藕皮和菱米一起吃,就会既甜又软。

芥末味辣,加少许细辛和蜜一起研磨,会极其辣。

晒葫芦干时,用香草藁本汤洗过,就不会引苍蝇。

杨梅核和西瓜子,用柿漆相拌,晒干,就会自行裂开,可以轻松取到果仁。

鸭蛋上用火山灰画花写字,等干了,再用头发灰调制的水来洗,花纹就可以直接入蛋壳内。

炒白果、栗子,放些油纸搓揉在里面,果壳会自行脱落。

夏天在鱼肉里放点香油,可以长久不臭。萝卜梗和银杏一起煮,就不苦。

用灰来煮芋头就会酥，用柴灰来煮藕头就会稀烂，另换水再加糖。

榧子和甘蔗一起吃，渣子会自行变软，像纸一样。

晒肉干，抹些香油，不招苍蝇。

吃荔枝，吃多会醉；把荔枝壳泡在水里，喝这样的水就会解醉。

腌鸭蛋时，在每月月半时做，蛋黄就在正中。也有人说要在中午做。

铅粉可去除酒里的酸味，红豆炒热放些进去，也很好。煮肉时放些荷花蒂，瘦肉会浮起，肥肉会下沉。

鸭蛋和金刚根一起煮，蛋白就会变红。

用雨水做饭，会让白米变红，红米变白。

如果要喝酒不醉，可以吃些硼砂末。

吃栗子时，在栗子要长芽的地方咬破，一口剥开，壳自会脱落。

竹叶和栗子一起吃，没有渣。

茄干的灰可以腌海蜇。

把稻草切成一寸长煮臭肉，肉的臭味都可进入稻草中。

煮老鹅时，在灶边取一片瓦一起煮，很快就能煮烂。

吃过螃蟹后，用蟹脐洗手，就不会有腥气。

豆油煮豆腐更有味道。

用篱笆上的旧竹片捆着肉煮，肉很快就能煮烂。

馄饨里放香菇，吃后不会打嗝。

食过河豚，用萝卜烧水洗碗筷，就可去除腥气。

灯草切成一寸长的小段，收藏白糖时一层白糖一层灯草最好。

用新瓶来装白糖，用竹叶纸包好，悬挂在灶上，两三年都不会消融。

糟姜放在瓶里，在瓶口撒一些熟栗子的细末，就不会有沉渣。

糟姜时，底层放几个核桃仁，姜就不辣。糟茄子时，摘了就要立刻糟，最好不要把茄子蒂去掉。

用干的蓼草分别铺盖，贮藏糯米，可以防虫蛀。

将豆黄和松叶一起吃，味道极好，还可以作为隐居的食物。

水里放些砂糖来洗石耳，可以洗得极其干净。

吃梅子牙齿会酸软，嚼一片梅叶，就可以防止。生甜瓜用腌鱼的刺扎，过一晚就熟了。

夏天做酱和面,不会生蛆。

收花椒,带着花椒籽一起收,不带叶收,就不会变色。

日出前或日落后做酱,不招苍蝇。

醉酒时如果喝冷水,手就会打颤。

做酱时,缸面上放上四个草乌头,就没有苍蝇、蚊子。

器用

加了镶嵌装饰的铜器用肥皂涂上一遍,烧红后,放到梅锅里烧,会黑白分明。

黑漆器上如果有红字,用盐擦拭字就会变成红水流走。

油笼漆笼如果漏了,用马勃菌堵上,就可以止漏了。肥皂塞住,也可以。

柘木用酒醋调和矿灰涂抹,一夜间就变成了有缝隙的乌木。

漆器不可装莼菜,否则,最好的漆也会被毁坏。

热碗底把漆桌上烫出痕迹，用锡器装沸水一冲，痕迹就可消失。

铜器与石头上若有青斑，用醋泡一夜，再用水清洗就脱落了。针眼如果会切断线，用灯烧针眼就不会断了。

锡器上的黑垢，可用鸡、鹅所炖的热汤清洗。

酒瓶漏酒，用羊血擦拭就不漏了。

碗上有污垢，可用盐擦拭。

在木炭缸里倒水，夏天也可用来冻东西。

刀生锈，可用木贼草擦拭。

把皂角放在灶里烧出烟来，锅底的煤和烟囱里的煤灰就会自行脱落。

肉案上的抹布，用猪胆来洗，上面的油污会自行脱落。

炭瓶里放猫食，不会发臭，即使夏天也不会变臭。

用香草藁本的汤擦酒器或者酒桌，苍蝇就不来。

用香油蘸刀，刀就不会太脆。

用酱汤洗琉璃就可以把上面的油清洗干净。

铁锈用炭来打磨洗去。刀钝了用干炭擦拭就会变锋利。

泥瓦经火煅烧，可以作磨刀石。

洗刀或洗铁皮时，把松木、杉木、铁艳粉研为细末，用羊油炒干擦拭，可让刀光洁如月。

洗发臭的缸瓶，先用水多次清洗，然后把银杏捣碎，泡汤再洗。

用荷叶烧水，洗锡器最好。

锅生锈，烧开水，用皂荚洗，就像刮的一样干净。

用松板来做榨酒板，酒里就没有木头的气味。

镀了白铜的器皿，用萱草根和水银擦拭会像新的一样。

用木柴灰煮水，再用木贼草一起洗锡器，就会像银器一样亮。或者用腊梅叶，或者用肥皂热水，也可以。

瓷器上要做记号，用代赭石来写，水就洗不掉。

竹器刚被虫蛀，用雄黄、巴豆烧的烟熏，就永远不会被虫蛀。

凡是竹器被虫蛀，用芮苣煮汤，浇一遍即可。

定州的瓷器一被狗舐过，就有裂纹。

用漆器来盖苋菜，就有断纹。

雨伞、油衣、笠子若淋雨，须用井水清洗；否则，容易变脆损坏。

铜器不可以放在米上，害怕发霉，影响它的声音。

手里握过荸荠，就不可以握铜器，不然，一定会把铜器打破。

新锅先用黄泥涂它的里层，装满水后，再煮一时辰，洗净，再干烧到十分热，然后用猪油和酒糟擦拭一遍，才可以用。

油漆弄脏了器物，可用盐干擦。

酒弄脏了衣服，可用藕擦。

器物旧了，用酱水来洗。

藤床、藤椅旧了，用豆腐板刷洗。

鼓皮旧了，用橙子瓣清洗。

水壶生垢，用山石榴几枚，在水壶里煮，水垢就全去掉。

桐木做轿杠，轻又耐久。

瓷器有缺损，用细筛筛出石灰一二钱、白芨末二钱，用水调和后可以粘上。

铁器有锈，放在酸泔里浸泡一晚上再取出，铁锈就自行脱落了。

松木做的勺子第一次用应盛热水；如果盛冷水，就会破。

试金石，用盐擦，上面的磨痕就全部去掉。

文房

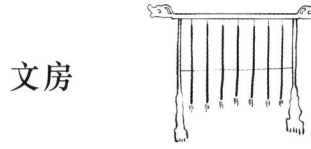

研墨时有泡沫,用耳屎或头垢即可消去。

蜡梅树皮蘸水磨出的墨汁,极有光泽。

矾水写字放干,再用五棓子煎汤浇,就变成黑字。

肥皂浸水后磨墨,可以在油纸上写上字。

肥皂水调颜色,可以在蜡烛上画花。

磨黄芩在纸上写字,用水把纸脱去,字画却可以脱在水面上。

画上的粉如果被黑色或者硫烟熏黑,用石灰汤蘸笔,洗两三次,颜色就可复原如初。

用蓖麻子油在纸上写字,用纸灰撒在上面,才会看见字。还有人说用杏仁更好。

冬天用酒来磨墨,就不会冻。

用盐卤在纸上写字,火烘烤后,字迹就变成黑色。

冬天用杨花铺在砚槽里，水就不结冰。

花瓶中放一片火烧瓦，就不会发臭。

收笔法：苏轼用黄连煎汤，再调些轻粉来蘸笔，等干了以后收起来。

擦金扇的油污法：要用绵团浸些鹿血，收藏时间久一点，然后擦拭，效果极好。

补字法：用新面筋，放少量的石灰进去，就变成胶水，贴到要补的地方，既持久又没有痕迹。

洗字法：扇头或绫轴上有错字，用笔蘸着陈酱调的水，照字的样子写上去，一会擦去，就没有痕迹。

清除错字法：蔓荆子二钱，龙骨一钱，相子霜五分，淀粉少许，一起研成细末，在字上点水，再用细末敷上，等干了擦去即可。

砚台不能用热水清洗。

真的龙涎香烧出的烟可以进入水中，假的遇水即散。外国使者到本国朝廷上，朝廷烧了龙涎香，使者说："这是真的龙涎香，可以烧烟入水。"果然就像他所说的一样。

裱褙用的浆糊，放入白矾、黄蜡、椒末一起调和，这种浆糊装褙书画，蛀虫和老鼠不敢侵害。

裱褙书画时，如果午时上墙，就不会不平。又有人说在正午时多晒几天，也不会不平。还有人说用少许萝卜汁打浆糊，就不会不平。

拓碑的纸，需先用胶矾水湿一下，才能使用。

新刻的书画雕版，临到印刷时，用糯米糊和墨汁印上两三次，雕版就会光滑分明。

拓碑秘法：把皂荚水滤去渣子，用这种水来磨墨，拓出的墨色就光彩如漆。

鹿角胶和墨，最好。和一两墨，放入金箔两片，麝香三十文，那么墨就熟而紧。

制作墨，用秋天的水最好。

用蓖麻子擦拭砚台，会极其滋润。

洗去书画上油污的秘法：用海漂硝、滑石粉各二分，龙骨一分半，白垩一钱，一起研成细末，像对脏衣服一样去熨纸上的污垢，如果油污已经干了，还用油来点它。油迹大了也无妨。如果不这样，还可以用水泡一晚，绞干后，用药也可以去除它。

瓶中养花，要用草紧缚花枝，这样插在瓶中，才可以耐久。

试墨时，把墨点在黑漆器中，如果可以与漆争光，就是绝品了。

金珠

珍珠被油浸泡多年或者被尸体的气息所冲犯而色泽昏暗，可以裹在饭里喂给鸡或者鸭或者鹅，等它们排泄后，再拾回来清洗，洁白如新。

鹅、鸭的粪晒干烧灰，热水沉淀后的水，把油污的珍珠放在绢袋里用这种水洗就会光彩洁净。

银丝器不可以用杉木作的梳妆盒装，时间久了银丝会变黑。

代赭石研成细末和盐煮金器，颜色鲜明。

玉器如果被打破，用白矾在火上熔化，把破处粘住，补瓷器也很好。

象牙如果旧了，用水把木贼草煮软，清洗。再用甘草煮水，再洗一遍，颜色如新。

多年放置的玉若有灰尘，用白梅汤煮一下，刷洗一遍就洁净了。

珠子用乳汁浸泡一晚，清洗干净就会鲜明。

象牙如果像笋一样弯曲了，用白梅汤煮棉布，加热后，裹住象牙压一压即可变直。

旧象牙筷子，用煮软的木贼草擦拭它，再用甘草汤洗它。还有一个方法：用白梅洗它，插在芭蕉树里，两三天后取出来，光亮如新。

清洗烧红的珍珠，用木槵子皮加热水浸泡然后清洗。也可用榨出的萝卜汁泡一晚上就白了。

煮象牙，用醋或酒煮，象牙就会软。

果品

收藏枣子时，铺一层稻草放一层枣，间隔着藏，就不会被虫蛀。

贮藏的栗子不被虫蛀，把栗蒲烧成灰用水调成汁，将栗子泡两个晚上再拿出，晾干后，放在盆里，用沙子盖住即可。

贮藏西瓜，不能让太阳照到，照到就会发芽。

收藏鸡头，晒干后再放入瓶中，要用竹叶包好，埋到地下。

把金橘藏到绿豆中间，长时间不会变坏。

贮藏柑子，用盆来盛，并用干潮的沙子盖住。贮藏木瓜，可用同法。

收藏湘橘，用开水煮过的瓶子收藏，多年不坏。

贮藏核桃，不可以烘焙，烘焙就会出油。

贮藏梨子，用萝卜将其分开，不要让梨子挨着，就会经年不坏。

梨蒂插到萝卜里，就不会烂。贮藏香团，也可用此法。

栗子和橄榄同吃，有梅花的清香。

炒栗子或白果，抓一个在手里，不让人知道，就不会爆锅。

水杨梅放入木炭，不会烂。

用缸装细沙，贮藏柑橘、梨、石榴之类的水果在里面，长时间不会坏。如果柑橘放在靠近米放的地方，很快就会腐烂。

梨子以纸裹好放入新瓶，可以贮藏到二月。

石榴以煎米泔百沸汤过一遍晾干，可以放到来年的夏天，不会损坏。

梨子藏在北枣中，可以运到远处去。

榧子用装茶的瓶子贮藏，可以经久不坏。

用新沙罐贮藏生枣子，铺一层淡竹叶枝，再放入几个旧铜钱，白矾少许，浸到水井里，经年不坏。

在竹林里贮藏桃、梅之类的果品，找一株大竹子，截去上节，留五尺长，把中间凿通，将果品放到竹子中，用竹叶封起来并用泥涂敷一遍，隔一年拿出来还像新摘的一样。

摘银杏，用竹篾箍住树根，过一夜，敲一下竹篾，银杏果就会全部落下。

鸡头子与蒲元水一起藏在新瓷器里，随时可剥，极好。

蜜饯在夏天多易变酸，可以用大缸装上细沙，经常用水浸湿，把装蜜饯的瓶子放在上面，就不会坏了。

梨子怕冻，要用沙瓮加稻糠拌底贮藏，用草塞住瓶口，让它通气，就能留到过春节。

贮藏松子时用几两防风一起放在包裹里，就不会出松子油。

贮藏梨子时把每个梨子的柄部插到萝卜里，再放入漆盒内，就可以放很长时间。

风干栗子，要用皂荚水泡一晚上，取出晾干，然后用篮子装着迎风挂起，时不时摇一摇。

收藏柑橘，要用黄砂坛，用晒干的松针拌底，就不会烂。如果松针湿了，就换些晒干的。如果没有松针，用些铡断的早稻草，也很好。

福建闽中一带贮藏荔枝，六七分熟的，用一瓮蜂蜜浸泡，密封起来，不能进水，放到井里，用时取出来，颜色就像新鲜时一样。

收藏核桃、松子，可用粗布做成袋子，挂在迎风之处。

收藏桃子，可把麦麸熬成粥，先放少许盐，装在盆里，冷却后，把桃子放在里面，冬天拿来侑酒味道极好。桃子不可以太熟，要选择颜色青红漂亮的。

凡是果品都忌酒，酒气一熏就损坏。

葡萄刚熟时，用蜡纸裹紧，再用蜡密封，可以留到冬天。

栗蒲安放在壳里，可以放很长时间。

吃核桃太多，会让人吐血。

黄蜡与栗子同嚼，会成水。栗子和橄榄同嚼，味道清甜，名叫风流脯。

菜蔬

收取芥菜籽，隔年的最适宜，会很辣。

生姜，社日节前收取的没有连筋。

茄子洒些水过柴灰再贮藏，可以放到来年的四五月份。

小满前摘取并腌制芥菜，可以吃到接上新菜时。

葫芦对着水种植，就会生很多，或有三四株的，稍微把它的薄皮去掉一些，用肥土包一株，用麻皮捆扎好，如果藤很粗大并生出葫芦的，只可留一两株等它长到老，会大如斗，可以做容器。

花木

冬青树嫁接梅花，就会开出开阔的墨梅。

石榴树用麻饼水浇灌，就会结许多果实。

养石菖蒲，如果看上去蔫弱泛黄，可以洒点鼠粪。

花树如有虫孔，可用硫磺末塞住。

木樨被蛀了，把带壳的芝麻秆捆成一束挂在树上。

竹子年月久了会生竹米，赶快把生了竹米的竹子截断，把离地二尺的节打通，给里面灌些狗粪，其他的竹子就不会生竹米了。

海棠花用薄荷水浸泡，就容易泡开。

银杏不结银杏果，在雌树上凿开一个小孔，放进雄树上取下的一块木头，用泥涂上，就会结出杏果。

草、树、花的枝条如果被羊吃了，都不会再萌发了。

芝麻秆挂在树上，树上不生蓑衣虫。

牡丹花根底放些白术，所开的牡丹花无论什么颜色都会带腰金。

午时用笤帚击打冬瓜蔓，就会多结冬瓜。

天上的规则是崇尚左，所以星辰都向左转。地上的规则是崇尚右，所以瓜果都是右边结得多。

牡丹花每一朵有十二瓣，有闰月就有十三瓣。

凡瓜果都是地底长根须地上来结果，只有莲子根是地上的进入地下结果。

贯仲和柏叶同嚼，没有苦味。

蜀葵的枯枝烧成灰，可贮藏火。用干竹子扎成火把，在雨里也不会灭。茄子秆烧成灰贮藏火，也很好。

皂荚树有刺，无法攀爬。每到秋天长出果实时，先用大竹片围住树身，再用木板敲击它，一晚上就自行落下了。

油纸灯放进荷花池，荷叶就会腐烂。

杏嫁接梅花，就成了台阁梅。

桑树嫁接梨树，结出的梨子又甜又脆。

红梨花嫁接海棠，就成了西府海棠；樱桃嫁接海棠，就成了垂丝海棠。

麻秆插到椑柿里，柿子一晚上就熟了。

枸橘树可嫁接各种品种好的橘子和柑子。

柳树可嫁接桃树，桃树可嫁接梅子。

冬青树可嫁接木樨。

鸟兽

小狗吠叫不停,用一蚬壳香油灌入它鼻子,一晚上不会再叫。

乌骨鸡如果舌头黑,那骨头也黑;舌头不黑的,就只有肉黑。

小鸡还没长翅膀的,用笤帚赶它,它翅膀上的毛就会倒着长。

母鸡生蛋后,和续麻子吃,就会一直生蛋,但不孵小鸡。

竹鸡的叫声,可以去除壁虱与白蚁。

鹘鸟要是叼了帽飞走,站着叫,它就会高飞而去,如果趴在地上叫,它就会飞回来。

鸡蛋若有双黄的,孵出的小鸡会是两个头和三只爪。

猫眼知道时间,有歌谣这么唱:"子午眯成线,卯酉滴溜圆,寅申巳亥像银杏,辰戌丑未侧如钱。"

香狸有四个外肾。

鹰没有胃却有肚,这是因为它吃肉的原因。吃粮食的飞禽都有胃。

鸡吃了猫食,就能啄人。

胡麻面喂狗，狗身就会又黑又光而且神骏。

老虎跑到人家里偷猪狗吃，但听到刀刮锅底的声音就会逃跑，因为这种声音会让它牙酸。

牛尾短的寿命长，牛尾长的寿命短。

猫鼻子只有六月六日那天会热。

杏仁末若给狗吃，立即就会死。

狗褪毛时，用酒糟来饲养它，毛就容易褪。

鹿群晚上休息，大鹿犄角向外，小鹿在里边，围得如同营寨一样。打仗的人模仿它们，发明了鹿角寨。

虎豹的毛皮只可用火焙干，不可以日晒。

猴子病了，吃墙上的蜘蛛，就会痊愈。

狗身上长癞疮，用虫蝇百部汁涂抹，立即消除。

马鞍磨破马背的地方，用车辙中的淤泥涂抹，很快就好了。

辨别牛黄法：牛黄像鸡蛋一样大，重重叠叠，取一些用指甲磨，黄色透过指甲，而且擦不掉的，就是真牛黄。

猫长癞疮，用柏油擦拭。再长的话，再擦。第三次擦，就会根除。猪若长癞疮，用猪油来擦拭，也会很快痊愈。

猫洗脸时超过了耳朵,家里就会有客人来。

家里燕子、麻雀忽然消失,就会有火灾。

鹳鸟仰着脖子鸣叫就会放晴,若低下头鸣叫则会下雨。

喜鹊的巢若很低,这一年会发大水。鹃鸟初试鸣声,若有人躺着听到,一年都会平安快乐。

猫和狗生下的都是公的,一家定有喜事。

狗死了,用葵根塞住它的鼻子,过了良久就会复活。

孔雀毛进入眼睛,会伤人眼睛;孔雀胆毒性极大,能杀人。

狗有虱子,用樟脑擦毛下的皮,再用大桶或箱子把狗盖在里面,虱子就会掉下来,及时让人把虱子掐死。

猫和狗若有虱子和癞疮,用桃叶捣烂,擦干净它的皮毛,隔一会儿洗掉,这样一两次就可以清除。

鸡生病,用芝麻油灌它。鸡若哮喘,用白菜叶包些鼠屎、香油硬喂给它,立刻就好。

鸡生了瘟,把猪肉切碎喂它。又可以把雄黄研成细末,拌饭喂它,立刻痊愈。

猪生了瘟,用萝卜菜连根喂它就会痊愈。牛马有癞疮,用荞麦秆烧成灰，淋水成灰汁，浇它身上，就会痊愈。

牛马若生了瘟，用酒加少量麝香末和在里面，灌服。

牛马长了癞疮，用藜芦研成细末，用水调好后涂在患处。

鹤生病，用蛇或老鼠或大麦煮熟喂它。

鹿生病，用盐拌豆料喂它，经常吃豌豆就不会生病。

煨灶猫，用猪肠或鱼肠，加入少许雄黄一起煨熟后喂它。

牛中暑，用胡麻苗捣成汁灌服，立刻就好。没有胡麻苗，也可以用麻子二三两捣烂，和井水调匀，灌服。

牛、马、猪、驴生了瘟，用狼毒、牙皂各一两，黄连一两五钱，雄黄、朱砂各五钱研成细末。若是猪就擦入它的眼睛中，若是牛、马、驴就吹到它的鼻子中。

想让鸡、鹅、鸭迅速肥起来，用胡麻子拌饭，加少量硫磺，喂七天，就异常肥壮。

虫鱼

养的鱼变瘦而且身上还长白点,就是有虱子了,把枫树皮扔到水里,即可治愈。

鳖和梭子蟹若被蚊子叮,立即就会死。

把水里的浮萍晒干,熏蚊子,蚊子立刻会死。

蚂蚁害怕肥皂。

蛇害怕姜黄。

悬挂稻草绳索在墙上,苍蝇就不会来。

蚕怕雷声,也怕鼓声,听到鼓声就伏地不起。

让青蛙不叫的秘法:三五日把野菊花研为细末,顺风吹撒。

防蝇的秘法:把腊月里的猪油装在瓶子里悬挂在厕所的墙上。

麻叶烧烟,能驱蚊子。

陈茶末烧烟,可快速驱苍蝇。

用荞麦秆作席子，可驱除壁虱。

五月五日，取田中的紫萍晒干，再取蝙蝠血浸泡晒，这样几次之后，研成细末并制成香来烧，可以驱蚊虫。一种说法是烧蝙蝠屎也可以驱除蚊子。

海中蛟龙之类，一旦捕获飞燕吃，就会变化。蜃龙吐气变楼台，就是用来引诱燕子的。

凡是鱼、虾、蟮之类，到了夜晚都会朝着北方。

蜜蜂桶如果用黄牛粪和泥来密封，能驱除各种虫子，把蜂蜜收了，蜜蜂也不到别的地方去，极妙。

收蜜蜂时，先用水洒它们，蜂会聚成一团，然后再嚼薄荷，含水喷蜂。再把薄荷涂在手上，慢慢拂拭，把蜂赶到桶中安放干燥处。大概是蜜蜂害怕薄荷，所以不螫人。

蚕只吃东西不喝水，二十二天就化为蝉，只喝水不吃东西，三十天就会蜕变。蜉蝣不吃不喝，三天就会死。

驱除蚊子和其他虫子的秘法：用苦楝子、柏树子、菖蒲研为细末，用慢火烧它，虫子闻到味道就跑了。

驱除蚊子的秘法：把鳗鱼的骨头烧成灰烬，让它化成水。

干菖蒲切成片，放在床褥下面，可以驱除壁虱。

头上虱子，用藜芦研成细末，撒在头发里，过一晚上，虱子就会干死掉落。

去头上虱秘法：用轻粉少许，撒在头上一两天，虱子自行灭绝。

八角虱，多在阴毛上，用轻粉敷上，就跑了。

大象的粪可驱除壁虱，把大象吃剩下的草编席子，就永远没有壁虱。

辣蓼晒干铺在席上，可驱除壁虱。

芸香放在书盒里，可以驱除蠹鱼；放在席子下，可以驱除壁虱。

虱子进入耳朵，用猪毛蘸胶塞进去，就可以粘出来。

根治毛毡里的蛀虫，可用鳗鱼骨烧烟来熏；把鳗鱼骨放在衣箱里，可以防止白鱼等虫子再咬衣服。用鳗鱼骨烧烟熏房屋，可避免竹木生虫。

如果被山里的大蚂蚁咬伤，立即用地上的土擦拭伤处，就不痛了。

治理厕蛆秘法：抓一把莼菜扔厕缸，蛆就没有了。

卷二十
方术部

符咒。方法

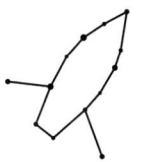

符咒

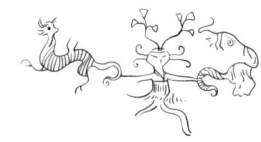

治脚麻秘法：口里念着木瓜说："还我木瓜钱，急急如律令！"一口气念七遍，就不麻了。

治疟疾咒饼秘法：先面朝东虔诚烧香，在油饼中写一个"摊"字，用笔从左边画三个圈，将油饼拿到香上念诵"乾元亨利贞"七遍。在疟疾发作那天，早上把油饼写字的地方掐出来，和着枣汤嚼着吃下，没有不灵验的。

腹内郁结的病，多念《秽迹咒》，就能痊愈。

除各种邪鬼，百病不生的秘法：经常在鸡鸣时默念四海神的名字二十一遍，四海神分别是"东海神阿明，南海神祝融，西海神巨来，北海神禹彊"。每次进入病人家时，也要在心中默念三遍，不可读出声来。

用咒除疟疾的秘法：取一个梨，先向南方吸一口气，拿着梨子念咒语："南方有池，池中有水。水中有鱼，三头九尾。不食人间五谷，唯食疟鬼。"咒念三遍，吹于梨上，写"敕杀死"三字，让病人在临发病前吃了它。

一切疾病都可以用的咒枣秘法：咒语是："金木水火土，五行助力，六甲同威，天罡大神，收入枣心，枣入肠中，六腑安宁，万病俱息，急速求荣！"拿一个枣，念一遍咒，吸一口罡气吹到枣里。男子去掉枣尖，女子去掉枣蒂，和着水嚼着吃下，七天内忌讳见到令人憎恶的东西。

咒牙痛秘法：拿一张纸，无论大小方圆，折成七层，取一枚三寸的铁钉，在房屋的大梁上，对着纸中心钉下。钉时，先向南方吸一口气，默念咒语说："南山赤虫子，故来食我齿。钉在枞梁上，永处千年纸。"每咒一遍，让病人咳一声，并吸一口气，用钉锤砸一捶。这样咒上七遍，吸七次气，捶钉七次，牙痛立刻痊愈。

咒风疹秘法：拿一张纸，揉成团后在病人身体上下大致绕上一遍。在开始作法时先向东方吸口气，默念咒语说："东来马子，西来驴子，好面败容待文书，急急如律令！敕。"然后浑身上下绕上一遍，再把纸扔到门外东边路口后回来即可。

如果进入山林，要默念咒语"仪方不见蛇"，或默念"仪康不怕虎"。有蛇虫的地方，多用小瓦片写"仪方"二字，蛇就会害怕而躲开。

凡被蜈蚣咬伤，迅速用手指在地上的"乾上"方位写一"王"字，并在"王"字里撮土敷在被咬的地方，就好了。

"多求致怨憎，少求人不爱，梵智求龙珠，永不复相见。"写上这四句，刻或贴在墙壁上，可以使蛇虫不来惊扰。

驱除蚊子的咒语是："天地太清，日月太明，阴阳太和，急急如律令！敕。"面向北默念七遍，吸口气吹到灯草上，然后点着灯草即可。

每天晚上点着蜡烛后，面向北默念七遍"唵地哩穴哩娑婆诃"的咒语，再用剔灯的木棍在灯焰上掠过，再用它搅七遍油，就能免除一切飞蛾投火之苦。

除壁虱的秘法：在纸上写"欠我青州木瓜钱"，贴在床脚上，壁虱立刻就没了。

倒念七遍《揭谛咒》，可让渔夫一无所获。

夜行或者睡觉做了噩梦，就念咒语："婆珊婆演底，摄。"

腿抽筋时，在疼痛的地方写"木瓜"二字，会立刻止住。

屏气默念"乾元亨利贞"七遍，可以用嘴把银元嚼碎。

锅中若有响声，大声念七遍"婆女"。

每次听到乌鸦叫，默念"乾元亨利贞"七遍。

渡江出海的人用红笔写"禹"字带在身上，就可免除风浪之险，保佑平安吉祥。

蜂螫了人，就地用竹子写"丙丁火"三字七遍，再取土敷在被螫的地方即可。

降伏狗的秘法：左手挑寅、剔丁、掐戌，念"云龙风虎，降伏猛兽"，狗就会乖乖离开，而且也不会咬人。

降蛇的咒语是："天迷迷，地迷迷，不识吾时；天濛濛，地濛濛，不识吾踪。左为潭鹿鸟乙步，右为鸟鹉三二步。"还有一个咒语是："吾是大鹏鸟，千年万年王。"

包治百病的咒枣咒语是：念七遍"华表柱"，往天罡吸一口气，吹在枣上，和着热水嚼吃。"华表柱"，是鬼怪先祖的名字。

见有人捕鱼鳖、飞禽、走兽，只要念"南无宝胜如来"，那人就会一无所获。

赌骰子时可以默念咒语"伊帝弥帝，弥揭罗帝"。

若有鸟粪落到衣服上，就默念七遍"护罗"。

方法

妇女怀孕想要生男孩的，把斧头悄悄放在床下，刀口朝下，一定会生男孩。鸡孵蛋，用这个方法，也可以孵出很多公鸡。

皂荚水溅到人眼里，痛得无法忍受，拿衬衣的衣角擦一擦，就不痛了。

凡是患了麦粒肿眼疾的,用布针一条,对着井水用眼睛斜着看它。然后,折成两段,扔在井里,眼疾就好了,但不能让人知道。

有脚汗的人,正月初一时偷偷站在捣衣石上,就可痊愈了。

护生草,清明时早早取来荠菜花的茎,阴干,夏天用来做挑灯杖,能驱除蚊子、飞蛾。

灯草在腊月里用溪水、河水浸泡七天七夜,阴干,夏天点灯,能驱除青虫。

每月的辰日是灭鼠日,这一天塞住鼠穴,老鼠就会自己死掉。

翼日挂帐,就没有蚊子。

吃鱼时被鱼刺卡喉,用渔网罩头,鱼刺就下去了。

除夕夜五更,让一个人在房里向窗外扇,另一人问:"扇什么?"回答:"扇蚊子。"总共七问七答,才停下。端午节晚上五更,也这样做。

果树如果不结果,除夕夜可让一个人待在树下,一个人拿着斧头,问:"你结果子不?不结果子,就把你砍了当柴烧!"树下的人回答:"我结!我结!"当年就可以结果。

辟火的秘法:拿五尺到一丈长的绯红绢帛,剪成幡的形状,悬挂在竹竿上，扔到迎风的火里，风吹来火就灭了。若没有绢帛，也可以用红色衣服代替。

将逃走者的衣服和腰带，用纸裹住磁石，悬挂井中，逃走者就会回来。

取被雷击毁的树木刻成鸟的形状，放在露天的高处，鸟就会聚集在此，不会离开。

将两根麦秆安放在上流，让水流到池塘里，可以祛除蚂蟥。

求雨的秘法：让巫师进入深山，选择形状怪异的枫树，用茅缆绑住，喝问："有雨吗？"一人回答说："必有雨！必有雨！"

在猪尿胞里放入萤火虫，搁入渔网沉到水底，鱼就会聚集围观，夜里收网会捕到很多鱼。

用头垢涂针，并塞住针孔，它可以在水上自己浮起来。

用戎盐涂在鸡鸭蛋上，相连十枚都不会滑落。

取蚕屎一石二升，在丁日找一块吉地埋下，当年蚕茧就会大丰收。

取水獭的胆，用篾子蘸一蘸在酒杯中划一下，一半酒倒掉，剩一半在酒杯里，不会掉出来。

把牛骨埋地下，水就不会干涸。

把一块木头削圆，举起来对着太阳，艾绒靠近它的影子，就会着火。

将黑狗的血和螃蟹一起烧，老鼠全都会跑掉。

遇上火灾，马上用瓶子或罐子扣在坑上，火立刻可灭。

以白矾煮灯芯，点灯时，可省油。

猪血浸泡过的新砖，若掉在水里，可引得鱼群聚集。

除夕夜用富贵人家地里的泥来砌灶，可以招财进宝。

桃树抵门可以辟邪，鬼祟不入。

没月亮的日子，用土塞住老鼠洞，老鼠就会逃走。

把人的头发挂在果树上，鸟雀就不敢吃树上的果子。

惊蛰这天用灰撒在门外，虫蚁不来。

七月上旬的辰日刨木料，不会生蛀虫。

在熨斗里衬着纸炒银杏，银杏不会爆裂。

锅发出响声，不可惊呼，男人做女人拜的姿势，或者女人做男人拜的姿势，响声就会停止。

夜里睡觉，把一只鞋正着放，一只鞋扣着放，就不会做噩梦。

遇见恶狗，从左手自寅位吹一口气，轮到戌位再用指甲掐住，狗就会退回卧倒。

暗传书信的秘法：用杜仲末、白矾、蓖麻子各少许，研成细末，再加入少许黄丹，稍微浸泡，写字等干了以后，完全看不见字迹。用火烘，才会现出字迹来，看过就烧了吧。

用鸡蛋清调白矾末刷纸，做成茶壶煎茶，茶开了纸却不会燃烧。

用五棓子在墙上写字，再用青矾水喷它，字迹就会出现。

竹子的内膜性质纯阴，在它上面涂上酥，遇见阳光就会飞，又名飞蝴蝶。

上丑日取土来敷蚕室，对蚕大有好处。

上辰日取路上的土来敷门户，可以避官司。

读书灯里每用香油一斤，加入桐油三两，会非常耐点，还能避开鼠患。把盐放入灯盏里，也可省油。

用姜擦灯盏，灯光就不会有晕影。

作家榜®经典名著

读经典名著，认准作家榜

　　作家榜是中国知名文化品牌，母公司大星文化总部位于中国上海市。自2006年创立至今，作家榜始终致力于"推广全球经典，促进全民阅读"，曾连续13年发布作家富豪榜系列榜单，源源不断将不同领域的写作者推向公众视野，引发海内外媒体对华语文学的空前关注。

　　旗下图书品牌"作家榜经典名著"，精选经典中的经典，由优秀诗人、作家、学者参与翻译，世界各地艺术家、插画师参与插图创作，策划发行了数百部有口皆碑、畅销全网的中外名著，成功助力无数中国家庭爱上阅读。如今，"集齐作家榜经典名著"已成为越来越多阅读爱好者的共同心愿。

　　作家榜除了让经典名著图书在新一代读者中流行起来，2023年还推出了备受青睐的"作家榜文创"系列产品，通过持续创新让经典名著IP融入到人们的日常生活中。

名著就读作家榜
京东官方旗舰店

名著就读作家榜
天猫官方旗舰店

名著就读作家榜
当当官方旗舰店

名著就读作家榜
拼多多旗舰店

| 策　划 | 作家榜® |
| 出　品 | |

出 品 人	吴怀尧
产品经理	杜雯君　桑云婷　王涵越
美术编辑	李孝红　刘　洋
内文插图	老树画画
封面设计	邵　飞
特约印制	吴怀舜

| 版权所有 | 大星文化 |
| 官方电话 | 021-60839180 |

名著就读作家榜
抖音扫码关注我

作家榜官方微博
经典好书免费送

下载好芳法课堂
跟着王芳学知识

图书在版编目（CIP）数据

夜航船：精装珍藏版／（明）张岱著；何三坡译
． －－ 杭州：浙江文艺出版社，2023.7（2024.10重印）
（作家榜经典名著）
ISBN 978-7-5339-6746-8

Ⅰ.①夜… Ⅱ.①张… ②何… Ⅲ.①笔记－中国－明代②中国历史－史料－明代 Ⅳ.①K248.066

中国版本图书馆CIP数据核字（2021）第276656号

责任编辑：余文军

"作家榜"及其相关品牌标识是大星文化已注册或注册中的商标。未经许可，不得擅用，侵权必究。

夜航船

[明] 张岱 著　何三坡 译

全案策划
大星（上海）文化传媒有限公司

出版发行
浙江文艺出版社
杭州市环城北路177号　邮编 310003
浙江省新华书店集团有限公司 经销
上海盛通时代印刷有限公司 印刷

2023年7月第1版　2024年10月第3次印刷
889毫米×1194毫米　32开本　28印张　32插页
印数：11667-15000　字数：556千字
书号：ISBN 978-7-5339-6746-8
定价：299.00元

版权所有　侵权必究
（如有印装质量问题影响阅读，请联系021-60839180调换）